大学生成才
导航工程论纲

DAXUESHENG CHENGCAI DAOHANG GONGCHENG LUNGANG

徐柏才 著

人民出版社

责任编辑:马长虹
装帧设计:王　舒

图书在版编目(CIP)数据

大学生成才导航工程论纲/徐柏才著. -北京:人民出版社,2010.7
ISBN 978-7-01-008977-5

Ⅰ.①大… Ⅱ.①徐… Ⅲ.①大学生-思想政治教育-研究-中国
②大学生-人才成长-研究-中国　Ⅳ.①G641②G645.5

中国版本图书馆 CIP 数据核字(2010)第 100437 号

大学生成才导航工程论纲

DAXUESHENG CHENGCAI DAOHANG GONGCHENG LUNGANG

徐柏才　著

人 み 出 版 社 出版发行
(100706　北京朝阳门内大街166号)

北京龙之冉印务有限公司印刷　新华书店经销

2010年7月第1版　2010年7月北京第1次印刷
开本:710毫米×1000毫米 1/16　印张:19.25
字数:280千字　印数:0,001-3,000 册

ISBN 978-7-01-008977-5　定价:45.00元

邮购地址 100706　北京朝阳门内大街 166 号
人民东方图书销售中心　电话 (010)65250042　65289539

序

坚持科学导航　促进人才成长

骆郁廷

教育的根本任务是培养人才,"培养什么人,如何培养人"是任何一所大学必须首先解决的根本问题。

党中央、国务院对高校"培养什么人,如何培养人"的问题高度重视,2004年制定了《关于进一步加强和改进大学生思想政治教育的意见》,指出加强和改进大学生思想政治教育是一项重大而紧迫的战略任务,明确了加强和改进大学生思想政治教育的指导思想、基本原则和主要任务,要求充分发挥高校思想政治理论课在大学生思想政治教育中的主渠道作用,努力拓展新形势下大学生思想政治教育的有效途径,充分发挥党团组织在大学生思想政治教育中的重要作用,大力加强大学生思想政治教育工作队伍建设,努力营造大学生思想政治教育的良好社会环境,切实加强对大学生思想政治教育的领导。

民族院校作为普通高校的一员,在大学生思想政治教育方面,既有其普遍性,又有其特殊性。因此,如何把全面贯彻党的教育方针同全面

贯彻党的民族政策结合起来,如何把遵循普通高等教育的一般规律与遵循民族高等教育的特殊规律结合起来,如何把增强大学生思想政治教育的有效性与满足培养对象的特殊性结合起来就显得至关重要。

民族院校在大学生思想政治教育中长期坚持教书与育人相结合,教育与自我教育相结合,政治理论教育与社会实践相结合,解决思想问题与解决实际问题相结合,教育与管理相结合,继承优良传统与改进创新相结合;努力体现时代性,把握规律性,富于创造性,增强实效性,取得了富有成效的工作实绩,特别是在大学生的马克思主义世界观、人生观、价值观、国家观、民族观、宗教观、文化观和民族团结教育方面进行了许多具有较高理论价值和较强实践价值的探索,在教育大学生成为国家民族政策的拥护者、民族团结的维护者、民族政策的传播者、民族繁荣发展的建设者等方面取得了较好的成效。

"大学生成才导航工程"是以马列主义、毛泽东思想和中国特色社会主义理论体系为指导,站在战略和全局的高度,根据大学生成长成才的特点、规律和需要,借助校内外教育资源,通过拟订计划、沟通交流、知识传授、实践锻炼等多渠道、多形式,对大学生的目标、理想、素质、职业等方面,分阶段、有重点、全过程地进行引导、塑造和培养,帮助大学生不断提升自我认知水平,明确成才方向,投身成才实践的导引性工程。大学生成才导航工程,既是构建全员、全程、全方位育人环境的有效措施;也是坚持以人为本,贴近实际、贴近学生、贴近生活,不断加强和改进大学生思想政治教育工作的具体表现;还是顺应形势与时代要求,不断增强大学生思想政治教育的针对性、实效性和吸引力、感染力的一种新理念、新思路、新方法、新举措。

"大学生成才导航工程"遵循"大处着眼、德育为先、学会做人、注重实践"的方针,紧密结合当前高校的实际情况,积极体现时代要求,努力把握大学生思想政治教育的内在规律,对增强大学生思想政治教育的实效性进行了有益的探索,具有鲜明的特点:一是"大学生成才导航工程"在党委的统一领导下,由多个部门参加,形成上下配合、整体联动的工作态势;二是"大学生成才导航工程"围绕大学生的成长成才

开展工作,能突出整个教育活动的系统性、连续性;三是"大学生成才导航工程"的具体内容既是广大青年学生成长成才的努力方向,又是服务其成长成才的有效手段;四是"大学生成才导航工程"还建立了相应的保障机制、激励机制和长效机制,确保此项工作能够落到实处,收到实效,并坚持与时俱进,注重工作创新,大胆探索工作的新方法、新途径,促进"成才导航工程"在工作中不断完善、充实和提高。

徐柏才同志长期在高校从事学生思想政治教育工作,他把工作中的所观、所感、所悟、所思凝结成了《大学生成才导航工程论纲》。尽管本书的主要观点都是在民族院校的沃土中孕育和生成,但它的理论和应用价值却超出了民族院校,对其他普通高校的人才培养和思想政治教育工作都有很强的启发和指导作用。

正如本书所说,坚持以社会主义核心价值体系为指导、解决大学生成长需求矛盾等,都离不开大学生思想政治教育。大学生思想政治教育是解决"培养什么人,如何培养人"这一根本问题的关键所在。祈愿并相信本书的出版,不仅对大学生思想政治教育的理论研究有所贡献,而且对解决大学生成长的需求矛盾、引导和促进大学生的全面发展和健康成长有所裨益。

是为序。

2010 年 4 月 15 日

(骆郁廷:武汉大学党委副书记,教授,博导)

目 录

序 ……………………………………………………… 骆郁廷 001

绪论　大学和大学生成才 …………………………………… 001

第一章　大学及大学使命 ………………………………… 002
第一节　大学人才培养的演进历程 ……………………… 002
第二节　现代大学的社会职能 …………………………… 007
第三节　中国大学的历史使命 …………………………… 010

第二章　大学学习生活特点 ……………………………… 014
第一节　大学与高中学习生活的差异 …………………… 014
第二节　大学学习生活误区 ……………………………… 019
第三节　培养良好的大学学习生活习惯 ………………… 023

第三章　大学生成才导航 ………………………………… 028
第一节　大学生的历史责任 ……………………………… 028
第二节　高等教育大众化下的人才 ……………………… 034
第三节　为大学生健康成才导航 ………………………… 036

第一篇　目标导航 …………………………………………… 045

第四章　大学生目标导航的内涵与意义 ………………… 046
第一节　大学生目标导航的内涵 ………………………… 047

第二节　大学生目标导航的意义 …………………………………… 054

第五章　大学生成才目标的特点、内容与确立原则 ……………… 059
　　第一节　大学生成才目标的基本特点 ……………………………… 060
　　第二节　大学生成才目标的主要内容 ……………………………… 061
　　第三节　确立成才目标应遵循的原则 ……………………………… 065

第六章　大学生成才目标的现状分析 ………………………………… 068
　　第一节　大学生成才目标的选择方式 ……………………………… 068
　　第二节　大学生成才目标的状况分析 ……………………………… 070
　　第三节　大学生成才目标存在问题的原因分析 …………………… 074

第七章　大学生目标导航 ……………………………………………… 078
　　第一节　大学生目标导航的总体要求 ……………………………… 078
　　第二节　大学生目标导航的具体策略 ……………………………… 082
　　第三节　大学生目标导航的主要途径和方法 ……………………… 084

第二篇　理想导航 ……………………………………………… 097

第八章　大学生理想导航的内涵与意义 ……………………………… 098
　　第一节　大学生理想导航的内涵与作用 …………………………… 098
　　第二节　大学生理想导航的功能与意义 …………………………… 102

第九章　大学生理想导航的时代背景 ………………………………… 106
　　第一节　大学生理想导航面临的时代条件 ………………………… 106
　　第二节　大学生理想信念的状况分析 ……………………………… 114

第十章　大学生理想导航的实施 ……………………………………… 119
　　第一节　大学生理想导航的基本原则 ……………………………… 119
　　第二节　大学生理想导航的主要目标 ……………………………… 123
　　第三节　大学生理想导航的基本内容 ……………………………… 131
　　第四节　大学生理想导航的实施策略 ……………………………… 136

第三篇　素质导航 ……………………………………………… 151

第十一章　大学生素质导航概述 ……………………………………… 152

目录

  第一节 大学生素质导航的内涵与作用 …………………… 152
  第二节 实施大学生素质导航的意义 …………………… 158

 第十二章 大学生素质的特点与内容 …………………… 165
  第一节 大学生素质的基本特点 …………………… 165
  第二节 大学生素质的主要内容 …………………… 167

 第十三章 大学生素质的现状与原因分析 …………………… 173
  第一节 大学生素质的现状分析 …………………… 173
  第二节 大学生素质存在问题的原因分析 …………………… 178

 第十四章 大学生素质导航的实施 …………………… 185
  第一节 大学生素质导航的基本原则 …………………… 185
  第二节 大学生素质导航的途径与方法 …………………… 191

第四篇 职业导航 …………………… 211

 第十五章 大学生职业导航的内容与意义 …………………… 212
  第一节 大学生职业观念的现状分析 …………………… 212
  第二节 大学生职业导航的内涵与意义 …………………… 218
  第三节 大学生职业导航的原则与步骤 …………………… 223

 第十六章 大学生职业生涯规划与学业规划 …………………… 227
  第一节 大学生职业生涯规划概述 …………………… 227
  第二节 大学生的职业生涯规划 …………………… 234
  第三节 大学生的学业规划 …………………… 245

 第十七章 大学生就业能力的培养与就业创业 …………………… 250
  第一节 大学生就业能力的构成 …………………… 250
  第二节 引导大学生提升就业能力 …………………… 253
  第三节 提升大学生就业能力的途径 …………………… 260
  第四节 鼓励大学生自主创业 …………………… 263

结束语 为增强大学生思想政治教育的实效性而努力探索 …… 269
 一、实效性是加强和改进大学生思想政治教育的关键所在 …… 270

二、成才导航工程是增强大学生思想政治教育实效性的
　　有益探索 …………………………………………… 274
三、时代的发展,要求不断增强大学生思想政治教育的
　　实效性 ……………………………………………… 280
四、进一步增强大学生思想政治教育实效性需要不断努力
　　探索 ………………………………………………… 288

后记 ………………………………………………………… 299

绪论　大学和大学生成才

美国著名教育学者克拉克·克尔曾经做过一个调查统计："西方世界在1520年以前建立的大约75个公共机构仍旧以可辨认的形式存在，有着类似的功能和未中断的历史，除了天主教会等机构外，有61个是大学。"① 作为世界上最古老的组织之一的大学，在历史的发展中逐步承担起人才培养、知识传播和创新、社会服务等重要职责，与社会的关系也越来越紧密地从"象牙塔"转向"社会中心"，自然在社会的发展中也扮演着越来越重要的角色。

---

① [美]克拉克·克尔著，王承绪译：《高等教育不能回避历史》，浙江教育出版社2001年版，第51页。

第一章　大学及大学使命

大学之所以成为大学,之所以有别于研究院和其他社会组织,一个最主要的特点还是在于它具有教育和培养人的功能。大学的根本任务是培养具有较强的创新精神、较高的能力素质和具有高度责任感、道德感的德、智、体、美等方面全面发展的社会需要的各种专门人才。大学能否培养与塑造出合格人才,将直接关系到高等教育的成败,关系到社会的发展进步。

第一节　大学人才培养的演进历程

一、中世纪:巴黎大学"专业教育"

按照现在绝大多数教育研究者形成的共识,真正意义上的大学产生于中世纪的欧洲。

10世纪至12世纪的欧洲,随着手工业和商业的发展,出现了早期的城市。城市中新兴的工商业者在与封建领主的抗争中获取了越来越多管理城市的权力,而城市中各种行业则相互联合,在保护行业利益的同时加强自身管理,形成了分工极细的行会制度。同时,由于城市的不断发展增加了对律师、医生、教师等受过高深学问训练的专业人才的需求。大学就是在这种自治、分权的时代精神影响下,以及在世俗社会对人才需要的驱动下产生和发展起来的。大学是一个独特的既分权又分裂的社会的偶然产物。[1] 其中,在当时有三所大学被人们称为"大学之

---

[1] [美]伯顿·克拉克主编,王承绪等译:《高等教育新论——多学科的研究》,浙江教育出版社2001年版。

母"或"母大学"——法国的巴黎大学,意大利的波隆那大学(又译博洛尼亚大学)和英国的牛津大学。

从中世纪大学产生的历史背景来看,中世纪大学的基本目的是培养城市发展所需要的律师、医生和教师,即进行专业教育。大学在满足行业、教会和政府对各种人才需要的过程中不断发展。因此,当时大学的人才培养活动主要是围绕着这一基本目标来进行的。

中世纪的大学经过一段时期的发展,形成了相对稳定的教学组织形式。巴黎大学是当时学科设置较为齐全的大学,它由文学艺术学院、医学院、法学院和神学院四个学院(或称做"学部")组成。文学艺术学院的学习内容为"七艺",即文法、修辞、逻辑、算术、几何、天文、音乐。学生要在文学艺术学院完成"七艺"课程的学习之后才能进入其他三个学院学习,即七艺为学习其他科目的公共基础课,医学、法学、神学等专业科目设在文学艺术学院之上。当时主要的教学方法是教师的讲授和学生的辩论。著名的高等教育史学家珀金认为:"以辩论为主的教学方法使学生个个变得能言善辩。学生正是依靠这种本事在布道、法庭听证和政府讨论中崭露头角的。"

在整个12世纪,大学只有5所,到15世纪末期发展到79所,到1600年时则达到了105所。中世纪大学的学生主要是来自社会的中上阶层,以封建贵族和各种专业从业者的子女为主。中世纪大学的最大贡献在于:形成了相对稳定的大学组织制度,为以后大学的迅猛发展,为大学从社会边缘向社会中心的转变奠定了十分重要的组织基础。

二、文艺复兴时期:牛津大学"寄宿制、导师制"

文艺复兴运动中形成的古典人文主义,对大学的人才培养目标产生了极大影响。古典人文主义反对中世纪禁欲主义、蒙昧主义和文化专制主义,肯定人有享受现世生活幸福的权利,强调衡量人的标准应是他的知识与德行,主张宗教宽容、思想宽容以及言论自由等等。与此相适应,大学教育所要培养的是,从封建专制与神学的束缚中解放出来的,具有广博的学识、健康的体魄以及勇敢、克制、坚定、爱国等道德,能积极从事社会政治、文化、工商业活动的人。这种教育理想充分地体现在当时一位著名的神学家、教育家约翰·亨利·纽曼关于大学思想的论述之中。纽曼曾在牛津大学生活了二十多年,牛津大学的精髓——学院制、寄宿制、导师制对他的大学理念影响深刻。纽曼认为,大学教育就是自由教育,自由教育就是培养人的理性的教育,大学最根本的活动就是进行个体理智的训练,大学教育的目的就是培养"集智慧、勇敢、宽容、修养等品质于一身的绅士"。

牛津大学人才培养模式的特点突出地体现在"寄宿制"和"导师制"之中。寄宿制的最基本内容是学生与他们的导师共同居住在一个相对独立,拥有图书馆、咖啡厅、宿舍等各种设施的学院之内,共同学习和生活。导师制的核心是导师,由一名导师对学生的理智和品德等方面进行全面培养,全部课程由导师一人讲授。导师制采用一名教师贯通所有课程的形式,体现了知识的整体观;寄宿制则让学生生活在那些"代表全部知识的人中间",有机会受到全体教师的指点和感染。

在从16世纪至19世纪的二百多年间,牛津大学的学生数量一直在150—400名之间。学生以贵族、商人、绅士、自由民的子弟为主,这些人进大学的目的是为了通过教育提高或巩固他们的社会地位。相比之下,由于富绅和牧师子弟的竞争,学院寄宿费用和基本生活费用不断上涨,穷人子弟从大学中几乎完全消失。此时的大学,依旧是为统治阶级和有产者服务的大学。

三、19世纪初期:柏林大学"教学与科研相结合"

1806年,普鲁士在耶拿战役中彻底败给了拿破仑统率的法国军队。对于德意志民族而言,由于战争的失败而带来的民族耻辱感很快被一种强烈的民族振兴热情所代替,柏林大学就是在这种强烈的民族情感的支持下诞生的。当时的普鲁士国王腓特烈·威廉三世非常支持大学的重建工作,他说:"国家必须以精神上的力量去补偿物质上的损失。"在当时著名的教育家和语言学家威廉·洪堡和著名哲学家费希特的努力下,终于在1810年组建了柏林大学。

柏林大学是在洪堡的大学理念的指导下建立起来的。洪堡认为,大学是由教师和学生组成的学者社团,他们都是探索高深学问的学者,

大学的根本任务是进行未知知识的探索,开展科学研究,同时在科学研究中进行人才培养。在柏林大学,人才培养的最终目标是"类似于希腊人"的有教养、有理智的完人。

在这种人才培养目标指导下,"讲座制"和"习明纳"成为人才培养的基本方式。讲座制是面向全体学生的教学制度,讲座的内容根据教师的研究领域而定,不讲究系统性,但必须是研究的产物。习明纳是一种体现研究性质的讨论课,在习明纳中,教授提出问题作为讨论的主题,不预先设定结论,由学生相互讨论,最后由教师对讨论加以总结和评点。讲座制和习明纳,充分体现了洪堡的"教师不是为了学生而存在","教授的主要任务不是教,学生也不是学,两者都是为了科学而共同存在"的大学理念。在洪堡看来,进行科学研究既是发展科学的手段,也是培养人才的手段,没有科学研究,不通过科学研究,大学就不能培养出完人。

德国柏林大学"教学与科研相结合"的人才培养方式是大学发展史上人才培养模式的一次重大创新。它不仅充分尊重学生的创造性和研究能力,而且允许学生自由选择学习内容,大大地提高了人才培养的质量。此外,在这一时期,越来越多的社会中层阶级如商人、政府中层官员的子弟能够进入大学学习,大学生人数从1850年的13000人增加到1914年的64657人。德国大学是当时世界各国大学的"楷模",在19世纪初至20世纪初的一百年间,仅美国就有一万多人留学德国,这些留学生回国后为美国的社会经济发展和现代转型作出了巨大贡献。

四、19世纪末期以来:哈佛大学"专业教育与通识教育融合"

美国南北战争为资本主义的发展扫清了障碍,在1865—1893年间美国的"镀金时代",经济迅猛发展,基本实现工业化,经济地位从世界第四一举跃居世界首位。与此同时,美国本土生长起来的"实用主义"社会思潮十分盛行。经济、文化的背景加上美国崇尚自由、民主的民族特点,这些因素共同作用于高等教育,从而逐步发展出"为社会服务"的具有美国特色的大学教育思想。在人才培养措施方面,哈佛大学等老牌大学的做法无疑是较具代表性。事实上,这些大学往往也在人才

培养措施改革方面起着引领作用。

哈佛大学和其他大多数研究型大学一样,其人才培养活动大致可分为本科教育和研究生教育两个层次。哈佛大学的本科生们一般要在专业课程、通识课程和任意选修课程三类课程中修满规定的课程数才能够取得相应的学位,学士学位规定的总课程数一般为36门学期课程,每门学期课程每周学习3—4小时。其中,专业课程即"主修"课程,其规定的修读课程数量一般占总课程数的一半,通识类课程和任意选修课程各占总课程数的1/4。哈佛大学的通识教育是通过"核心课程"的形式来实施的。1994—1995年度哈佛大学核心课程计划规定学生必须在外国文化、历史研究、文学艺术、道德观念、科学、社会分析等六个领域修读8—10门课程,每个领域至少修读1门,否则将不能获得学位。

19世纪70年代以来,哈佛大学的人才培养方式历经了多次改革,充分体现了专业教育与通识教育之间的冲突与融合。从19世纪最后三十年间哈佛大学艾略特校长倡导的"全面选修制",到1909年洛厄尔校长的"集中与分配"制,到1945年科南特校长领导的研究小组发表的关于加强通识教育的"红皮书",再到20世纪70年代以来实施的"核心课程制",哈佛大学对人才培养方式进行了持续的探索。在目前实施的核心课程中,哈佛大学努力将大学本科教育不可或缺的六个领域获得知识的方法介绍给学生,着重进行思维训练。它提供的关于自然、社会和人文的广泛知识,有助于克服长期以来大学教育中普遍存在的过分专业化的弊端,使学生有可能打破专业界限,以跨学科、文理综合的广阔视角来观察世界和认识世界。同时,它所提出的关于道德观、价值观和对心灵、理性的培养要求,有助于克服高等教育中普遍存在的唯智主义倾向;而重视国际知识和国际问题的学习,则符合培养面向世界、具有宽广胸怀的人才的时代发展要求。

自1960年以来,世界上许多发达国家和发展中国家都经历了一个高等教育大发展时期。而以知识为基础的后工业社会在整个社会范围内都需要受过教育的人,这不仅仅是因为社会上各种工作都需要知识,而且还因为知识既是目的也是途径,本身值得掌握。在后工业社会里,大学成了轴心机构。

第二节 现代大学的社会职能

现代大学社会职能的内涵有一个不断发展的过程,它主要是随着时代和大学的发展而逐步发展起来的。

如前所述,现代大学的直接源头是欧洲中世纪大学,它们已经具备现代意义上的高等教育的一些基本特征。它们的基本目标是进行专业教育,一般分为文学、法学、医学和神学四个学院,大学的基本社会职能是培养人才,有较为完善的教学体系和管理制度。尽管中世纪的大学受教会的控制很严,阻碍了学术思想的自由发展,但通过专门人才的培养,对当时欧洲文化的普及和提高仍然发挥了积极的作用。以洪堡为代表的柏林大学提出的"自由的教学与学术研究结合"的思想,不仅使整个德国大学的学风为之一变,而且深深地影响了全世界。而以美国赠地学院的发展和"威斯康星思想"的广泛实施则代表着大学直接为社会服务的职能开始产生。大学直接为社会服务的高峰发生在第二次世界大战以后,斯坦福大学的办学模式和美国科学园的兴起就是突出代表。以现代大学为依托的科学园区,是高等学校同科学技术与社会相结合的有效途径,深刻地影响着世界经济和科学技术,代表着世界未来的方向。

从大学社会职能的发展过程可以看出,一般来说,现代大学应当具有三种社会职能,即培养人才、发展科学和直接为社会服务。这三种社会职能的基本内涵主要是:

一、培养人才是现代大学的根本任务

大学,从根本上说,是实施高等教育的机构,高等教育的功能主要是通过大学加以实现的。教育的本质是培养人的社会文化活动。高等教育的功能,可以有经济功能、政治功能、文化功能等许多方面,但它最根本、最核心的功能是育人功能,教育的其他功能都是通过教

育的育人功能来实现的，教育的育人功能在教育的其他功能中起着中介的作用。因此，作为实施高等教育的大学，应当把培养人才作为根本任务。

高等学校的发展史，就是高等教育基本功能的丰富史，但"育人"始终是基本功能中最核心和根本的内容。从高等教育的历史逻辑看，它的功能一开始着重的是知识的传递和传播，后来更重视创新，接着是强调社会服务，近来更关注人文关怀、社会良知和精神家园的代表和提供。然而，当我们更深入追根溯源就不难发现，高等教育在不同的历史发展时期，都把人的培养放在首位，各种其他功能不同的侧重实质上被理解为培养不同的人的手段。柏拉图时代提出的"博雅的认知兴趣"，关注的不是奴隶教育的"实利性"知识，而是"人的德性"的知识，目的是培育"典型的贵族气质"，帮助贵族得到"幸福和灵魂的自由"。中世纪的大学，更是从专业训练这个角度，以培养专业人才为直接目的。近代大学的英国流派，着重教学的目的在于使学生成为绅士，即具有学养、涵养和教养的心智能力，精致的趣味，坦诚、公正、冷静的头脑，高贵与合乎礼仪的生活方式。近代大学的德国流派，着重科研的目的也在于使大学能在宁静与自由的方式中培养学生，使他们获得创造性的知识，致力于思维水平与判断能力的提高，从而能独立地发现真理和新知。现代大学通过服务社会争取资源，规模急剧扩大，目的是让大众化条件下的高校学生能得到精英的智慧启迪和精神启蒙，能得到知识实现大众的"自我解放"，从而真正享受文明高度发展条件下的社会全体的福利。至于后现代的大学关注人文关怀、社会良知和精神家园，这一大学功能更是从根本意义上向大学基本功能——育人的历史回归。可见，高等教育发展史的一条连续的主线表明，"育人"始终是高等学校核心和根本的任务。

二、现代大学是国家发展科学技术的重镇

科学，是人们关于自然、社会和思维的知识体系。现代大学有着学科比较齐全、人才比较集中的巨大优势，是一个国家开展科学研究、发展科学事业的重要阵地。因此，发展科学，包括人文科学、社会科学、现

代自然科学和技术,应当作为现代大学的一个十分重要的任务。与此同时还应当认识到,教育是培养人的社会文化活动,传递、选择、融合和创新文化是教育培养人的基础。教师不仅要向学生传授人类社会已有的现成知识,还要传授教师本人的创造性思维、新的研究成果和研究心得,用人类的最新科学成果武装学生,并把引导学生参加科学研究实践作为人才培养的基本途径之一,着力培养学生的创新能力。可以这样说,开展科学研究,发展科学事业,不仅是国家赋予现代化大学的一项十分重要的任务,也是现代大学保证并不断提高人才培养质量的根基所在。

三、直接为社会服务是现代大学的重要任务

培养人才,是现代大学的根本任务,它的最终目的是推动人类社会不断向前发展,但只有当学生学成毕业并进入社会后才能服务于社会。从这个意义上说,现代大学通过培养人才来为社会服务不是直接的,而是间接的。开展科学研究、发展科学事业,一是作为提高教育质量的基本途径,这对为社会服务来说也是间接的;二是丰富、发展人类认识世界的知识体系,但这些科研成果转化为生产力和社会实践活动也要有一个过程,所以,为社会服务也是间接的。所谓直接为社会服务,主要是从时间上说的,它是具有直接的实践性,以直接满足现实的社会需要或解决社会现实问题为其主要特点。但现代大学提供的直接为社会服务的项目是以其教学和科研活动为基础的,具有很强的学术性。由此可见,现代大学的"直接为社会服务",是指"高等学校的智力资源直接地、迅速地转化为社会生产力(社会实践)"[①]的服务活动,或是"以直接满足社会的现实需要为目的,以培养人才职能和发展知识职能为依托,有目的、有计划地向社会提供的具有学术性的服务"[②]。

---

① 朱国仁:《论现代高等学校三种职能的意义》,载《高等教育研究》1998 年第 1 期。
② 朱国仁:《论现代高等学校三种职能的意义》,载《高等教育研究》1998 年第 1 期。

应当指出,现代大学的三项社会职能是相互联系、相互促进的有机整体。从根本上说,现代大学的三项社会职能都是服务于社会的。培养人才,是现代大学的根本任务。直接为社会服务,尤其是直接为区域经济和社会发展服务,是现代大学重要的办学方向。现代大学开展科学研究、发展科学事业,不仅是国家的一个重要的方面军,而且是保证、提高人才培养和直接为社会服务质量的基础。三者相辅相成、密不可分。

第三节　中国大学的历史使命

胡锦涛在纪念北京大学建校110周年的师生座谈会上提出四点希望:"要大力弘扬爱国主义精神,要努力造就高素质人才,要不断创造一流学术成果,要积极培育优良校风。"历史有很多相似之处。这"四点希望"虽然是在特定场合针对特定对象提出的要求,但它从本质上反映了党和国家对大学历史使命的要求和期待。

一、大学是培养和造就高素质的创造性人才的摇篮

"创新是一个民族进步的灵魂,是一个国家兴旺发达的不竭动力","一个没有创新能力的民族,将难以屹立于世界先进民族之林。"中华民族在历史上曾以文明著称,但近代落伍了,原因是多方面的,其深层次的原因在于中国传统文化的当代羁绊是蔑视人的创造性。中华民族的振兴全赖教育革故鼎新,培养和造就大批高素质的创造性人才。新世纪,中国的大学应该从正反两个方面吸取历史经验教训,按照《学会生存》中所阐述的教育要"保持一个人的首创精神和创造力量而不放弃把他放在真实生活中的需要;传递文化而不用现成的模式去压抑他;鼓励他发挥他的天才、能力和个人的表达方式,而不助长他的个人主义;密切注意每一个人的独特性,而不忽视创造也是一种集体活动"。让每一个学生的个性在适宜的教育情境中得到充分发展,成为高素质的创造性人才。中国大学应该成为培养和造就高素质的创造性人才的摇篮。

二、大学是认识未知世界,探索客观真理,为人类解决面临的重大课题提供科学依据的前沿

德国著名高等教育家洪堡认为,大学兼有双重任务:一是对科学的探索,二是个性与道德的修养。这双重任务的完成就是"由科学而达至修养",因而大学是从事科学的机构,而非狭义的教育机构。"大学应视科学为一尚未完全解答的问题,因而始终处于探索之中",大学应"唯科学是重",大学的核心是发现知识。在北大百年校庆"大学校长论坛"上,美国斯坦福大学卡斯帕尔(G. Casper)校长在谈到斯坦福大学成功的经验时提到,无论社会与大学发生什么样的变化,大学要走在知识发展的前沿,基础科学研究与教学仍然是研究型大学的主要任务。美国伯克利加州大学伯代尔(M. Berdahl)校长在讲话中指出:21世纪的大学不仅要担负起保护知识的重任,也要担负起保护文化遗产和向人们解释不断增加的含混意识的责任。大学还必须增强研究能力以解决现实中的实际问题。科研人员必须尽他们的最大努力通过国际合作解决诸如环境、疾病、运输与能源等全世界面临的可怕问题。因此可以说,新世纪的中国只有走在知识发展的前沿,才能不断地创造新思想和新途径,引导社会沿着健康的道路发展,才能不断夺取建设中国特色社会主义的新胜利。中国大学应该成为认识未知世界、探求客观真理、为人类解决面临的重大课题提供科学依据的前沿。

三、大学是知识创新、推动科学技术成果向现实生产力转化的重要力量

江泽民在《全国第三次教育工作会议》上指出:教育是知识创新、传播和应用的主要基地。在知识经济中,知识特别是高科技知识,成为经济发展的第一生产要素。知识的创新和创造性应用被提到前所未有的重要高度,大学特别是重点大学,不仅要能培养出掌握高新科技知识和创新能力的人才,而且还要成为向企业不断输送高新技术和知识的源头,成为孵化高新技术产业的温床。面对知识经济的挑战,从世界范围来讲,许多国家都在研究国家创新体系的建立问题。中国科学院已提出一份《迎接知识经济时代,建设国家创新体系》的报告,旨在创建

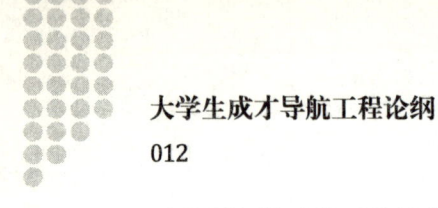

国家创新体系的系统结构。在这个体系中,有三个主要环节,即企业、科研单位和大学都应该发挥重要作用。中国大学在国家创新体系中应有其重要的位置,不论是知识创新和技术创新,还是知识传播和知识应用,都能够发挥重要的不可代替的作用。中国大学应该成为知识创新、推动科学技术成果向现实生产力转化的重要力量。

四、大学是民族优秀文化与世界先进文明成果交流借鉴的桥梁

高等教育国际化是一种历史现象。因为大学自产生以来,对知识的追求和传播从来就是没有国界的。然而,伴随着科技经济全球一体化的高等教育国际化,已经成为当代高等教育发展的一个新的趋势。随着知识经济的到来,经济全球化是不可阻挡的历史潮流,全球化进程正在使世界经济结构和格局发生历史性转变。高等教育国际化是全球社会由工业社会向信息社会发展过程中出现的一种必然现象。1992年,在美国麻省理工学院召开的《美国高等教育面临的国际挑战》的专题研讨会上,麻省理工学院和斯坦福大学校长都明确提出:国际化已经成为大学发展所面临的关键性问题,他们甚至提出要把创办"全球性大学"作为未来发展的基本目标。日本早在1974年就提出"国际化时代的教育"问题。在欧洲,经济合作与发展组织早在1993年11月和1995年11月就召开过两次高等教育国际化的学术讨论会。会议认为,高等教育国际化已从边缘逐渐变成了高等学校管理、规划、培养目标和课程的一个中心因素。1998年世界高等教育大会提出,21世纪世界高等教育应当跨国界和跨大洲地交流知识和技能。因此,在新世纪,我国无论是重点大学还是一般大学,都要在已有的基础上进一步对外开放,加大文化交流的力度,绝不能搞"闭关自守"。今天,不论是国家发展的实际需要,还是科技进步提供的客观条件,还是"地球村"正在形成的大趋势,中国大学都必须在不同程度上以不同方式同国际进行交流与合作。中国大学应该成为民族优秀文化与世界先进文明成果交流借鉴的桥梁。

尽管随着时代的变迁,大学的职能在不断的变化和丰富,但"恒变中的恒不变"的人才培养作为大学最首要和最核心的任务,依然是不

同时代、不同层次的大学共同的办学目标和永恒使命。中国大学如何为建设中国特色社会主义伟大事业和中华民族伟大复兴提供人才服务和智力支持,是每所大学必须深入思考和认真回答好的问题。

第二章 大学学习生活特点

人才培养始终是大学的主要职能和根本任务。为社会主义事业培养合格的建设者和可靠的接班人，是社会主义大学的根本任务。这一工作应该从大一新生进校就开始抓起。刚进大学的新生，经过紧张的中学生活和激烈的高考竞争后，在人们的赞誉声中怀着喜悦与激动的心情跨入大学校门，他们对未来充满憧憬并希望自己能早日成才，为中华民族的伟大复兴早作贡献，多作贡献。然而，大学与中学不尽相同，在完成中学生到大学生角色转变的过程中，务必要了解大学学习生活特点，尽量避免走进大学学习生活的误区，为早日成才打下坚实的基础。

第一节 大学与高中学习生活的差异

一、学习环境不同

一般来讲，大学的校园范围都比较大，教学设施比中学要齐全得多，教学功能比中学更加完善，教学内容所包含的信息量比中学要大得多。大学新生刚入学的时候，在思想上应认识到，要想在学业上获得成功，一定要充分利用现有的学习条件。在入学最初的几个月里，学生在熟悉新的老师和同学的同时，还要迅速熟悉学校中的生活环境、教学设施，尤其要尽快地熟悉教学楼、图书馆、实验室、复印室、电子阅览室等的开放时间、使用方法等相关规定，了解学校附近综合书店、专业书店的位置和营业时间等等。

迅速地熟悉环境，一方面锻炼培养学生的适应能力，更重要的是尽

快地使其生活步入正常轨道。大学生应该充分利用环境中的优势,最大限度地利用教育资源,使个人的能力与潜力得到最大限度的发挥与提高。高尔基说过:"一个人追求的目标越高,他的才能就发展得越快,对社会就越有益。"大学新生正处在憧憬未来的青年时期,人生的作为往往是从大学时期树立的理想和目标开始的,大学是人成才、成就事业的一个新起点。新生应该调整心态,根据学校教学的客观条件和自己的实际情况分别制定长期目标、短期目标、近期目标,随着这些奋斗目标的确立和一个个目标的逐渐实现,就会不断地取得成果、不断地进步,人生就在这样的过程中不知不觉地得以升华。

二、学习特点不同

大学的学习有其独特的规律性。大学更加注重对社会所需工作技能的培养,所学的知识明显的具有一定的职业方向。同时,对于体力和智力发展正值高峰状态,又具备一定科学文化知识的青年学生来说,理应为自己提出更高的任务和要求。另外大学专业齐全也决定了大学的学习内容更为丰富和广泛。所以,大学学习的特点主要表现为学习的自主性、广泛性、专业性和探索性。[1]

学习的自主性。自主性是指学生在学习过程中主观能动作用的发挥。自觉主动地学习是大学学习活动的核心。大学学习中已经没有了永远做不完的习题、频繁的考试、家长的督促、老师的细心辅导。看起来大学的课表没有中学时排得满,但是大学课堂节奏快,老师上课速度快、信息量大,介绍思路多,详细的讲解少,课后常常开列参考书目、资料等,要求学生自己查阅。所以大学里很多知识是需要学生自己去思考、理解和掌握的,大部分时间是留给学生自学的,学生在课外需要阅读大量的参考资料。因此,大学里看似自由的时间其实包含着许多自学任务,学习气氛是外松内紧的。很多大学新生往往认识不到这一点,错误地觉得大学的学习很轻松,一开始不免放松了自己的学习,事后懊

---

[1] 侯利敏:《掌握大学的学习方法,适应大学的学习生活》,载《经济师》2005年第7期。

悔莫及。第一学期的期末考试总是会有人不及格,到了大三准备考研的时候很多人都会后悔大一大二时的悠闲,走上工作岗位以后的大学生大多都会说这样一句话:"如果让我重新来过,我会……"当今社会,知识更新越来越快,大学毕业了,没能养成自学的本领,不会更新知识是不行的。因此,培养和提高自学能力,是大学生必须完成的一项重要任务,也是进行终身学习的基本条件。

学习的广泛性。广泛性反映了大学学习多层面多角度的特点。大学生在学习过程中可以通过各种不同的途径和渠道吸收知识,也可以靠广泛的学习兴趣去探求、获得课程之外的知识。大学学习活动的安排正反映出这种广泛性的特点。例如听各种学术报告、知识讲座,参加专题讨论、社团活动、社会调查、参观考察,查阅图书馆提供的大量的文献资料等等。众多形式为大学生从不同层次、不同角度学习知识创造了机会。广泛性的另一表现是大学生在学习活动中可以发展自己的兴趣,按自己的兴趣和意愿有选择性地学习一些知识,如跨学科选修课程。这样,在专业方向上就有了可以调整、舍取的灵活余地。

学习的专业性。专业性是大学学习活动比较直观的特点,它反映了大学生的学习活动具有一定的专业指向性。大学里的学习内容都是围绕着专业的方向和需要来展开的。所学内容必然随着专业在社会中的变化和需求而不断变化和更新。值得一提的是,大学学习期间通常只是确定一个大致的专业方向,更细微、更具体的专业目标是在学习深入的过程中逐步明确的,甚至要在进入社会、踏上工作岗位后才能进一步确定。

学习的探索性。探索性是指表现在学习过程中的创新意识和初步的创造性活动。大学生在系统学习专业知识、不断掌握专业技能的过程中,逐渐会形成学习能力特别是思维能力。在此基础上,学术上的新观点、新理论、新成果必然会触动青年学生的创造欲,乃至渐渐形成一种希望自己能重组已有知识或从崭新角度分析和解释问题的内在动机。这充分表现了大学生喜欢以自己的思路、自己的语言表达对事物的理解,并极愿对未知领域进行尝试性的探索。有不少学生积极参加

教师的科研工作,有些在校学生能发表有创见的论文,也有些学生直接到社会上承接研究课题。探索性特点反映了青年学生的学习创造性,也反映了社会对大学生的要求。科学就是在探索中前进的,大学生作为开创科学未来的主力军,不能不具备探索精神。

大学学习活动几个主要特点之间有一定的联系。自主性是学习活动的基本要求,专业性反映大学学习活动有明确的目标,广泛性是大学学习活动的拓展,探索性是大学学习活动的深入。正是这些特点相互交融,才使得整个学习过程充满了活力,才使得大学各个阶段学习更显得丰富多彩。

三、学习环节不同

大学的学习任务是通过一连串的教学环节来完成的,这些教学环节中又体现了大学的学习特点。大学学习的主要环节有:课堂讲授、课外自修、实验和实习、考试、毕业论文的撰写等。① 大学生应该主动地去弄清每个学习环节的作用和要求,以便更好地适应它们的特点,完成它们的要求,充分发挥它们的作用。

课堂讲授。课堂讲授仍然是教学环节中最主要的一部分,它处在各个教学环节的中心位置。大学与中学课堂讲授之间的主要差异反映在讲授的内容和方法上。大学课堂讲授的内容与教科书的内容并不完全吻合。尤其是富有教学经验和科研实践经验的教师,在课堂讲授中常常会引用众多的参考资料和最新的理论、观点,这些内容往往是教科书上没有的,而这些知识极大地丰富了教材内容。所以,大学生不能囿于教材内容,而忽视教师在课堂上所传递的信息。

课外自修。课外自修是一种自觉自主的学习活动。主要包括如课前预习,课后复习,完成课外作业,查阅参考书籍、文献资料等。大学授课常常是提纲挈领式的,如果一个学生在听讲时对教材内容十分生疏,就可能思路脱节,对教师所讲的就会不知所云。课前预习就是针对这种情况做好充分准备,以便听课时能对基本内容、未弄懂的内容了然于

---

① 尤努斯:《大学、大学生和大学生活》,载《高教研究》2001年第4期。

胸。除了预习之外，课后复习的主要作用是对课堂讲授中所获得的信息加以整理、理解和巩固记忆。做作业也是帮助学生理解和掌握课堂学习内容的一种方式。大学课外作业有一定的难度和深度，有些课题要通过自学一定的资料才能解决。特别是一些综合性的练习，需要学生运用各种知识和综合分析的能力来攻克它。这种综合分析思维能力的培养和锻炼，对于在校期间的学习和以后的实际工作都十分有用。课外自修的另一项活动是课外阅读。大学在阅读方面为学生提供了比较优越的条件，全天开放的图书馆阅览室，大都收藏了有关学科的参考书刊和文献资料。有了这种有利的外部环境，学生应该充分发挥自主学习的积极性，养成阅读参考书籍和查找、整理各种有关资料的良好习惯，养成课外阅读的习惯，锻炼这方面的能力，这将有助于学业的发展。

考试是检测学生学习成绩和检查教师教学效果的重要环节。要顺利地完成考试，取得好成绩，主要取决于平时对课程内容的理解、掌握和应用的程度，考前的准备和考时临场发挥也是相当重要的。在短短几天的复习、准备时间里，学生要把一学期学到的知识进行回忆、概括、梳理，任务是十分艰巨的。如果在整个学期的学习中，没有为这次系统性的复习做好铺垫工作，任务就可能更为艰巨。从这个意义上说，考试的准备工作在上第一堂课时就应开始了。

实验（实习）。实验（实习）是一项模拟实际环境条件、带有实践操作的学习活动，它在大学生的学习过程中是一个十分重要的环节。一方面科学实验是发展理论的源泉和检验科学理论的重要手段；另一方面科学理论又能指导和促进实践的深入。这两方面是相互依存、相互促进的。因此，大学里的许多课程都安排了实验（实习）活动，如安排了生产实习、实习课程设计，参加各种竞赛等大规模、综合性的实验活动。

毕业论文。毕业论文是大学应届毕业生的总结性的独立作业，是高等学校教学过程中的基本环节之一，也是学生能否获得学士学位的主要条件之一。其目的是总结学生在校期间的学习成果，培养学生具有综合运用所学知识、解决问题的能力，并使他们得到科学研究的基本

训练。毕业生在专业教师的具体指导下,根据所学专业的培养要求选定题目进行,论文完成后,需进行答辩,经评定成绩合格,才能获取学士学位。

第二节 大学学习生活误区

由于大学与高中在学习和生活上存在许多差异,习惯了长期被老师和家长"抱着走"的学生突然一下子被要求"自己走",巨大的落差导致新生在大学的学习生活中步入了许多的误区。

误区一:大学学习上的松懈

一位进入大学二年级的学生在回首第一年的学习生活时说:"当我领到大学校徽后,一种竞争胜利者的感觉油然而生,走起路来胸膛挺得高高的,目光里都带着胜利者的自豪。脑子里产生了大学可以轻松轻松的想法,于是一进校就放松了学习,一学期过去了,成绩降到中等偏下,两学期过去了,各科都勉强通过。多可怕啊,中学里一直名列前茅的我,竟然成为落伍者。要问我一年来最深的感受是什么,那就是千万不能松懈学习。"

进大学后"泄气"、"松懈"的现象普遍存在,这是可以想象得到的。当一个人完成一项重大而紧张的工作之后,总有一种轻松、愉快、如释重负之感,这时想休息一下,放慢生活节奏,调剂生活内容,是无可非议的。有张有弛,有劳有逸,才能保持充沛精力,提高工作和学习的效率。但是"弛"是为了"张","逸"是为了"劳",在休整娱乐时,始终不能忘记,"张"和"劳"的重任及目标。有些学生放松学习的原因是多方面的,只有找准原因,才能克服松懈情绪。上面讲的只是其中一种,还有的学生由于选择考取重点大学,而被录取在一般大学或者专科学校,从而产生了松懈和自暴自弃情绪。他们认为这种学校没名气,条件差,成不了大才,混几年算了。应该看到,社会对人才的需求是多方面的,既有类别不同,又有层次之分,各行各业、各个单位都迫切需要人才,都能出人才。唐代诗人刘禹锡在《陋室铭》中写道:"山不在高,有仙则名,

水不在深,有龙则灵,斯是陋室,惟吾德馨。"他用山水作比,说明条件是次要的,人的因素是主要的。古往今来,陋室何其多,但是确有很多人能使它发出灿烂的光辉。

重点大学在教学资源、师资队伍等方面的条件较好,对人才的成长较为有利,但非重点大学也有自己的优势和特色,也具备培养人才的有利条件。然而一个人能否成才,最根本的因素是内因,外因只有通过内因才能起作用。爱迪生、华罗庚没上大学都成为了伟大的科学家;居里夫人以马厩做实验室却提炼出震惊世界的"镭";爱因斯坦在"火炉里冒着呛人的黑烟,房梁上挂满小孩尿布的斗室里"提出了举世闻名的狭义相对论。在我国,有许多自学成才的青年,他们虽然没有进大学的机会,学习条件很艰苦,但他们靠顽强的毅力,刻苦学习,照样掌握了丰富的知识,做出了出色的成绩。一个有志气、有毅力的大学生,更不能做听任环境摆布的奴隶,而应成为驾驭命运的主人。既然能进大学深造,学生就应珍惜大好时光,集中一切精力,把目光专注到学业上,充分发挥自身的潜在因素,而不要找这样那样的理由荒废了学业,贻误了终身。

误区二:不需要培养和激发学习兴趣,按照高中学习方式学习就行

有些学生学习热情不高、动力不足,是因为对所学的专业不感兴趣。提高对本专业的兴趣,是这些学生首先要解决的问题。正如诺贝尔医学奖获得者弗洛里说:"不必冗谈研究学问,其实无论做什么事兴趣第一,有了兴趣后才能专心一致,不论干什么,在这个大原则下,必有所成。"实践证明,兴趣是成功之师,无趣即无爱,亦无志。学习是从兴趣开始的,兴趣是学习欲念的导火线,学习行动的发动机,学习活动的持久性支点。

哥白尼从小就向往"要星空跟人交朋友";哥伦布自幼就渴求探索世界秘密;法布尔为了观察蚂蚁,可以在地上从早趴到晚;法拉第甘当戴维的仆人;徐霞客九死一生还勇往直前;诺贝尔做实验被炸得血流满面却兴高采烈;牛顿、歌德终身未娶也毫不后悔;居里夫人冒死提炼镭;舍勒舍命尝毒酸……数不胜数的名人之所以取得创造性的成果,与强

烈的兴趣是分不开的。

有些学生说:"我对所学专业不感兴趣怎么办?"对少数确实另有专长的学生,因为高考时种种因素被录取到其他专业,可向学校提出转专业的申请,经考核后可以转学自己所喜爱的专业。但是,对多数同学来说,由于中学里学的是基础知识,尚未形成对某一专业的特殊专长,在个人专长和兴趣尚未完全确定的时候,是可以重新培养起来的。世界上不少著名的成功者,兴趣都是经过转移和调整的。马克思原先爱好的是诗歌,歌德喜欢的是美术,福尔顿是首饰匠,莫尔斯是画家,丁肇中对历史有浓厚兴趣。青年学生们刚刚迈进大学校门,完全可以把兴趣转移和调节到现在所学的专业上来。从实际出发,努力培养和发展对专业的兴趣,这样才能充分利用大学里的有利条件,紧紧抓住大好时机,最大限度地发挥自己的聪明才智。倘若现成的优势不利用,另谋自以为会发生兴趣的专业方向,很可能会两头落空。天才就是强烈的兴趣和执著的入迷造就的。

误区三:分数最重要论和分数无用论

对于学生来说,最重要、最关心的莫过于分数了。分数可以决定一个人的升留级,决定能否获得奖学金及优秀学生称号,是评价一个学生成绩好坏的主要标志,因此每个学生都十分重视考试。不少学生就是以考试为中心而学习的,凡是要考的就投入大量的时间和精力,不考的就不愿去"浪费时间"。作为一个学生,不重视考试、不重视分数是不对的,因为考试是学与教的重要环节之一,是促进教师提高教学质量,促进学生努力学习的重要途径之一,也是教师了解学生学习情况的一种方式。但考试的目的不仅仅是为了获得高分数,更重要的是为了掌握知识,巩固知识。有些学生为了追求高分、满分,整天捧着书翻来覆去地看,不敢阅读课外书籍,死读书,人为地限制了自己的知识面;有的同学考试时心理紧张,考一场试犹如生一场大病,造成生理和心理机制失调;更有甚者,有的学生为了获取高分,不惜弄虚作假,请人代考,抄袭舞弊。还有些学生抱着"混"的态度,不重视考试,"六十分万岁,六十一分浪费"。这些做法和想法都失之偏颇。

所以,大学生要正确地看待分数,以便平时能够跳出课堂教学内容,抽出一定的时间阅读课外书刊,博览群书,扩大知识面,培养和发展自己的各种能力。同时,也只有把分数看"透"了,才会使自己的情绪不受分数左右,考得好不骄傲,考得不好也不气馁。既要重视考试,重视分数,又要敢于挣脱考试和分数的束缚,腾出一定的时间用于扩大知识面,发展各项必备的能力,是当代大学生十分紧迫的任务。

误区四:只需学习教材内容

曾经有一名大二学生问老师:"我智商测试得分很高,在高中学习也不错,常常得到老师表扬。到了大学后,尽管学习很努力,但成绩一直平平。而身边没有我努力的同学却比我学习好,请问我该如何提高学习成绩?"

在高中学习很好,经常受到老师表扬,到大学虽然很努力,但学习成绩却不好。这在大学生中不是个别问题。有的学生觉得自己智商很高,在大学学习就一定不错,实际上这是一个误区。大学学习不同于高中。大学课堂教学有发散性特点,老师上课也不局限于教材,这种自由式的教学与高中老师的教学方法有很大不同。高中老师上课的时候,一切围绕着课本和高考,只要吃透课本就能得到高分。到了大学,只弄通一本书得高分是很难的,所以大学学习需要调整学习方法。

有的大学生学习方法调整很快,一两个月就适应了大学学习。有一部分学生调整得要慢一些,需要半年到一年时间,甚至有的到大二还没有调整过来。学习成绩的好坏,智商并不起决定作用。高智商是一个先天的优势条件,在人生的某一阶段和某一时刻先天的智力因素可能会起一定作用,但就长时间的学习来说,仅凭高智商是不够的,还要满足一些条件,比如个人的努力和勤奋,对生活的正确认识,积极向上的心态,科学的学习方法等。

有效的学习方法应该是,在老师的指导下,将课堂听讲与课外阅读结合起来,将学习和思考结合起来,这样才能开阔眼界,完善知识结构,夯实理论基础。

第三节　培养良好的大学学习生活习惯

生活习惯代表着个人的生活方式。良好的生活习惯不仅能促进个人的身心健康，而且也能对人的未来发展有间接的作用。大学生精力旺盛，又处于长身体、长知识的阶段，良好的学习生活习惯是确保顺利、成功度过大学阶段的一个重要基础。

一、养成健康的生活习惯

上大学后，对大学生来说最大的变化就是生活环境方面，没有了父母、长辈每日的悉心照料，许多事情需要独自处理，真正的独立生活开始了。另一方面，从单处一室的"独立王国"到四人、六人甚至是十人"群居"的集体宿舍，这一生活环境和习惯的适应和磨合，对没有住校经历的同学来说，真的是一次考验。从容面对独立生活，培养独立精神尤为重要。刚入大学时感觉大学和高中简直是天壤之别：高中生活两点一线，写不完的作业背不完的书，如同一只拧紧的陀螺，而大一新生学习压力很小，又没有家长和老师的监督，这种期待已久的自由，让很多同学最初感觉"不知所措"，生活一下子懒散了许多。为了让大学生活过得充实，从进大学开始，就应该切实重视这个问题，培养自己良好的生活习惯，并防止不良生活习惯的形成。

按时作息，养成早睡早起的习惯。学校公寓里每晚都要准时熄灯，有的同学精力旺盛，习惯在晚上卧谈，深夜两三点钟仍毫无困意，结果第二天上课时非常疲惫，根本无心听课，有时干脆旷课，在宿舍里补足睡眠。长期如此，不仅影响学业，还容易引起失眠，还影响同宿舍的其他同学。晚睡的同学大都会晚起，一个直接的影响是饮食不规律，很多人早晨起床较晚，来不及吃早饭便去上课，有的索性取消了早饭，有的则在课间随便吃些零食，时间一长，身体肯定会受到影响。

坚持体育锻炼。"文武之道，一张一弛"，学习之余参加一些文体活动，不但可以缓解紧张的生活，还可以放松心情，有助于提高学习效率。听音乐、跑步、做瑜伽、踢足球等等都有助于增强体质，提高对疾病

的抵抗力，这是一种积极的休息。

远离不良生活方式。由于没有监督，有的同学一进大学就开始放松对自己的要求，沾染上吸烟、酗酒等不良生活行为，还有少数学生沉溺于上网、玩游戏。其实大学并不是学习的终点，而是一个新的起点，这些不良行为将成为大学生求学道路上的一大障碍。

学会独立理财。虽然从参加高考到进入大学，只有几个月的时间，但大学新生的生活费却是成倍地增长。有的同学以前在上高中的时候每月零花钱只有几十元，上大学时家里都要给几百元甚至上千元的生活费，这对他们来说简直是一笔"巨款"。刚上大学时，学生大都没有太多"理财"的经验，有的学生在最初的时间里大手大脚，逛街、旅游、聚餐，刚开学就把钱花得差不多了，以后的日子只好节衣缩食或向父母索要。在大学里不少学生因为不会理财，日子过得"前松后紧"，甚至到学期末要借债生活。因此，大学新生要树立"理财"观念。在刚入学的两三个月中，要有计划地进行消费。在生活中，哪些开支是必需的，哪些开支是完全不必要的，哪些是可有可无的，避免完全不必要的消费，尤其要根据父母的经济能力和自己"勤工俭学"的能力来进行日常消费，切不可盲目攀比。

二、培养良好的学习方式

经过高考的洗礼，大学新生们成为了高考中的幸运儿，步入了向往已久的大学殿堂。他们沉浸在对大学生活、对美好未来的憧憬之中，然而大学不是天堂，也不是娱乐场，而是步入职业岗位前充电加油的场所。大学也会与想象中的不一样，原先升学的愿望已实现，新的目标尚未找到，难免陷入暂时的迷茫，同时也感觉到大学与中学有着截然不同的生活、学习方式，需要尽快转变角色，适应大学生活。

调整心态，从零开始。考上大学的学生都是高中阶段的佼佼者，是家长的骄傲。在这个新的群体里，孰高孰低未见分晓。到大学后失去往日众星捧月的感觉实属自然，心里可能是空荡荡的，但千万别消沉。高中所学的只是基础知识，而大学才会将你逐步培养成某方面的专业人才。刚入大学大家机会均等，站在同一起跑线上，至于最后的结果如

何,全看自己的努力。

　　适应学习环境,充分利用教学资源。大学的学习几乎是堂堂课换老师,节节课换教室,上课同听讲,下课各分散。自学是大学学习的主要特征,不仅上课所学的知识要靠学生的自觉性去消化吸收,而且整个知识体系也要靠自己去补充完善。所以除了专业学习外,应适当涉猎课外知识,使自己丰富起来。图书馆被称为"没有围墙的大学",是大学的精华所在。图书馆是成功实现构建自己合理的知识和智能结构,全面加强自身素质的基地。大学不仅是给学生传授知识,更重要的是培养学生的能力,其中一个重要的能力就是自学能力。教师在课堂上仅仅是提纲挈领地讲重点、要点,学生必须靠课外自学,到图书馆查找相关的参考书和资料,自己钻研、自己消化吸收。同时,大学四年所学知识毕竟是有限的,而且知识还在不断地更新和发展,学会利用图书馆是具备较强的自学能力和接受终身教育的前提。互联网的发展使现代大学步入了一个新的时代,校园网络资源成为当代大学生学习、生活的重要依托。校园网络资源作为人才培养的新途径,日益引起人们的广泛重视。大学生要注意养成良好的用"脑"和上网习惯。

　　自我教育的自觉。大学的生活,既是学习的过程也是成长的过程,在这个过程中需要学习专业科学知识也需要培养发展各方面的能力和特长,接受锻炼挑战,以实现思想和心理的成熟,达到各方面素质的提高。大学的第二课堂和各种社团活动有着丰富的内容和广泛的意义,为大学生成长成才提供了广阔的平台。各种形式的活动丰富多彩,只要肯用心,有想法,有意志,这些无疑是很好的锻炼形式,能让你在大学里收获经历,体验团队合作,发挥特长,展现自我。大学教育是自助式的教育,切不可以懵懵懂懂人云亦云,不可以坐井观天逃避挑战,最值得依靠的只有自己、自己的头脑和勇气。自我教育对任何一个大学生都是至关重要的。在短短的四年时间里,学生可以有计划地去寻找机会,去建立关系,去利用资源,并通过自觉的训练,最终培养出过人的鉴别力、方向感和眼界。

三、实现好多种转变

社会角色的转变。大学生与中学生在学校的角色是不同的。在中学时,不少人是在校内或班上担任一定干部、受人尊敬的学习尖子,而在人才荟萃的大学校园里,他们中的大多数可能是不担任任何职务的普通学生。大学新生必须适应这种由出人头地到默默无闻、由高才生到一般学生的转变。此外,大学生与中学生所担当的社会角色也不同,中学生的心理和思想正在发展中,职业方向和社会角色不够确定;而大学生的职业方向基本确定,社会地位有了较大提高,社会对大学生的期望和要求标准比中学生要高得多。因此,大学新生要实现从中学生到大学生这种社会角色的变化,处处用大学生的标准严格要求自己,既学做事又学做人。

奋斗目标的转变。大学是人生成才、成就事业的一个新起点。古人云:"有志者事竟成","而学必先立志"。大学生应从高考胜利的满足和陶醉中清醒过来,根据大学教学的客观现实和自己的实际,制定出个人在学业、理想信念、思想品德、心理素质等方面的奋斗目标和行动方略,以增强进取的内动力,为再创大学阶段的人生辉煌打下良好的基础。

思维方式的转变。与中学相比,大学的生活节奏快,活动空间大,结交的人多,面对这些环境条件的变化,大学新生的思维方式要做到由"非成人化"向"成人化"的转变。在思考处理所遇到的问题时,要力求做到辩证全面而不要唯心片面,要远见务实而不要目光短浅,对人生重大问题的选择要深思熟虑,三思而后行,而不要盲目冲动或感情用事,要增强道德和法制观念,做事要考虑后果。

生活方式的转变。在中学时,有些生活琐事依靠父母亲友的帮助,进入大学后,衣食住行等个人生活都由自己处理安排,自主、自立、自律是大学生活的主旋律。大学生应适应这些生活方式的变化,自主而合理地处理好个人的学习和生活问题,注意培养独立生活的能力,要自觉遵守学校的规章制度和作息时间,养成良好的生活习惯;要积极参加学校、班级组织的各种有益的活动。

交往方式的转变。大学生与中学生的来源地不同。中学生大多在家乡就读,同学之间充满着乡音乡情;而大学生来自全国各地,其语言、个性、生活习惯有较大差异,这就要求交往方式要有所转变。新生们要注意从以"自我"为中心向以"集体"为中心的转变,在班级里要多关心他人,在宿舍里要相互礼让。首先,要做到相互了解,相互适应,提倡主动交往;其次,同学之间要相互尊重,相互关心,为人要诚恳热情,待人宽律己严,大事讲原则,小事讲风格;三是与同学交往要坚持与人为善,搞"五湖四海"、全方位交往,而不要有老乡观念,搞宗派、拉帮结伙等庸俗作风,注意人际关系的和谐性。

第三章　大学生成才导航

培养什么人、如何培养人,是我国社会主义教育事业中必须始终要解决好的重大问题。要把大学生培养成为中国特色社会主义事业的合格建设者和可靠接班人,需要大力提高他们的思想政治素质、科学文化素质、身心健康素质,同时还要加大对大学生在成长成才过程中进行指导的力度。

第一节　大学生的历史责任

九十多年前,北京的大学生在黑夜沉沉的中国震出了一声响亮的春雷,撼动了中国,震惊了世界。他们在天安门集会的宣言中提出了"外争主权,内除国贼"的口号,代表了那个时代大学生的五四精神。他们承担了历史的责任,让"爱祖国,求进步"这个光荣传统被青年大学生们一代代传承下来。九十年过去了,当"大学生"这个词又一次被提起的时候,大学生们不得不思考今天自己的历史责任。

其实,五四运动仅仅是一个开端。回顾一下历史,可以看到历史上的一代代青年如何自觉地肩负起民族的重任。历史清晰地记载着:中共一大的13名代表,其平均年龄只有28岁,最年轻的仅19岁,他们中的许多人都成了以后中国革命的中坚;新中国成立之初,一大批年轻人在党的召唤下到苏联学习,用所学知识投入百废待兴的祖国建设……。一直以来,年轻人往往都站在历史发展的风口浪尖,他们是推动历史前进的重要动力,而作为青年人的代表,大学生更是充当了不可替代的角色。伟大的共产主义者马克思、恩格斯曾告诉我们:"作为确定的人、

现实的人,你就有规定,就有使命,就有任务。至于你是否意识到这一点,那都是无所谓的。这个任务是由你的需要及其与现存世界的联系而产生的。"而这句话正可以从过去的青年人、大学生,从老一辈革命家和建设者的身上验证:"你的需要及其与现存世界的联系"正是历史的需要,国家的需要,社会发展的需要。

历史的巨轮滚滚,来到了 21 世纪的今天。那么,在全面建设小康社会的过程中,社会发展的需要又是什么呢?大学生身上的责任又是什么呢?时代在召唤年轻人去坚定地履行新的历史使命、承担新的历史责任。大学生是青年中有较多机会接受现代科学技术教育的一部分人,是"科教兴国"战略的推进者和受益者。大学生在受益的同时,更应该成为"科教兴国"战略的实践者和完成者,成为全面推进中国特色社会主义事业的骨干力量,为中华民族的伟大复兴,为国家的繁荣富强作出自己应有的贡献。

改革开放三十多年来,求新、求变、求改革的时代精神改变了中国社会面貌和当代中国人的价值追求,也将这个古老的国度带入了更加广阔的国际舞台。面对中国改革发展的良好态势,面对国际形势的风云变幻,青年一代更加需要胸怀祖国、放眼世界,以国家和人民利益为重,大力弘扬爱国主义精神,将自己的命运与国家的命运紧紧相连,将个人的追求融入民族的共同理想,在推进改革开放和现代化建设的进程中,留下属于自己的历史印记。

2008 年 5 月 3 日,在五四运动 89 周年前夕,胡锦涛总书记在北大师生代表座谈会上对青年提出了新时期大力弘扬爱国主义精神的新要求,明确指出了当代青年的责任与使命:"坚持爱国主义与社会主义的高度统一,时刻心系民族命运、心系国家发展、心系人民福祉,使爱国主义精神在新的时代条件下发扬光大。"

这是一个需要彰显责任的时代。可以看到,当代的青年已经找到了自己的定位,并逐渐开始承担起自己的历史责任。

如果说,九八抗洪是新一代青年崭露头角的战场,那么在这场战役中,年轻的子弟兵们做出了表率。他们用自己的血肉之躯树立起了一

面责任与担当的旗帜。在抗洪队伍撤离九江时,送别的人们如潮水般涌来,用夹道相送表达他们的敬意。

2003年,突如其来的"非典"疫情爆发后,许多青年的身影活跃在抗击"非典"第一线。由数千名建筑工人组成的二十余支青年突击队临危受命,用三天三夜的鏖战按期完成了"救命工程"——小汤山医院;而大学生志愿者们更是自发增援"非典热线",为惊恐中的市民舒缓不安情绪、提供心理支持;甚至还有大学生不顾自身安危,来到疫情最严重的医院,在这个没有硝烟的战场上日夜奋战,帮助医生挽救每一个宝贵的生命。

"大学生志愿服务西部计划"自2003年启动以来累计已有7万多名"80后"的青年大学生赴西部和基层服务,其中许多人还在西部扎下了根,留在最需要他们的基层。而从2002年起,中国大学生志愿者走出国门,走向世界,近300名中国的青年人分赴老挝、缅甸、埃塞俄比亚、圭亚那等发展中国家开展志愿服务。

被认为是人才培养和新农村建设"双赢之举"的"大学生村官"计划,在2008年已经拉开大幕,预计将在五年内选聘10万名高校毕业生到各个基层乡村任职。2009年5月5日,中共中央政治局委员、中组部部长李源潮在给几位大学生村官的回信中说,农村既是施展才华的舞台,又是历练人生的学校。"艰难困苦,玉汝于成",大学生当村官的经历和经验,将会成为有志成才者受益终生的财富。

这一代青年在悄然成长的同时,更在2008这个多事之年让人们惊叹甚至惊诧于他们的崛起。在年初的冰雪灾害中,无数年轻的子弟兵在千里交通线上辛苦破冰,打通一条条封冻的公路;许多青年突击队员奋战在除冰、抢修第一线;许多大学生放弃回家过年,身披"春运志愿者"绶带,在火车站开展志愿服务;许多开着私家车的年轻人在南方许多城市,加入"绿丝带"志愿行动,为困境中的人们提供力所能及的帮助。

2008年4月奥运圣火在海外传递,无数国内青年学子和海外留学生,把他们的爱国热情连接成一条跨越国界的长城。在伦敦街头为圣

火和国旗洒泪的周岫,在巴黎街头勇护圣火的金晶,在巴黎共和国广场上发表激情演讲的李洹……圣火所到之处,留学生们自发地组织起来为祖国加油、为圣火护航,和企图搞乱中国的反华势力进行针锋相对的斗争;互联网上,他们用事实和证据批驳和揭露西方媒体的谎言,形成一股不可小视的正义力量。

2008年的"5·12"汶川大地震,注定会给这个多灾多难的民族留下一个无法抹去的悲伤烙印。但就在这巨大的悲伤中,却看到了无数青年勇敢的身影和强大的力量,他们勇敢地来到地震灾区,尽自己的一份力量,为灾区的人们提供帮助和服务。这些身影和力量,让人们备感鼓舞。对大多数年轻人来说,以往对国家的灾难性记忆都是从书本和影像资料中获得的,所以当一场近在咫尺的灾难发生时,那种痛苦、惨烈的冲击,让很多青年人在一夜之间成长起来。汶川地震,就是以灾难的方式,对中国青年的人生观和价值观进行了一次重塑。灾难催化出中国青年的无尽激情。这种激情包含着对生命的尊重、对同胞的爱,更包含着对民族、对国家、对社会的责任。

2008年6月11日《人民日报》报道,在环保领域,已有3.5亿多人次的青少年参与到旨在促进生态和谐的"保护母亲河行动"中,建设的生态环保示范工程已惠及239.3万亩。大学生的环保意识日益增强,"限塑令"的颁布,也得到了各大高校学生的响应,大学生们纷纷开始用起了环保购物袋,让所有人看到了这一代大学生对环保的支持。

2008年夏,在使全国沸腾的奥运庆典上,中国的年轻人更以实际行动为北京奥运加油。据北京奥组委公布的数字,全国有超过100万人申请成为北京奥运会、残奥会赛会志愿者,其中多数为年轻大学生。而在奥运期间,赛场上、几个承办城市的街头,可以看到感人的一幕幕,激情的一幕幕。这就是中国青年人,特别是中国大学生,把自己最美好的一面呈现给了全世界,让所有人惊叹他们的表现,让历史见证他们的成长。

走过三十多年改革开放历程的中国,正站在新的历史起点上,中国的青年需要自觉担负起新的历史责任,用年轻的激情和成长的力量,在

实现国家强盛和民族复兴这一宏伟目标的进程中发挥生力军作用,续写中华民族新的辉煌。

那么,大学生应该如何做才能承担当今时代赋予的历史责任呢?

第一,应该坚定信念,树立远大的理想。理想是人们对未来生活和事物有根据的合理的想象和希望,是人们所向往、所追求并为之奋斗的目标信念,是人们对某个人或某种主张、主义等极度的相信和崇拜,是人们拿来作为自己行动准则的指南,它构成人的精神支柱。而在现阶段,当代青年大学生要树立的理想,就是要把我国建设成富强、民主、文明、和谐的社会主义现代化国家,实现中华民族的伟大复兴。当代青年大学生要确立的信念,就是要坚持党的基本理论和基本路线不动摇,高举中国特色社会主义的伟大旗帜,坚定不移地走建设中国特色社会主义的道路。树立起这样的理想和信念,大学生就能在任何时候不丧失信心,不懈怠斗志,始终以昂扬进取的姿态和饱满的热情积极投身建设中国特色社会主义的伟大实践,把个人的理想汇入民族振兴的大业之中,把党的奋斗目标转化为脚踏实地的行动。大学生正处在世界观、人生观、价值观形成的关键时期,树立起正确的世界观、人生观、价值观,是大学生健康成长的重要内容,也是在今后发展中经受住各种考验的保证。广大青年学生要把改造客观世界和改造主观世界结合起来,正确看待和处理国家、集体和个人的关系,在报效祖国、服务人民的奋斗中实现自身的价值。

第二,应该勤奋学习,掌握过硬的本领。当今社会,人类知识正以几何级数迅速膨胀。就像工业化早期社会淘汰"文盲"一样,后工业社会、知识经济时代社会也将以令人震惊的速度淘汰"科盲"、"计算机盲"、"法盲"。不会学习就意味着不会生存,不坚持学习就意味着将被淘汰。只有始终保持与时代同步的知识结构,与社会现代化要求相吻合的能力结构,当代大学生才能在社会纵横交错的坐标图上找到自己的位置。这已经成为当代大学生生存与发展的第一需要。同时,学习应该是全面的广泛的,既要认真学习掌握与做好本职工作紧密相关的知识,又要努力学习理论知识(包括政治理论)、文化知识、科学知识、

历史知识等等，特别要善于学习各种新知识，以求知识结构的常新。

学习还必须与实践相结合。能否将所学知识付诸实践，直接关系到大学生人生价值的实现。知识只有付诸实践，才能焕发出无穷的力量。大学生要善于创新，善于实践，善于把所学的知识运用到改造客观世界和改造主观世界的活动中去，在实践中继续求得真知、增长才干。如果一个人只是满足于读书学习，而不运用所学的知识去做有益于社会进步的事情，这样的人即使拥有渊博的学识，但终究不过是个"两脚书橱"。用知识去实践、去创新、去改造客观世界和主观世界，并在学习与实践的过程中寻求新的知识，增长变革世界的才干，才是学习的真正目的。也只有在这样的学习实践过程中，大学生的人生价值才能以被社会认可的方式得以实现，才能真正肩负起历史的责任。

第三，应该艰苦奋斗，创造光辉的业绩。党和政府提出全面建设小康社会的宏伟目标，这为当代大学生施展才华抱负、报效祖国人民提供了十分广阔的舞台。但是，也要清醒地看到，在我国这样一个经济文化落后而又发展很不平衡的大国，实现全面建设小康社会和构建社会主义和谐社会的战略目标，不会是一帆风顺的，这将是一个长期的艰巨任务，需要包括广大青年大学生在内的全国人民为之不懈地努力奋斗。美好前程灿烂如画，脚踏实地奋斗以成。在全面建设小康社会和构建社会主义和谐社会的历史时刻，正是这一代大学生风华正茂、年富力强、生命火花最明亮炽烈的时期，正值这一代年轻人施展才华、奋发有为、谱写壮丽青春之歌的年华。大学生作为社会中最富有朝气、最富有活力、最富有创造性的群体，是我国改革开放和现代化建设的一支生机勃勃的力量，在众多领域中发挥着重要的作用。因而全面建设小康社会和构建社会主义和谐社会的重任历史性地落到了当代中国的大学生身上，勇敢地担当起这一历史重任，将是大学生义不容辞的历史使命。

第四，应该遵纪守法，培养优良的品德。我们正在建设的社会主义和谐社会，要求人们具有较高的文明程度和道德水准，尤其要具有较高的社会公德水平。因为社会公德是每个社会成员在社会公共生活中都应当遵守的最起码的行为准则和道德规范。因此，在构建社会主义和

谐社会的进程中,当代大学生要继续努力提高自己的社会公德水平,要努力培育自己的公德意识和道德自律精神,从而使自己在家庭生活中,做到尊老爱幼、男女平等、夫妻和睦、勤俭持家、邻里团结;在职业岗位上,做到爱岗敬业、诚实守信、办事公道、服务群众、奉献社会;在公共场所中,做到文明礼貌、助人为乐、爱护公物、保护环境、遵纪守法。只有这样,构建社会主义和谐社会才会有坚实的道德基础,当代青年才能真正无愧于时代的要求。

2008年5月30日,两名大学生通过新华网公开发出"做敢于承担的一代"的倡议,在短短几天里得到了青年网民的热烈响应。"敢于承担"历史责任,这既是当今大学生的一种姿态,更是当今大学生的一份承诺。正如胡锦涛总书记所期望的,"切实强化社会责任感和历史使命感,把个人的成长进步融入到推动国家发展、民族振兴的时代洪流中去,矢志为实现远大理想而不懈奋斗。"

第二节　高等教育大众化下的人才

1999年,世纪之交,随着大规模扩招,我国高等教育开始步入了大众化的发展阶段。这既是我国高等教育发展的转折点,也是关系到我国社会进步的大事。五年之后,2003年,教育部宣布,中国普通高校毛入学率达到17%,已经跨入大众化教育阶段。又五年后,2009年,中国普通高校的毛入学率已达24.2%。伴随着高等教育的大众化,涌向社会的大学毕业生的数量迅猛增长,而大学毕业生就业的形势越来越严峻。2004年全国高校毕业生总人数为280万,2005年高校毕业生为338万人,2006年高校毕业生为413万人,2007年高校毕业生为495万,2008年达到532万,2009年高校毕业生则达到610万人,而2010年高校毕业生创历史新高为630万人。

2009年对于世界、对于中国都是不平凡的一年,对于中国的大学生特别是大学毕业生,更是备受煎熬的一年。在国际金融危机的冲击下,世界经济包括中国经济出口放缓、增速减慢,随之而来的企业倒闭和裁员,大量农民工返乡,大学生就业急剧下降。全国610万应届大学生的就业问题引起了上至中央、下到地方的高度重视。2008年12月20日,温家宝总理在北京航空航天大学与学生座谈时就明确表示,政府一定把大学生就业放在首位。2009年1月7日,温家宝总理主持召开了国务院常务会议,部署高校毕业生就业工作。时隔三天,1月10日,温家宝总理又出现在了常州市高等职业教育园,提出"知识可以改变人的命运,也决定着国家的未来。在职业学校学习,不仅要懂知识,还要掌握技能,更要学会生存。希望你们能锻炼成长为全面发展的人,用自己的本领为人民服务"的要求。1月19日,国务院办公厅下发3号文件——《关于加强普通高等学校毕业生就业工作的通知》,就加强高校毕业生就业工作作出具体部署。3月,举世瞩目的"两会"在北京召开,期间,"大专女生就业招聘会现场含泪逼问教育厅官员"的新闻更是引发人大代表和政协委员对大学生就业问题的热议。

作为国家宝贵人才资源的大学生,如何根据自身的兴趣爱好、天赋才干及专业知识,把自己锻炼成为社会所需的合格人才是每个大学生都应该深思和直面的问题。

当代大学生,首先要有较高的思想道德素质。较高的思想道德素质是当今人才观的一个重要方面。所谓人才,首要的应该是一个品德高尚的、和谐的和趋于人格完善的人,是一个和社会融洽相处并且受社会欢迎的有道德的人。而一个人要具备较高的思想道德素质,是需要经过长期的学习和锻炼过程。

其次,要具备优秀的业务素质。业务素质是大学生的必要素质,是大学生为社会服务、为国家作出贡献的必备本领。现代社会的特征之一是社会竞争的加剧,而竞争的要求就是谁都必须凭真才实学取胜。业务素质主要包含以下几个方面:(1)扎实的学科基础知识和精深的专业造诣。(2)不断进行专业研究、专业应用、专业开拓的兴趣和能力。(3)管理能力。专业管理能力的培养,已成为高层次人才培养的一个重要方面。(4)融合能力。当今时代的任何科学技术的突破都来自学科专业的融合,培养学生的专业融合能力实质就是培养创造能力。

（5）敬业精神。贝弗基在《科学研究的艺术》一书中总结道："科学上成年人思维的发展，只能达到青年时期打的基础所能支撑的高度。"必须充分意识到基础的重要性，特别要在"牢固"和"扎实"上下工夫，切忌华而不实、眼高手低、志大才疏。

再次，要具备较高的文化素质。文化素质，通常又被称做人的文化素养，是知识、能力、观念、情感、意志等多种因素综合而成的一个人的内在品质，外化为人的人格、气质、修养。文化可以给大学生很多直接和间接的人生体验和人生哲理，帮助他们了解世界，牢记自己对社会的责任。文化修养较高的人虽然各有自己的个性，但大家在一起相处却很和谐；小人虽然遇事圆滑，但与人相处却不能和谐。而以往教育的明显缺陷是人文教育薄弱，从而出现人的知识结构以至人格不和谐、不完善的情况。21世纪的人才不仅要懂得交流，而且还要善于沟通，敢于发表自己的观点，提出自己的建议，与人和谐相处。

最后，还要具备良好的心理素质。社会激烈的竞争要求社会成员必须具备良好的心理素质。目前的学校教育、社会教育和家庭教育，都缺少有意识的艰苦磨炼教育、承受挫折教育、适应环境教育和正确处理人际关系教育等心理素质教育，造成一部分学生心理非常脆弱，不能适应竞争的环境，这就给高校教育和大学生自身提出了增强心理素质的艰巨任务。当代大学生面临的挑战很多，要想成功地迈出走向社会的第一步，一定要有这些基本的素质，才能适应社会的挑战。

全新的时代，全新的挑战，给大学和大学生成才提出了全新的课题和挑战。大学如何将大学生培养成社会所需的合格人才，这既是大学培养人才的本质要求，也是大学服务社会的重要体现。

第三节 为大学生健康成才导航

一、国内外形势变化：大学生成才导航工程的深刻背景

正如中共中央、国务院在《关于进一步加强和改进大学生思想政治教育的意见》中指出的："国际国内形势的深刻变化，使大学生思想

政治教育既面临有利条件,也面临严峻挑战。国际敌对势力与我争夺下一代的斗争更加尖锐复杂,大学生面临着大量西方文化思潮和价值观念的冲击,某些腐朽没落的生活方式对大学生的影响不可低估。随着对外开放不断扩大、社会主义市场经济的深入发展,我国社会经济成分、组织形式、就业方式、利益关系和分配方式日益多样化,人们思想活动的独立性、选择性、多变性和差异性日益增强。这有利于大学生树立自强意识、创新意识、成才意识、创业意识,同时也带来一些不容忽视的负面影响。一些大学生不同程度地存在政治信仰迷茫、理想信念模糊、价值取向扭曲、诚信意识淡薄、社会责任感缺乏、艰苦奋斗精神淡化、团结协作观念较差、心理素质欠佳等问题。"深刻认识目前国内外形势重大而深刻的变化是做好大学生成才导航工作的重要前提:

1. 经济全球化时代争夺接班人的斗争更加尖锐复杂。西方一些敌对势力,长期以来对我国进行西化、分化的战略图谋从未停止,不断地进行文化渗透和价值观的渗透,利用所谓人权、民族、宗教等问题进行挑衅甚至颠覆活动,从拉萨"3·14"事件和新疆"7·5"事件我们可以深刻地看到斗争的艰巨性、复杂性和残酷性,这给大学生成长成才提出了许多新问题。今后一个时期,影响国家安全和社会稳定的因素趋于复杂多变,争夺接班人的斗争更为复杂,渗透与反渗透、颠覆与反颠覆、分裂与反分裂的斗争将更加激烈。

2. 新技术革命和信息传递的快速便捷给大学生成才提出了新挑战。随着国际互联网等现代传媒的发展,大量涌入的各种信息既扩大了大学生的视野,也增加了大学生辨别是非的难度,这同样可以从拉萨"3·14"事件和新疆"7·5"事件中看到新的传播手段对大学生成才和社会稳定带来的重大挑战。特别是随着网络技术在大学生中迅速普及,大学生接受和选择外部信息的自由度大大增加,怎样运用新方法和新手段有针对性地做好大学生的工作,怎样在无国界的信息战中坚持利用和管理并举,弘扬主旋律,使网络为学生的成长成才服务,化消极为积极,化被动为主动,这既是挑战也是机遇,更是时代提出的要求和任务。

3. 全面建设小康社会对大学生成才提出了新要求。我国正处在改革的攻坚阶段和发展的关键时期。这个时期既是"黄金发展期",也是"矛盾凸显期",需要正确处理好改革、发展、稳定之间的关系,使全面建设小康社会的步伐有序地迈进。在新的历史时期,要大力加强大学生的思想政治教育,大力弘扬和培育民族精神,建立与发展社会主义市场经济相适应的社会主义思想道德体系;引导大学生正确认识我国国情,正确认识改革开放出现的复杂形势,正确认识党和政府为解决前进中的问题和困难所作出的努力和采取的措施,凝聚人心,为全面建设小康社会而共同奋斗。

4. 大学生的思想政治状况给大学生成才提出了新课题。伴随着改革的深入和市场经济体制的日益完善,社会经济成分和经济利益、社会生活方式、社会组织形式、就业岗位和就业方式日益多样化,大学生思想活动的独立性、选择性、多变性、差异性明显增强。这有利于大学生树立自强意识、创新意识、成才意识和创业意识,但从培养高素质人才的角度看,学校的人才培养模式还不能完全满足学生、家长和社会的要求,大学生思想政治教育工作从内容、形式、途径到方法还不能完全适应大学生成长成才的内在要求和需要。

5. 高校的改革和发展给大学生成才提出了新任务。随着高校招生规模的不断扩大,高校改革的不断深入,面对大学生群体中独生子女比例增长、贫困学生人数增加、心理问题增多以及就业压力增大的实际情况,高校的思想政治工作存在一些薄弱环节。主要表现在:在教育思想上,树立"以学生为本"的思想不牢;在教育目标上,体现"个性发展"的要求不够;在教育内容上,不能适应学生成长成才的需要;在教育方法上,没有完全贴近学生的思想实际;在教育环境上,没有形成"全员育人,全程育人"的氛围。① 如何有效地加强思想政治工作的针对性,提高实效性,是高校面临的紧迫任务。

---

① 徐柏才:《关于增强大学生思想教育实效性的思考》,载《中南民族大学学报》(人文社会科学版)2004年第5期。

二、人才培养：大学生成才导航工程的根本目标

当前高等学校人才培养工作的首要任务，就是要进一步认真贯彻落实中共中央、国务院《关于进一步加强和改进大学生思想政治教育的意见》和党的十七大以来特别是十七届四中全会的重要精神，积极探索学生成长规律与人才培养规律，根据学校人才培养的工作实际，结合青年学生成长成才的特点，对大学生的目标、理想、素质、职业等方面分阶段、有重点、全过程地实施成才导航。大学生成才导航工程正是在这样的时代背景下提出来的。大学生成才导航是一个系统工程，它以马列主义、毛泽东思想、邓小平理论、"三个代表"重要思想和科学发展观为指导，站在战略和全局的高度，着眼于人才培养这个高校的根本目标，比较好地做到了贴近实际、贴近学生、贴近生活，是新形势下加强和改进大学生思想政治教育、全面推进素质教育、促进大学生全面发展的一种新理念、新思路、新方法、新举措。

1. 较好地体现了时代的要求。大学生是思维最为活跃、接受新生事物最为迅速的知识群体，其思想活动和行为方式会有更深的时代烙印，呈现出更为鲜明的时代特征。"成才导航工程"正是用时代眼光来审视和分析大学生的思想特点，充分体现了时代的要求。一是考虑了建立社会主义市场经济体制的背景。当前，我国正处于一个伟大变革的时代，尤其是随着社会主义市场经济体制的逐步完善，我国社会经济成分、利益分配、组织形式、就业方式以及人们生活方式日益多样化，人们的选择性、多变性和差异性日益增强，大学生对社会与个人前途的期望，也会随之发生巨大的变化。二是具有宽广的视野。随着我国对外开放的不断扩大和经济全球化进程的加快，各种思想文化相互激荡，对处于经济转型期的我国社会成员，特别是大学生产生了极其复杂的影响。在积极吸纳世界现代文明的同时，也要经受与社会主义文明相悖的、与培养中国特色社会主义事业的建设者和接班人要求相抵触的种种腐朽思想观念的侵蚀。三是权衡了网络时代的高速信息传播的利弊。当今世界是一个信息社会，网络和信息技术已经打破了时间和空间的阻隔，互联网等媒体的快速发展，给大学生学习和获得信息开辟了

新的渠道,为他们的交往提供了方便、快捷、高效的工具。但由于网络立法的滞后性、网络技术的欠完善性,给"黄、赌、毒、邪"等腐朽落后文化和有害信息的传播以可乘之机,致使少数大学生精神空虚、行为失范,有的甚至走上违法犯罪的歧途。四是把握了独生子女的独特性格特点。当前在校大学生大多是独生子女,有较强的优越感。在某种程度上说,他们从小生活在舒适的"温室"环境中,缺乏人际交往训练和现实环境磨炼。当代大学生心态环境一定范围内存在以自我为中心、自我期望值高与现实成就率低、对环境高要求与自身低奉献的心理矛盾,以及学习、生活、就业压力大的问题。基于以上时代特点,"成才导航工程"强调要大力加强科学的世界观、人生观、价值观教育,坚定理想信念之"魂";要大力加强爱国主义教育,立牢民族精神之"根";要切实加强公民道德教育,夯实基本道德规范之"基";要大力加强素质教育,增强全面发展之"能"。

2. 正确地把握了大学生思想政治教育的内在规律。思想政治工作是我们党动员和团结人民群众的有效途径,从来都是与党在不同时期的政治任务紧密联系在一起的。从空间维度上看,思想政治工作要立足于特定环境,正确把握自身所处的具体环境以及工作的任务、内容、渠道和对象等。从时间维度上看,思想政治工作要紧跟时代前进的步伐,正确把握自身所处的历史阶段以及开展工作的切入时机和恰当方式。创新思想政治工作,必须坚持解放思想、实事求是、与时俱进,坚持一切从实际出发,使之遵循客观规律,体现时代要求,符合社会发展方向。① 胡锦涛总书记指出:"要使大学生成长为中国特色社会主义事业的合格建设者和可靠接班人,不仅要大力提高他们的科学文化素质,更要大力提高他们的思想政治素质,只有真正把这项工作做好了,才能确保党和人民的事业代代相传、长治久安。"②这一论断为把握大学生

---

① 邹龙汉:《遵循客观规律 体现时代要求》,载《人民日报》2005年8月29日第9版。
② 胡锦涛:《进一步加强改进大学生思想政治教育工作》[2005-01-19]. www.xinhuanet.com。

思想政治教育规律指明了方向。"成才导航工程"在社会主义教育方针的指引下，根据社会需求实际、大学生身心发展的特点，尤其是针对大学生思想活动的独立性、选择性、多变性和差异性日益增强的现实情况，形成了从学生实际需求入手来开展思想政治教育工作的模式，力求妥善处理好学生成长需求与就业需求、物质需求与精神需求、现时需求和未来发展、个人需求和群体秩序需求的关系，从而确立工作的基点，建构现实的桥梁，使学生思想政治教育更具生机与活力。

3. 突出了人才培养的系统性。"大学生成才导航工程"是一项复杂的系统工程。根据"整体优化"的理论，作为一项系统工程，"成才导航工程"不仅具有计划的整体性，而且具有教育载体的整体性。要始终坚持学校教育、社会教育、思想政治教育、专业教育、理想教育、职业教育、自我教育等通盘考虑，坚持认知、情感、德行一起抓，做到知行合一、虚实结合、情理相融、符合教育的过程和规律。突出的系统性表现在：一是体现了激励功能。教育艺术的本领不在于传授本领，而在于激励、唤醒、鼓舞。"成才导航工程"的根本宗旨在于唤醒学生的主体意识、使命意识、责任意识、奉献意识，激励学生树立正确的世界观、人生观、价值观，鼓励学生奋发向上、报效祖国、服务社会；在于激发学生的学习动机，充分调动学生的积极性，其"显性"教育和"隐性"教育都体现了激励原则。二是体现了陶冶功能。古人云"教人未见其趣，必不乐学"。"成才导航工程"在建立良好的教育载体，营造感染人的教育氛围上下工夫，做到把思想政治教育、专业知识教育、能力素质教育与各项教育活动、社会实践、校园文化建设、教学科研等有机结合起来，犹如春风化雨，润物无声，起到陶冶作用。三是体现了和谐功能。所谓"和谐教育"就是在整体性原则指导下，力求教育内容和方法全面、协调、一致。"成才导航工程"要求做到分阶段、有重点、全过程地指导和帮助大学生成才，较好地体现了教育的全面性、协调性的特点，具有协调发展的功能。

4. 创新了人才培养的方式。一是工作思路上创新。"成才导航工程"在工作思路上实现了由单向性向多样性拓展，由注重灌输向注重

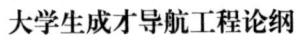

渗透拓展,由居高临下向深入基层拓展,由单一层次向多层次拓展。特别注重将新形势下大学生思想政治教育中的有效途径向广度、深度推进,在充分发挥课堂教学在大学生思想政治教育中的主导作用的同时,要求深入开展社会实践,大力建设校园文化,大力加强大学生文化素质教育,开展丰富多彩、积极向上的学术、科技、体育、艺术和娱乐活动,把德育、智育、体育、美育有机结合起来,寓教育于文化活动之中。在充分发挥学校教师、党团组织的教育引导作用的同时,充分调动大学生的积极性和主动性,引导他们自我教育、自我服务、自我管理、自我提高。二是教育方法上创新。大学生思想政治工作讲究的是以理服人,平等待人。当代大学生具有较强的独立性和敏锐性,对事物的本来面貌,对一般的理论问题和实际问题,都有基本的判断能力。因此,"成才导航工程"坚持民主原则和疏导方针,采取互动式的教育方式,讲求启发诱导,自我评价,耐心细致,潜移默化,力戒空洞和简单说教,使思想政治教育能收到好的效果。

5. 增强了人才培养的实效性。"成才导航工程"遵循"大处着眼、德育为先、学会做人、注重实践"的方针,紧密结合了当前高校的实际情况。具体表现在:一是"成才导航工程"在党委的统一领导下,由多个部门参加,形成上下配合,整体联动的工作态势。二是"成才导航工程"围绕大学生的成长成才开展工作,能突出整个教育活动的系统性、连续性。三是"成才导航工程"的具体内容既是广大青年学生成长成才的努力方向,又是服务其成长成才的有效手段。四是"成才导航工程"要求建立相应的保障机制、激励机制和长效机制,确保此项工作能够落到实处,收到实效,并坚持与时俱进,注重工作创新,大胆探索工作的新方法、新途径,促进"成才导航工程"在工作中不断完善、充实和提高。

三、全过程导航:大学生成才导航工程的根本特点

实施"大学生成才导航工程",就是要在全面做好各项工作的基础上,以理想信念教育为核心,深入进行科学的世界观、人生观、价值观教育;以爱国主义教育为重点,深入进行民族精神教育;以基本道德规范

为基础,深入进行公民道德教育;以大学生全面发展为目标,大力推进素质教育,促进大学生思想道德素质、科学文化素质和健康素质协调发展。概括起来,"大学生成才导航工程"的主要内容包括:目标导航、理想导航、素质导航、职业导航。

1. 目标导航。以帮助大学生尽快实现从中学向大学的转变,以制订科学的大学学习计划与人生规划为目标,通过重点在一年级新生当中开展入学教育、大学四年的规划、学业进程设计、成才事迹报告与学习经验交流等活动,引导和帮助学生确立科学的成才目标,制订科学的成才计划,促进学生的成长成才。主要的工作(活动)包括:(1)开展新生入学教育。(2)开展大学学习方法指导。(3)开展专业思想和专业教育。(4)帮助学生拟订大学学习计划与成才计划。(5)帮助学生初步确立人生理想与志向。

2. 理想导航。以加强大学生理想信念教育,大力弘扬和培育民族精神为核心,以培养一大批青年马克思主义者为目标,依托党、团支部理论学习小组以及党校、团校等各级各类理论学习组织,通过在大学生当中开展主题教育活动,开展主题团会、班会,举办演讲会、报告会、研讨会、征文比赛等活动,组织大学生学习马列主义、毛泽东思想、中国特色社会主义理论体系,引导和帮助大学生构筑强有力的精神支柱,树立科学的世界观、人生观和价值观,树立起祖国的观念、党的观念、人民的观念和社会主义观念。主要工作(活动)包括:(1)成立理论学习小组,开展理论学习活动。(2)开展主题教育活动。(3)做好大学生骨干的培养教育及大学生党员发展工作。(4)开展社会实践活动。(5)开展革命传统教育活动。(6)开展丰富多彩的校园文化活动。

3. 素质导航。以提高大学生综合素质为目标,以非专业素质发展为重点,以第二课堂为依托,在大学生当中,通过教育和引导他们积极投身于社会实践,树立科学的人才观和成才观,建立素质超市,实施素质拓展计划,大力开展素质训练等途径,不断提高广大青年学生的综合素质和竞争能力,促进学生的全面发展。主要工作(活动)包括:(1)构建五大活动教育课堂,建立素质超市。(2)实施大学生素质拓展计划。

(3)开展大学生社团活动。(4)开展文明教育及创建活动。(5)开展大学生的科研创新活动。(6)大力开展心理健康教育和心理咨询活动。

4. 职业导航。以提高大学生的就业竞争能力为目标,重点在三、四年级学生当中,通过教育引导和帮助大学生认清形势、转变就业观念、开展职业倾向测试、职业生涯设计、职业能力设计、就业指导和培训、提供就业信息、建立就业实习基地等活动,帮助大学生做好职业规划和职业选择,打好成就事业的基础。主要工作(活动)包括:(1)进行职业倾向测试。(2)开展职业生涯规划和学业规划。(3)开展有关就业培训和指导。(4)建立社会服务实践基地。(5)开展形势政策教育。

在实施"大学生成才导航工程"的过程中,要全面贯彻党的教育方针,坚持"育人为本、德育为先"的原则,要充分发挥思想政治理论课的主课堂、主阵地、主渠道的作用,全方位推进大学生的思想政治教育,全面促进大学生的成长成才。通过"大学生成才导航工程"的实施,使学生的知识、能力、素质达到和谐与统一,个性和人格得到健全发展,成为社会主义事业合格的建设者和可靠的接班人。

参考文献:

[1] 克拉克·克尔著:《高等教育不能回避历史》,王承绪译,浙江教育出版社2001年版。

[2] 伯顿·克拉克主编,王承绪等译:《高等教育新论——多学科的研究》,浙江教育出版社2001年版。

[3] 朱国仁:《论现代高等学校三种职能的意义》,载《高等教育研究》1998年第1期。

[4] 尤努斯:《大学、大学生和大学生活》,载《高教研究》2001年第4期。

[5] 徐柏才:《关于增强大学生思想教育实效性的思考》,载《中南民族大学学报(人文社会科学版)》2004年第5期。

第一篇 目标导航

　　我们所处的时代,是一个改革开放的时代,是一个重视知识、重视人才的时代,是一个充满竞争、充满生机、充满活力的时代。在这个时代里,大学生们都渴望成为人才,渴望在实现中华民族伟大复兴、建设中国特色社会主义的宏伟大业中一展身手,施展才华,成就事业,报效国家,服务人民。然而,实现成才的愿望,首先要使大学生了解所处阶段成才目标的内涵、特点、内容以及实现成才目标的要求、途径、方法等方面的问题。为此,通过对大学生进行成才目标导航,使他们尽快实现从中学生到大学生的转变,树立起在大学学习的近期目标并逐步树立起人生的长远目标。

第四章　大学生目标导航的内涵与意义

　　大学是思想最活跃、最富有创造力的学术殿堂，是新知识、新思想的摇篮。作为人类神圣的精神园地，大学有自己崇高的理念和追求，有自己超凡脱俗的品质，担负起引导整个社会前进的重大使命。大学虽然具有人才培养、科学研究、社会服务等多个方面的功能，但从其根本使命上看仍然是以人才培养为重，"培养人才是大学产生之日起就具有的基本功能，是大学的根本任务"①。大学教育首先是以人的全面发展为目标，全面发展既是人自身发展的要求，也是丰富多彩的社会生活的需要。社会发展的程度越高，对人的全面发展的要求也就越高。大学教育阶段是个人获得全面发展的关键阶段，尽管中学教育的根本目的也在于为人的全面发展服务，但由于受学生自身发展阶段的限制和教育导向上的影响，全面发展的需要往往被"应试教育"的导向、单纯追求升学的需要所替代。而大学教育则为学生的全面发展提供了广阔的空间，从目标设定、学科专业的建立到环境氛围的营造、资源条件的配置等，均立足于学生综合素质的培养和提高。因此，帮助大学生把握住大学阶段的学习时机，帮助他们尽快实现从高中生到大学生的转变，为实现大学生健康成长成才奠定坚实的基础，是大学生目标导航的目的。

---

① 刘志荣：《大学生成才与就业指导》，武汉大学出版社2004年12月版。

第四章 大学生目标导航的内涵与意义

第一节 大学生目标导航的内涵

一、大学生目标导航的提出

（一）大学生活环境有了新的变化

大学，是人生的一个新起点，一进大学，新同学首先感到的是生活环境的变化。大学新生来自天南地北，四面八方，从繁华的都市到偏远的山乡，从西北边疆到沿海特区，每个人的生活习惯都不相同，大家共居一室，组成了一个新的集体。不同个性的成员之间如何和谐相处是一个新的课题。

无数烦琐的生活小事组成了一曲和美的生活旋律。从起居作息时间的调整以使互不相扰，到共同保持室内清洁；从个人衣物的放置以使狭小的空间整洁优雅，到言谈话语中相互尊重礼让，不同个性间的相互兼容、相得益彰……看似平凡的小事，却时时都在对每个大学生进行着待人处事、品德修养的检验。不像在家时，享有较多被人照顾的权利而较少履行照顾他人的义务，在寝室中，集体生活赋予每个人同等的权利与义务。如果不尽快进入新的角色，不能与人和睦相处，就会引起许多不愉快的事情。在紧张的学习生活中，如果每天与生活在一起的室友形同路人，寝室气氛冷冰冰，人就会感到孤独和寂寞。

在食堂就餐也往往是新生很不习惯的变化。尽管学校作出了努力，但比起家里的伙食，食堂的饭菜总是难尽人意。价格高，口味差，似乎是各大学的普遍现象。同时人多拥挤，买饭排长龙，加上有的食堂管理不善，环境卫生较差，容易使人产生不满情绪。

更令人不习惯的是在大学公共基础课阶段，往往是上百人的大课堂。学生没有固定的教室，没有固定的座位，为了在大教室中坐在前排，只能轮流占座位。此外，同班同学在一起开展班级活动的机会比中学少了，不仅相互之间不易熟识，班级观念又容易淡化，这为一个新的班集体的建立增加了难度，此时，各自忙碌的同学，会有一种"失群的孤雁"般的失落感。

在招生简章上,大学的建筑看起来颇有气派,但到了眼前却又十分平常,有的甚至已经陈旧。大学的校园由于经常要进行新的扩建,往往不像想象中的那么整齐、雅静,使人体味不到它应有的诗情画意,加上管理上的疏漏,使新生眼前的校园黯然失色。

现实中的大学环境与美好的想象间存在着相当大的反差,这是引起新生不适应的重要原因。特别是近些年来,学生家庭的生活水平大都有了提高,有的在饮食、住房、家用电器方面已达到较高水准,这种反差就更加强烈。而国家暂时还拿不出更多的资金来改善大学的生活设施,这就需要大学生能充分体谅国家的困难,并自觉地在实际生活中磨炼自己的适应能力,培养自己艰苦奋斗的精神。

(二)大学生自身心理有了新的变化

"处于大学阶段的青年学生身心发展多处于青年中期,这是从少年心理过渡到成人心理的关键时期,也是性格、能力等个性心理特征达到相对稳定和成熟的水平、理想、信念、自我意识倾向性接近成人发展水平的过渡时期。"[①]这时,迈进大学这一全新的天地,生活的变迁加剧了大学生心理的变化,他们的内心体验一下子丰富起来,需要处理的问题也一下子增多了。调整好自己的心态,处理好自身的心理矛盾,是大学生必须面对的又一个课题。

新生入校后常见的心理变化和矛盾主要表现在以下几个方面:

第一,在高中阶段,为了迎接高考,学生学习非常紧张,老师也经常加班加点,书本之外的活动几乎都被取消,高考的弦绷得很紧。一些中学老师为了安慰同学,常常说大学里很轻松,只要熬过高考关就好了。这使一些学生产生了不恰当的期望,以为大学学习是非常轻松自在的,对进入大学后如何更好地学习毫无思想准备。事实上,大学一年级是基础课阶段,课程量虽不如高中,但也有自身的特点和方法。一些一心想进大学喘口气、轻松轻松的同学,由于自身心态的原因一下子适应不了,加上大学学习内容和方法方面的变化,顿时感到学习上压力很大,

---

① 刘志荣:《大学生成才与就业指导》,武汉大学出版社2004年版,第22页。

甚至不堪重负,情绪一落千丈,整个生活变得灰暗起来,心情十分压抑。当这些同学找不到问题的原因,从而不能主动调整自己的心态时,就会严重影响他们的学习和生活。

第二,进大学后许多同学的自我评价需要进行调整。上大学以前,许多同学都是各自中学乃至省、市、地县的佼佼者,大都习惯于领先和胜利,手捧录取通知书迈进大学校门时更多的是自信和得意。但一进大学情况就不同了,比较的参照系发生了变化,原有的自信受到了不同程度的挑战。原来总是班里前几名,现在可能排到中游甚至下游了;原来总是习惯于90分、95分甚至满分,现在却80分、70分都出现了。一种天外有天,人外有人的境界展现在他们面前,给某些学生带来了一种失落感。还有一些同学上大学前生活闭塞、经历简单,一进入繁华的大都市,现代文明的强大冲击使他们产生了精神眩晕,没玩过电脑,看不懂地图,毫无社会经验,这使他们感到十分自卑。还有一些同学看到其他人有的会弹琴、唱歌,有的会写诗、画画,有各种文体专长,兴趣爱好众多,待人接物成熟老练,相比之下,自己似乎一无所有,十分苍白,一下子就觉得自己矮了几分,自卑感油然而生。

重新自我评价有助于大学生更全面、更客观地认识自己。但这一重新评价是否具有积极意义,还要看大学生在获得新的自我认识后,能否保持自信,扬长避短,主动地调整自己,积极地发展自己。

第三,告别了熟悉的一切——父母、老朋友、老同学、日日往来的街道和中学校园,来到大学,这里充满了陌生而新鲜的事物:新的城市、新的校园、新的面孔、新的课程、新的学习生活节奏。大学生年轻、自信而好奇,内心涌动着一股激情,要去发展新关系,掌握新知识,体验新情感,结交新朋友,渴望拥抱新生活中的一切。特别是在新的人际圈里,他们渴望得到新朋友、新知己,渴望生活在一个良好的集体里,被集体所接纳,找到自己在新团体中的位置,找到自己的心理归宿。

但处在青春期的大学生,内心细腻而又敏感,特别是处在一个比较陌生的环境中,总是怕受伤害,不愿轻易向人表露自己的心迹,自我封闭倾向明显。许多同学都是内心愿望多,实际行动少,和周围人的关系

大都不远不近，若即若离，总是希望别人先伸出友情之手。在班集体建设方面更是徘徊观望，患得患失，最好是班集体已经建设好自己来加入，不太情愿先为形成集体主动付出。这些心态使得不少新同学在入校后最初的日子里总感到知音难觅，缺少温暖，深感孤寂。许多同学因此对中学时代十分留恋，产生一种强烈的怀旧情绪，甚至把自己沉浸在对过去的思念中，每天关心的只是是否能收到老同学、老朋友的信，减退了投入新生活的勇气和热情。

第四，大学生已经到了渴望独立也应该独立的年龄阶段。但以前由于高考的压力和父母的过分照顾，许多同学对独立生活的实际体验很少。现在进了大学，一种"成人感"油然而生。

大学生感到自己在父母的羽翼下生活得太久了，内心有一种摆脱依赖，自我独立的呼声在呐喊：我们不愿意再被人当小孩子看待，渴望得到成人般的尊重并自我负责，他们对自己应对新生活的能力很有信心，很乐于扔掉以前的"拐杖"，经受生活的摔打。但是，大学生实际上并不习惯一下子失去依赖的生活，依赖别人的心理惯性仍在起作用。尤其是大学生在经济上还要依靠家庭，学习上自学能力还有待加强，思想上还比较单纯，对复杂的社会还缺乏深入的了解，各方面的实际能力还没有得到充分锻炼。这时的大学生往往是眼高手低，缺乏必要的社会经验，渴望得到具体的帮助。这种依赖性的最具体表现就是等待心理：课后等待老师布置作业，考前等待老师划定复习范围，课余等待学校安排各种业余生活，生活上等待父母提供经济支持，寂寞时等待别人伸出友谊之手……，这一系列的消极等待正说明大学生还需要努力摆脱习惯的依赖性，迈出独立进取的第一步。

(三) 大学生成才目标有了新的变化

由中学到大学，更深层次的变化是成才目标的变化。确立新的成才目标，是新生入学后面临的最重要的课题。

上大学以前，绝大多数同学的目标简单而明确，那就是考上大学。这一目标推动着他们去努力学习、刻苦攻读，激励着他们去汲取知识、增长智慧。现在这一目标实现了，不再能作为动力起作用了。现在他

们靠什么激励自己?他们为什么上大学?他们希望自己成为一个什么样的人?确立新目标的问题非常现实地摆到了每一位新同学面前。

有的同学觉得高中阶段太苦了,现在应该好好玩一玩,轻松浪漫一番,作点补偿。入校后一个月、两个月地晃悠,等到期中考试,才发现自己已落下了一大截。也有的同学进了大学以后,像松了弦的发条,怎么也紧张不起来,大学生活突然像一片空白,失去了原有的色彩和魅力。一种空虚感油然而生。原因就在于这些学生缺少明确的成才目标。没有目标就没有方向,没有动力。

另外还有一些同学在报考专业时,主要按照社会上的行情,什么专业热门、挣钱多、出国机会多就选择什么专业,一旦最后没被这些专业录取而进了别的专业,就觉得没意思,学习起来无精打采,缺乏激情。这里反映了一个问题,即对于"为什么上大学",仅仅是为了放松一下,或找一个好工作,还是应该包含一些更崇高、更远大、更有意义的内容?

在人一生的发展中,大学是非常关键的阶段。大学阶段确立的目标会对今后的发展产生不可估量的影响,因为这个阶段与人的基本素质的形成有着密切的关系。如果说中学里的目标比较单一、简明,包含较多的个人幻想成分的话,那么大学里的目标就应该更加深刻、长远,包含更复杂的社会内容,应该更好地把个人愿望和社会需要统一起来。爱因斯坦在谈及追求科学事业的动机时曾说过如下一段话:"在科学的庙堂里有许多房舍,住在里边的人真是各式各样,而引导他们到那里去的动机实在也各不相同,有许多人之所以会爱好科学,是因为科学给他们以超乎常人的智力上的快感,科学是他们自己特殊的娱乐,他们在这种娱乐中寻求生动活泼的经验和雄心壮志的满足;在这座庙堂里,另外还有许多人之所以把他们的脑力产物奉献在祭坛上,为的是纯粹的功利目的……那么这座庙堂就决不会存在,正如只有蔓草就不成其为森林一样。"[①]他认为,"科学只能由那些全心全意追求真理和向往理解

---

① 爱因斯坦:《爱因斯坦文集》第一卷,商务印书馆1976年版,第100—101页。

事物的人来创造。"①

在改革开放、振兴中华的伟大时代,作为新世纪的大学生,应该有一种强烈的时代使命感和社会责任感,应该树立献身科学、造福人类的事业心和人生信念。没有对科学的热爱,对专业的兴趣,他们就很难跳出个人的功利圈而投身科学、艰苦创业,就很难在事业上有所成就。因此,确定更为远大的、更适合于自己特点的新目标,将会使大学生们获得学习上持久的动力,就会以一种全新的姿态投入到大学的学习中去,从而根治常见的"动力枯竭症"和厌学情绪。

由中学到大学的过渡阶段,目标变化的另一个特征是新目标变得越来越脚踏实地。中学是多梦的时节,是翻着电影画报就想当明星,坐在教室里就想象自己成为科学家的年龄,那时的目标、那时的理想中幻想的成分较多。进了大学,一方面,大学生对真实的世界了解得更深刻和具体。高等教育是专业化的教育,专业把他们带进了现实世界,从每一门基础课到这个专业这个学科的顶峰之间,有着漫长而艰苦的道路要走,而且并不是每个人都能到达顶峰,成为学术泰斗或工程名家。另一方面,生活也告诉学生,并不是只有站在顶峰上的人才有价值,在科学文化和社会生活的每一个具体环节中,他们都能找到自己事业的位置和真正意义。随着他们对自我、对社会、对生活的深入了解,更使他们的新目标会越来越脚踏实地,越来越切合于自己的实际,从而也越来越成为推动自己逐步向上的积极力量。当大学生立志成为一名对社会有用的人才时,他们会感到内心的充实和自身的价值,并在此基础上,随着自身的发展去寻求更高的目标。当然也有少数同学志大才疏、眼高手低,非惊天动地的事不干,非名震世界的人不当,目标不切实际,整天流于空想,随之而来必然会产生沮丧,等回过神来已失去大好时光。所以,新目标的确立要切合自己的实际,要脚踏实地。

从中学到大学是学生一个重大的转折,学生也处在由考上大学圆自己的大学梦转变为在大学奋发图强实现自己的成才梦这样一个阶

---

① 爱因斯坦:《爱因斯坦文集》第三卷,商务印书馆1979年版,第182页。

段。因此,如何确立在大学阶段的成才目标并实现成才目标便迫切地成为每一位大学生需要面对的现实课题,同时也成为高校教育者需要面对的现实课题。高校教育工作者应该有责任引导和帮助大学生从理想的"乐园"回到现实的校园,帮助大学生尽快走出困惑之谷,尽早掌握开启成才目标之门的钥匙,从而帮助学生真正实现自己的成才梦想。

二、大学生目标导航的基本内涵

(一)目标的含义

"目标"一词来源于日本汉字,在我国词汇中使用是近代才开始的。《现代汉语词典》中对"目标"有两种注释,一种为"射击、攻击或寻求的对象",另外一种为"想要达到的境地或标准"。[①] 目标作为主观映像是人们对外界(或环境)能满足主观需要的诱因或刺激的反映。因为目标能满足人们的需要,故目标一旦形成便成为一种诱因并引起人们的行动。目标的产生不仅起源于外界诱因,也同人的需要强度和主观条件有关。科学的目标具有以下几个方面的特征:(1)是具体的、清晰的,可产生行为导向。(2)是可以衡量的,能用指标量化表达。(3)是可以达到的,"可达到的"有两层意思:一是目标应该在能力范围之内,二是目标应该有一定的高度和实现目标有一定的难度。一般人在这点上往往只注意前者,其实后者也相当重要。目标太高达不到会让人沮丧,失去信心,但太容易达到的目标也会让人失去斗志。(4)是具有相关性,这种"相关性"是指与现实生活相关,而不是简单的个人愿望。

(二)成才目标与大学生成才目标导航

所谓成才目标,就个体而言,是指个体通过接受系统的教育和专门知识的培训,希望使自己成长为有一技之长的能从事创造性劳动的人才的结果或境地。可以这么讲,每一个人都希望实现自己的成才目标,但是成才目标的实现却是一个需要付出辛勤劳动和汗水、需要具有顽强的意志和毅力努力学习、不懈进取的艰难过程。在这一过程中,如果

[①] 刘振铎:《新编中国四大辞书》,黑龙江人民出版社2002年版,第464页。

没有教育工作者必要的引导和帮助,即成才的目标导航,大学生的成才目标是不易顺利实现的。

所以,大学生成才目标导航主要指的是教育工作者根据社会要求和大学生自身发展的需要,"以帮助学生尽快实现从高中向大学的转变,制订科学的大学学习计划与人生规划目标,通过重点在一年级新生当中开展入学教育、大学四年的规划、学业进程设计、成才事迹报告与学习经验交流等活动,引导和帮助学生确立科学的成才目标,制订科学的成才计划,促进学生的成长成才"[1]的过程。

要准确地理解和把握大学生成才目标导航的基本内涵,还必须注意以下几点:第一,成才目标导航是以促进大学生成才目标的确立和实现为导向的教育,而不是具体的某一方面知识的教育。大学生成才目标导航是高校思想政治教育的重要内容。第二,大学生成才目标有其自身的特点,要提高导航的质量,加快人才培养,就必须加强对大学生成才目标的研究和探索。第三,成才目标导航是伴随着大学生成长成才的一个系统的过程,它贯穿在大学生学习生活的各个阶段和各个方面。

第二节 大学生目标导航的意义

一、大学生目标导航是社会发展给高等教育提出的必然要求

"科学技术是第一生产力","人才资源是社会的第一资源",这些已成为当今时代人们最广泛的共识。人才问题是关系党和国家事业发展的关键问题。邓小平早在上个世纪80年代就指出,我们必须"提高我国的科学技术水平,培养出数以亿计的各级各类人才"[2]。在谈到人才培养与教育的重要性时进一步指出:"一个十亿人口的大国,教育搞

---

[1] 徐柏才:《实施成才导航工程 大力推进素质教育》,载《中南民族大学学报》(人文社会科学版)2006年第1期。

[2] 《邓小平文选》第三卷,人民出版社1993年版,第120页。

上去了，人才资源的巨大优势是任何国家也比不了的。有了人才优势，再加上先进的社会主义制度，我们的目标就有把握达到。"①邓小平的论述反映了社会发展的必然要求，那就是，高等教育必须适应社会的发展，人才培养必须满足社会的需要。

社会发展需要人才，人才的培养要靠教育。为此，国家以立法的形式，规定了高等教育的根本任务。《中华人民共和国高等教育法》规定："高等教育的任务是培养具有创新精神和实践能力的高级专门人才，发展科学技术文化，促进社会主义现代化建设"②；"高等学校应当以培养人才为中心，开展教学、科学研究和社会服务，保证教育教学质量达到国家规定的标准"③。法律是国家意志的最高表现，从法律的高度确立高等教育的根本任务，最集中地体现了社会发展对高等学校人才培养的根本要求。大学生成才目标导航的实施正反映了社会发展给高等教育提出的要求。

二、大学生目标导航是高等学校培养人才的重要举措

高等学校的首要任务是培养人才。学校的一切工作，如教学、科研、学科建设、日常管理、后勤服务等，都是围绕培养人才这一中心工作来展开的。但是，这并不等于做好了这些工作就做好了人才培养工作。因为，学生成才的过程是一个必须内因和外因同时起作用的过程。提高教学质量、改善办学条件、创造良好的育人氛围，对学生的成才固然很重要，但学生自主成才意识不强，成才目标不明确，成才动力不足，更是制约学生成才的重要因素，所以，必须重视发挥内因的作用。因此，学校必须采取有力的措施，将教育工作的着力点放在引导学生成才的方向上，在创造人才培养的外部条件的同时，要重视发挥学生学习的积极性和主动性，强化内因的作用和功能。加强对大学生进行成才目标

---

① 《邓小平文选》第三卷，人民出版社1993年版，第120页。
② 《中华人民共和国高等教育法》(1998年8月29日第九届全国人民代表大会常务委员会第四次会议通过)，第一章第四条。
③ 《中华人民共和国高等教育法》(1998年8月29日第九届全国人民代表大会常务委员会第四次会议通过)，第四章第三十一条。

导航,就是要帮助大学生明确成才目标,激发大学生的成才动机,增强大学生的成才意识,加快培养出高质量的人才。

三、大学生目标导航是大学生健康成长成才的客观需要

当代大学生渴望成才的愿望十分强烈,他们有强烈的进取心和求知欲,也有刻苦学习、勤奋钻研的实际行动,希望能通过大学的学习和深造,成为对社会有用的人才。但是,在学习生活中,他们也经常会碰到来自自身和社会生活各个领域的许多矛盾和问题,如学习压力大、就业压力大、心理负担重、家庭经济条件不好、生活困难等等。这些问题,在一定程度上,影响了他们的学习积极性,影响了他们对学习与成才问题的看法,影响了他们的成才价值取向及其对成才目标、成才途径的选择,甚至直接影响到他们的人生观和价值观。譬如:有的大学生认为,读书不如赚钱,他们认为读书的目的不过是为了将来能找到一份好的工作,获得一个好的社会职业,有一份稳定的经济收入来源,最终使自己能生活得更好。而上大学既要在前期投入一大笔经费,而且在大学毕业后还可能找不到工作,与其这样,还不如不上大学早去赚钱,有了钱就有了一切。当仔细分析这类学生思想认识上的错误时,不难看出,他们已在成才的价值取向上发生了偏离。他们认为读书仅仅是为了赚钱,仅仅是为了自己生活得更好,没有想到要去为社会作贡献,在实现人的自我价值和社会价值的过程中,享受人生的成功与快乐。正是他们成才的价值观上存在着误区,也导致他们仅仅只看到眼前的投入,没有看到接受高等教育可能给自己的成长带来的新的机遇和未来发展的巨大空间,也没有看到将来可能给家庭和社会带来的巨大的经济回报,因而,只能得出"读书不如赚钱"的错误结论。有了这种错误认识,他们的成长和成才就会选择"经商赚钱"之路,而绝不会去选择既要付出许多艰辛,又要投入很多智力和财力的读书求学之路。

大学生的成才不是一个简单的知识传授和技能训练问题,而是需要系统地进行成才目标的教育与引导。要教育他们懂得为什么要成才、成什么样的才、怎样成才,只有这样,才能真正满足青年学生健康成长成才的需要。

四、大学生目标导航是有效开展大学生思想政治教育的重要途径

马克思在论述人类的起源时,有一个著名的论断和观点,那就是"劳动创造了人",并在论述人的思想和"本性"的改造过程时指出:"要改变一般的人的本性,使它获得一定劳动部门的技能和技巧,成为发达的和专门的劳动力,就要有一定的教育或训练。"①思想政治教育以改造人的世界观、人生观、价值观,即人的"本性"为主要目标,但它不是也不可能只是停留在观念领域,人的"本性"即思想的改变是伴随劳动技能的获得及劳动过程本身而改变的。就今天而言,大学生成才目标导航就是将大学生思想政治教育的内容具体化和可操作化。思想政治教育要以培养学生健康成长成才为核心,这也是邓小平教育理论的重要观点。邓小平同志指出:"教育要面向现代化,面向世界,面向未来。"②因此,促进大学生健康成长成才和全面发展便成为思想政治教育的重要内容。

在新的历史时期,高校思想政治教育究竟要将大学生塑造成什么样的人才呢？当然,总的目标还是邓小平提出的培养"有理想、有道德、有文化、有纪律"的"四有"新人,培养德智体美全面发展的社会主义事业合格的建设者和可靠接班人。就具体而言,江泽民在庆祝清华大学建校90周年大会上的讲话中向大学生提出了五点要求,即：成为理想远大、热爱祖国的人；成为追求真理、勇于创新的人；成为德才兼备、全面发展的人；成为视野开阔、胸怀宽广的人；成为知行统一、脚踏实地的人。③胡锦涛在中国共产主义青年团成立85周年纪念日向中国青年群英会致信中谈到,希望广大青年："努力成为理想远大、信念坚定的新一代,品德高尚、意志顽强的新一代,视野开阔、知识丰富的新一代,开拓进取、艰苦创业的新一代,让青春在建设中国特色社会主义

---

① 《马克思恩格斯全集》第23卷,人民出版社1972年版,第195页。
② 《邓小平文选》第三卷,人民出版社1993年版,第35页。
③ 江泽民：《在庆祝清华大学建校九十周年大会上的讲话》,载《光明日报》2001-04-30。

的伟大事业中焕发出更加绚丽的光彩!"①

  大学生成才目标导航,要达到这些要求,就必须在实际工作中,充分运用思想政治教育的理论、原理和方法,充分发挥思想政治教育的优势,加强对大学生成才的教育与引导,努力使大学生思想政治教育适应社会发展和人才培养的要求,为社会培养更好更多的人才。

---

  ① 《胡锦涛向中国青年群英会致信》,载《光明日报》2007-05-05。

第五章　大学生成才目标的特点、内容与确立原则

目标是大学生成才实践的内控因素,它规定了在一定时间内学生努力的方向、基本任务和要求,各项活动都要围绕着实现预定目标来进行。唯有目标远大,才会乐于创造,居陋室而不懈,处逆境而不馁,遇挫折而不屈。理想是人生的翅膀,目标是人生的方向。有了崇高的理想,就有了攀登科学高峰的动机。动机不是无缘无故产生的,它是由需要引起的。然而,同样的需要并不一定就会产生同样的动机,同样的需要对于不同的人来说,也不一定同时都能产生动机,动机的产生还要受其他因素的制约和影响。研究表明,目标远大才是产生动机的源泉。"可以说,谁能缩短与建立新目标的距离,谁就能提高自己的成熟水平,加快自己的成才进程。"[1]制定成才目标是关系到学生能否进行创造性学习和创造性活动的前提。教育和引导大学生确立成才目标,把大学生培养成为社会主义事业的合格建设者和可靠接班人,是高校教育者应该思考和必须回答的问题。多年来,有许许多多关心大学生成才的人对大学生的思想状况、成长轨迹进行了认真的调查研究,发现他们都有成为社会英才的憧憬,但也经常会感到空虚、迷惘,如不加强正确引导,容易迷失方向。大学生成才目标导航就是要教育和引导大学生确立科学的成才目标,使他们在一定时期内进行各项活动的思想、行为都能达到预想的结果。

---

[1] 王东莉:《大学生修养》,浙江大学出版社2002年版,第18页。

第一节　大学生成才目标的基本特点

一、指向性

大学新生入学后,对自己的未来充满着幻想和渴望。他们试图以自己理想的方式来实现自己的未来,并以此来设计自己的目标,确定路径。一旦目标确立后,所有的路径和手段都会指向这个目标,并为其服务。在这个过程中,作为高校教育工作者要给予正确的教育和指导,用充满感情的言论和行动感染学生,使他们既满足其愿望的实现,又保证其个人意向朝着符合社会要求的方向发展。

二、阶段性

大学生的成才目标作为一个完整的体系贯穿于大学生活的全过程。但随着大学生对现实和未来认识的深入,他们认识到现实条件同自身实际情况之间存在着一定的差距,他们就会在确立了总目标之后,还要制定短期目标和中期目标,通过每一个短期目标的实现,逐步完成中期目标,最后达到总体目标。大学生为了实现总体目标,必须以高标准严格要求自己,要有创造光辉人生的志向,要有明确的阶段性发展目标,因为成才目标的实现不可能在时间上是无限制的,无限制的时间只能助长惰性,这样就会延误目标甚至使目标落空。时限的前瞻性不可能太远,也不可能太近,按照研究和经验,一项计划所包括的时间通常不应超过一年或一年半,所实现的结果应当是具体实际的。这个阶段性目标的确立很重要,它引导着大学生避免浮躁与消沉、不空想、有恒心,一步一步扎扎实实地去实现人生的阶段性积累,最终实现自己的成才目标。

三、动态性

任何事物的发生和发展过程都不会是一成不变的。随着年龄的增长、知识的增加、阅历的丰富以及社会的发展进步,大学生的成才目标就要进行适时的调整,绝不应当处于僵化不变的状态。这是因为大学生在实现目标的过程中,随着主客观条件的变化,目标定得太低不能体

现价值,目标定得太高又无法实现,此时,需要不断修正和完善目标,从而保证其应有的价值和导向,更好地发挥成才目标的作用。

四、实践性

马克思、恩格斯认为:"生产劳动同智育和体育相结合,它不仅是提高社会生产的一种方法,而且是造就全面发展的人的唯一方法。"①江泽民指出:"人才的成长最终要在社会的伟大实践和自身的不断努力中来实现。"②大学生的成才目标是在实践中形成的、具有实现可能性的对美好未来的追求和向往,是大学生的自觉能动性的表现。只有通过社会实践,把愿望与行动结合起来,才能找到自己的差距,也才能真正实现自己的价值。青年大学生只有在学习科学文化知识的同时,积极参加社会实践,更多地了解国情,了解社会主义建设和改革的实际,了解人民群众的思想感情,才能树立起为建设社会主义祖国而献身的信念,逐步锻炼成长为有用之才。

大学生成才目标的特点意味着现在不断驾驭未来,同时也意味着未来影响现在;通过经验来构思发展,把可能(未来)转化为实在(现在目标)。这充分体现在大学生成才目标特点的指向性、阶段性、动态性和实践性四者统一之中,是由经验领域(过去)与发展领域(未来)的统一关系所决定的。

第二节　大学生成才目标的主要内容

一、理想与追求

理想与追求是人的思想和行为的定向器,对人生历程起着重要的导向作用。科学的理想与追求,可以使大学生方向明确、精神振奋,不论前进的道路如何曲折、人生的境遇如何复杂,都可以满怀希望,永不迷失前进的方向。而模糊的、错误的理想与追求,必将使大学生误入歧

---

① 《马克思恩格斯选集》第3卷,人民出版社1995年版,第361页。
② 《江泽民文选》第二卷,人民出版社2006年版,第590页。

途。有无理想追求,有什么性质的理想追求,成为区分高尚充实的人生与庸俗空虚的人生的一道分水岭。教育和引导大学生确立成才目标,首要的是要使大学生有理想、有追求,使思想精神得到磨炼和升华。这种思想精神,第一是正确的价值取向。价值取向对大学生成长成才发挥导向激励作用,保证大学生的正确发展方向。随着科学技术的进步和市场经济的发展,更需要当代大学生具有正确的价值取向。要教育和引导大学生树立以为人民服务为宗旨,以集体主义为原则,以爱祖国、爱人民、爱劳动、爱科学、爱社会主义为基本要求的价值取向。第二是良好的公民意识。每个大学生都须对自己的行为负责,关心他人,遵纪守法,自觉维护国家和民族的利益与尊严,遵守社会公德。第三是坚定的政治信仰。要帮助大学生树立正确的政治观点,坚定的政治信仰,培养其明辨是非的能力和坚持四项基本原则的自觉性,热爱社会主义祖国的情感和强烈的民族自尊心。第四是远大的理想志向。要教育和引导大学生懂得共产主义社会是人类发展的必然趋势,是人类最美好、最合理的社会,从而运用共产主义的世界观观察和对待人生问题,把为中国特色的社会主义奋斗终身作为崇高的人生理想和追求,并把为远大理想奋斗落实到现实的努力之中。

二、知识与能力

大学生要系统地学习科学理论知识,具有为中国特色社会主义事业建功立业的知识和能力。知识方面应包括:第一,专业知识。这是专业人才知识结构的核心内容,也是专业人才赖以生存、提高和发展的基础。它主要包括专业基础知识、专业拓展知识和专业提高知识。第二,一般科学文化知识。一般科学知识作为和专业有着千丝万缕联系的科学知识,是大学生知识素质结构的核心因素,也是成才目标导航的重要内容。它主要包括与本专业有着紧密联系的各类相关学科知识,以及作为一个合格公民所必须具备的人文知识和各类常识。有专家指出,知识越专门化,它就越容易被赶上,或者越容易过时,专门化知识永远是在与一般知识的联系之中才受益的。第三,新兴学科知识。现代科学技术的发展越来越综合化、整体化,形成了大量的边缘学科、横断学

科和交叉学科,不仅自然科学的各个学科相互交叉、渗透、融合,而且自然科学与技术、人文科学和社会科学等也趋向交叉、渗透和融合。能力方面应包括,第一,运用专业知识能力。即通过所学专业知识,解决实际工作中常见的一般性问题的能力。具体说来,包含观察能力、记忆能力、注意能力、思维能力、想象能力、实验能力、自学能力、决策能力、组织能力、归纳能力、表达能力、应变能力等。第二,交往与协调能力。这是大学生做好工作的基本能力。在与人交往的过程中具备了熟练的交往技巧,才能很好地协调好各种关系,从而为个体的健康发展创造良好的环境,保证学习工作的顺利开展和生活的健康愉快。第三,基本职业能力。这是专业人才从事某项工作所必须具备的能力,它包括生存生活能力、超前思维能力、明辨是非能力、组织管理能力和自我调节能力等。第四,创新能力。这里所说的创新能力,特指运用所学的有限知识创造新知识和进行创造性工作的能力。具体来说,包括观念创新、知识创新、载体创新、手段创新和方法创新等。

三、观念与素质

观念与素质在大学生实现成才目标过程中具有十分重要的作用,它能够保证大学生顺利成长成才。大学生在大学期间应形成科学的思维方法,具备适应社会发展的观念与素质。就思想观念而言,是要着眼于改革开放、完善社会主义市场经济的需要,具有开拓进取、改革创新的精神;着眼于世界经济发展和科学技术进步的特征,具有参与竞争与合作的意识;着眼于社会民主和法制建设的实际,具有民主意识和法制观念;着眼于知识的巨大作用和信息时代生活节奏加快的趋势,具有科学意识和时效意识。素质方面包括:(1)具有坚强的意志和坚忍不拔的毅力;(2)有开阔的胸襟,开朗豁达,能做到待人接物无私心,同事相处讲诚心,对待事业有热心,完成任务有信心,改正过失有决心,克服困难有恒心,面对非议不伤心,遇到挫折不灰心;(3)具备积极进取的心态,有高昂激越的情绪和饱满振作的精神;(4)有艰苦创业的实干作风;(5)有优秀的个性心理,有良好的动机、高雅的气质、广泛的兴趣、稳定的性格、鲜明的个性和健全的人品。

四、健康与情趣

大学生要实现成才目标离不开强健体魄,陶冶审美情趣和艺术情操,这些都是大学生确立目标,实现远大抱负的基础。第一,健康状况。健康不仅是指身体没有疾病,而且是指身体上、心理上完好的状态。在这个瞬息万变、充满竞争、信息化的时代,现代文明带来了人们生活节奏的加快、心理负荷的超重,大学生往往承担着更多的学习和心理压力,一不小心就可能会侵害健全的肌体,对此大学生要认清现代社会的特征,科学合理地安排学习、工作、生活、体育锻炼与娱乐,始终保持一个充满朝气、乐观向上、满腔热情的心态,使之有一个能战胜任何艰难困苦的健康体魄。同时应具有良好的心理素质,包括稳定乐观的情绪、积极进取的人生态度、坚强的意志品质和良好的个性心理特征。第二,身体素质。广义的身体素质指的是在遗传性和获得性的基础上表现出来的人体形态结构、生理功能因素综合的、相对稳定的特征,是人的生命活动和劳动工作能力的物质基础。它包括人的身体形态、生理机能、基本身体素质、运动能力发展水平、人体基本活动能力、对环境条件的适应能力等。健康的体魄是人才成功的基础和关键。身体素质是人的素质结构中最基本的素质,它是人的其他素质得以建立的基础,决定着其他素质的质量。只有身体健康、精力充沛,才能从事紧张的、艰苦的创造性劳动,才能攀登事业的高峰。古今中外成大器者,都不仅有高尚的情操、超人的才学,而且有健康的体魄。毛泽东同志在《体育之研究》一文中说:"体者,为知识之载而为道德之寓者也。"[1]另一方面,健康的体魄是促进智力发展的重要因素。健康的体魄能够使人心情愉悦,头脑冷静,思维活跃,灵感迸发。第三,高尚的情趣。它主要表现为树立崇高的审美理想、正确的审美观念和健康的审美情趣、敏锐的审美感知能力、明晰的审美鉴赏能力、丰富的审美创造能力等。审美情趣能够促使人全面和谐地发展。首先,积极向上的审美情趣能使人以美引善,提高人的思想素质。情趣高尚的人靠美的形象去理解和认同政治、

---

[1] 毛泽东:《体育之研究》,人民出版社1979年版,第3页。

道德、教育,在这一过程中融进向善的真挚感情,从而以美引善,在潜移默化中实现理想的升华和心灵的净化,把人推向高尚的境界。其次,积极向上的审美情趣能使人以美导真,提高人的文化素质。情趣高尚的人,能够在对自然美、艺术美、社会美欣赏的同时,了解自然,了解社会,了解历史,获得各种科学知识。同时,审美需要和审美修养也可以推动人们的科学研究。可以说,高尚的情趣是人们开发智力、丰富头脑、提高文化品位的可以依靠和借用的钥匙。此外,高尚的情趣能使人以美健身,提高人的身心素质。通过审美活动,可以使人增强自我调节能力,始终处于一种心情愉快、情绪饱满、积极向上的精神状态。

第三节 确立成才目标应遵循的原则

一、科学性原则

大学生成才目标的确立,必须讲究科学性,而科学性则主张凡事应立足从事物的本质和客观规律出发,尊重客观性,反对主观性;尊重必然性,反对偶然性;尊重本质性,反对表面性。每一个年级段的学生确立的成才目标,都要遵循其身心发展的基本规律,符合人类社会的发展规律,符合学生发展的实际,符合大学教育的特点。从目标的确立到采取的方法,再到对评价结果的分析和阐释,均应从实际出发,以科学评价的理论为依据,既要以具体的学习实践作为检验的标准,又不能仅凭经验和直觉办事。

二、时代性原则

"时间不同,条件不同,对象不同了,因此解决问题的方法也不同。"[①]当今世界已经步入知识经济时代,求和平、谋发展、促合作是当今时代的主题,中国正处在全面建设小康社会、实现中华民族伟大复兴的关键时期,因此引导大学生确立符合时代精神和时代特点的目标,才能真正实现大学生的成才愿望和人生价值。

---

① 《邓小平文选》第二卷,人民出版社1994年版,第119页。

确立成才目标,就要求引导大学生运用唯物史观,敏锐而准确地把握时代精神和时代特点,符合时代的要求。同时,还应该引导大学生积极主动地贴近现实生活,关注社会热点,把握时代脉搏,参与社会实践获得最新资讯,不仅能学有所成,而且要学以致用,始终走在时代的前列。大学生成才目标的设定需要立足于现实,预测社会的发展趋势,注意把握学科前沿的最新发展动态,善于吸收高科技发展的最新成果,在冷静分析和正确判断的基础上,敢于标新立异,敢于冒风险,敢于创造性地选择人才成长的新的生长点,并以此为突破口,抓住发展的机遇,确立体现时代性、富有远见性的成才目标。

三、差异性原则

差异性是独立性、选择性和多变性的综合表现。要培养具有创造精神和实践能力的创新型人才,就应该关注大学生的个体差异,从"现实的、有生命的个人本身出发"①,增强教育的针对性和实效性。高校不同年级的学生有着不同的身心发展的规律,同一年级或同一年龄段的学生由于性格、气质、能力等不同又有各自的特殊性,此外每个人从小到大的文化基础、道德观念,形成的特点都不尽相同,目标定位应因人而异,且要有科学的依据,不能一成不变,要在尊重学生个体差异性的前提下,依靠学生各自条件,引导激发学生的积极性和主动性,通过区别对待、个别教育使每一个学生都得到发展。

四、可行性原则

大学生成才目标的定位不仅要符合社会、个体发展的需要,而且要有可行性、可操作性,能转换成实际的行动。目标过于理想化,不仅不能实现,而且会打击人的自信心、自尊心。所以,引导大学生制定成才目标要体现可行性的原则,要根据学生本人的个性特点,将目标先定低一点、具体一点,通过努力是可以实现的,这样一开始时就使学生看到了成功的希望,增强了自信心。制定目标要从实际情况出发,以现实和可接受为标准,遵循发展与量力而行的原则,使成才目标的确立成为符

---

① 《马克思恩格斯选集》第 1 卷,人民出版社 1995 年版,第 73 页。

合学生实际的现实生长点,为下一步制定更高的发展目标做准备。所以,在引导和教育大学生确立成才目标的过程中,可行性原则有着非常重要的意义,它强调成才目标的确立要循序渐进,这也是大学生成才目标导航的一个显著特征。

　　大学生成才目标的确立对于大学生的发展乃至高校人才的培养是至关重要的,它的确立原则应符合大学生身心发展的规律,根据时代要求、现实需要,根据大学四年学生的不同阶段、不同年龄的特点,从近期到远期合理规划。科学成才目标的确立能促进大学生的自我发展,避免自我发展流于盲目、表面、单一、无序;科学成才目标的确立,也有利于激发学生的创新精神、培养学生的实践能力,提高高校人才培养的质量。

第六章　大学生成才目标的现状分析

大学新生中的绝大多数人都不是带着自己明确的成才目标走进大学的,而是在大学学习生活过程中以不同的形式进行"过程选择"的。从表面上看,过程选择仿佛带有主观随意性或不确定性,其实,这只不过是表象而已,过程选择的背后,潜藏着确定性的选择方式。概括目前大学生成才目标的选择方式及大学生成才目标存在的问题,分析其存在问题的原因,就能从整体上把握大学生成才目标的现实状况,这对于引导大学生确立科学合理的成才目标具有十分重要的意义。

第一节　大学生成才目标的选择方式

一、从众性选择方式

这是在没有相应的思想准备情况下,出自"趋利避害"的本能需要,从情感方面,或者从个体直观的水平上、对来自外部环境的刺激所采取的随机反映。从表面上看,他们似乎也是在追求功利目标,选择自我,其实不过是一种盲目的从众行为而已。

目前大学生正处在"不稳定"时期,他们当中有一部分人没有确定的成才目标,逢"潮"就赶,遇"热"就上,似乎唯有如此才能体现他们自身的价值。当社会上掀起"经商热"时,这些学生就对经管类专业十分热衷;当社会上流行"外企热"时,不少学生在毕业前纷纷自我推荐,想方设法进外企工作;当社会上掀起一股"出国热"时,不少学生在校内也掀起了一阵阵"托福热"、"雅思热",以至于有关托福、雅思的英语参考资料供不应求,成为抢手资料。此外,还有"创业热"、"追星热"、"考

研热"等等,类似这种脱离自身实际,完全按照社会热点的波动而波动的价值取向,反映了部分大学生的情感与理性的某种反差。诚然,社会热点是一种不以人的意志为转移的社会现象,但在一定的社会条件下,具有一定数量、一定规模或者一定阶层的人,对某种特定的行为方式和思维方式的采用、扩展,是对某一特定历史条件下社会、政治、经济、文化的反映。从某种意义上讲,生活在这种特定条件下的相关人群,或多或少地要受到这些热点的影响。热点的新奇性、功利性和一定程度的非理性正迎合当代大学生某些心理特点和思维特点,因而更容易引起共鸣。置身于热浪中的这部分大学生们也许不认为自己的选择是一种从众的行为,但在潮退之后,回首往事,涌入心头的失落或无聊都会证实自己当初行为的盲目性。目标潮起潮落,这种被动的选择实质上是一种随机选择的反映,它按照大学生内在冲动的需要和客观外界的诱惑,任由大学生自己随感情和兴趣的驱动作出选择,没有明确的价值取向和人生指向,目标选择围绕着急功近利的主轴上下波动,缺乏正确的理性判断。从众性选择虽可以获得一时的快乐和满足,但往往是在随波逐流中浪费了大好年华。常见有些大学生临近毕业时才醒悟过来,深有感触地说,该做的事没有做,忙忙碌碌赶潮,虚度了青春年华。

二、经验性选择方式

这是一种在生活中实际地体验了怎样想和怎样做才有益、有效的基础上所形成的反映模式,它是建立在对经验进行反思的基础上作出的选择。这种选择方式比起从众性的选择方式来,已不是被动的选择,而是比较自觉思考的产物。由于有限的社会实践的制约,他们的经验和思考也是有限的。因此,这种选择方式虽然有理性的成分,但也往往带有盲从和自发的色彩。

目前大学生中一部分学生正是立足于这种经验性选择,他们的成才目标往往比较明确,在大学期间就开始为自己的目标准备着各种条件。因此,这部分学生学习一般比较认真。但是,一旦外部环境的刺激发生或者当一种倾向成为浪潮时,这部分学生也容易发生动摇,有的会改变自己的初衷,跟着大多数人走,而失去自己的相对独立性。比如,

当"打工热"在校园里悄悄蔓延时,有些学生尽管有务实的目标,但却把注意力放在眼前的打工挣钱上,学习上只求过得去,不求过得硬,误认为打工越多,经验也就越多,越容易轻松地达到自己的成才目标。从表面上看,其成才目标没有发生变化,但实现目标的准备过程却发生了变化。

三、信念性选择方式

这是一种建立在对现实社会有着深刻理解的基础上的、对社会需要和自身素质都有深刻把握的一种选择方式。这种选择的建立是需要付出艰辛的努力才能完成的,即面对现实与理想的冲突,能依赖原来所构建的信念在目标与现实之间保持必要的活力或弹性,确保目标方向的恒定性。在目前,我们所指的信念性选择,是指具有正确的人生信念,愿意把自己的青春奉献给社会主义事业,把个人的成才目标与社会主义事业结合起来的一种选择方式。

目前大学生中有一部分学生的成才目标具有这种信念性选择方式,他们在学习期间往往具有勤奋求实的科学精神,对社会主义抱有坚定的信念,积极向党组织靠拢,努力在德智体美诸方面求得全面发展,这样的学生在现实大学生中虽然只占少数,但他们却代表着当代大学生实现成才目标的努力方向,也是当代大学生的希望所在。信念性选择作为过程选择的目标方式,是大学生走向成功的必由之路,它与前面两种选择方式的根本区别在于淡化急功近利的思想意识,强调突出主导价值,在挫折面前仍然有坚定的目标和信念。同时,又能灵活地调节行为机制,制订出切实可行的努力途径,而不是随意地更改自己的理想和信念。更为值得称道的是,这种选择方式提倡克难奋进的拼搏精神,勤奋求实的科学精神,脚踏实地的实干精神,坚持不懈的执著精神。

第二节 大学生成才目标的状况分析

一、成才目标出现断裂

成才目标的断裂,是一个目标向另一个目标转换过程中出现的目

标迷失现象。中学生把考上大学确立为自己的奋斗目标时,并不排除在这个显性目标后面存在着的另一个隐性目标。而当目标实现后,后面的隐性目标就水落石出,就会转化为显性目标。这个目标是否适应现实的环境,是否具有现实的可能性,就成为摆在大学新生面前的现实问题。如果一个人缺乏目标的预期性,缺乏远大的理想目标,那么,现实目标实现的同时也往往导致目标的断裂。有的学生把考上大学作为自己的唯一目标,一旦这个具体的目标实现后,目标断裂便随之产生,而目标的断裂是对社会适应和自身发展的一种"被动"状态。有些学生由于对未来的方向缺乏理性的认识,近期目标又是在家庭的压力指令下确立的,在目标的选择过程中缺乏应有的主体参与,因而一旦原有的目标实现之后,他们只会等待新的指令,尤其是家庭的指令解除之后,就必然产生目标断裂现象。

目标断裂一般有两种表现形式,一种是功利水平的断裂,一种是理想水平的断裂。功利水平的断裂,表现为有些学生把考上大学作为唯一目标,认为考上大学就可以高枕无忧了,没有更高的追求和新的奋斗目标,因而无所事事,徘徊不前。有这样的一部分学生,进校后放松学习,上课时不是心不在焉,就是躲在寝室里睡觉;课余时不是到处闲逛,就是泡在网上。结果,在大学期间得过且过,浑浑噩噩混时间,他们认为考上大学就是"船到码头车到站",忘记了昔日努力的日日夜夜,失去了继续努力的动力。

理想水平的断裂则表现为有的学生考上大学后,常常会发现原来促使自己考上大学的动因与大学现实并不完全相符合,社会现实和大学环境有诸多的不如人意之处,美好的理想目标因为缺乏现实可能性而成为一种泡影,现实生活中一时又看不清通向成才目标的台阶,于是陷入彷徨徘徊、茫然不知所措的状态。

二、成才目标偏离正确方向

大学学习绝非如人们想象的那样轻松,不仅学习的课程容量大,而且学习的课程数目多。要适应大学学习生活,使自己成为学习上的佼佼者,就必须倾注大量的心血,付出艰苦劳动,其艰苦性可想而知。随

着市场经济的发展和教育改革的深入,大学学习的竞争性也日益增强,奖学金的获得、考研深造、毕业就业无不建立在学习的竞争基础上。如果没有强烈的竞争意识,原有的优势就可能失去,一个中学时代的高才生就有可能由此而成为一个落伍者。要想维持自己的优势,就必须付出艰辛的努力。

然而,对大学生来说,二十岁左右的年龄正是人生的黄金时期,处处洋溢着青春的活力。这是一个多梦的年龄,一个充满希望和青春气息的年龄,处于这个特殊时期的青年大学生们,面对着人生世界的众多诱惑:远方同学的一封来信可以使他们兴奋几天;来自异性的一个求爱信号,也足以使其睡不安寝,食不甘味。他们需要欢乐,需要爱,需要他们青春时代的一切。可是,人的一生是有限的,大学求学时间更是有限的,人的精力也是有限的,在有限的时间和精力情况下,学习和娱乐的矛盾迫使大学生不得不做出选择。虽然,一个以追求享受和娱乐为目标的人,是难以理解艰苦拼搏中所体验到的快乐的,但是,为追求学业而拼搏的人也必然要放弃一些娱乐活动。有的学生对大学学习任务的艰巨性,缺乏足够的思想准备,以为"进大学难,出大学易",进了大学就可以"轻松轻松"了,所以进校后往往容易放松对自己的要求,失去了学习的进取心。部分同学就是这样的,他们认为考上大学就应该放松放松了,有的在进校后的一年里,把家里给他的生活费一半花在网吧里,在网络游戏上战绩辉煌,但在学业上却"红灯"高挂,有的同学进入大学后谈恋爱,结果往往是"赔了夫人又折兵",恋爱失败,学业荒废。

青春的天平倾向何方?每一个大学生都会作出不同的选择。对追求自己目标的学生来说,勤奋钻研,刻苦攻读是极自然的行为;对追求享受和娱乐的学生来说,跳舞打牌,谈情说爱是必不可少的内容。或许,在大学的美好时光里应该寻求二者之间的统一,以达到学习享受两不误的境界。但这需要相当的自制能力,对于躁动不安的青年大学生来说,这似乎是个难题。不管怎样,矛盾是现实的,路还是要靠大学生自己去走。保持清醒的头脑,着眼于未来,才能作出正确的选择。

三、成才目标选择面临考验

社会正处于巨大的变革时代,大学生不可能无视社会变革的影响,从一开始就不得不思考这样一个问题:个人与社会的关系是怎样的?如何根据社会的要求来设计自己的成才目标?大学教育的直接意义恐怕只有在大学生毕业之后才能真正体现。当大学生与同龄的城市青年或农村青年处于同一环境时,他们身上所表现出来的不同特点,直接反映出他们所受教育的烙印。但等到毕业的时候再印证大学教育的意义,大学生活已经远逝,只给学生留下一丝丝回忆。与其到毕业后才去反思大学的校园生活,在感觉不适应社会后才追悔对社会了解甚少,还不如从进校的第一天起就思考这个问题,按照社会的需要来塑造自我。

按照一般意义上的理解,大学教育的全部目的,就在于培养人,培养符合时代精神的人。毋庸置疑,当代大学生并不缺乏先进的科学知识和进步的意识形态,大学生的思想意识的超前倾向是显而易见的。然而,在校园这样一个宽松自由的环境里成长起来的一代大学生,必然带有大学校园所特有的空灵和洒脱,这种空灵和洒脱在校园的特殊社会群体中或许是一种值得称道的理想境界,而一旦进入社会,现实的准则不允许带有任何浪漫色彩。一些大学生在受到社会冷遇后,不禁对大学教育产生了困惑,对专业提出了疑问。理想与现实的冲突又一次化为严峻的现实问题。

个人的社会化进程快慢,在很大程度上取决于大学教育的成效和大学生活方式。为了能够尽快地适应社会,有些大学生从一开始就以"实用"的眼光注视着社会的变化法则,顺从某些不良社会现象的误导,不时调整自己的生活方向和功利意识,于是,世俗的准则自然而然地渗透进校园之内,读书声中伴和着叫卖声,师生往来中掺杂着礼尚往来。社会进步的最终要求和个人成才的最高愿望在无形中被扭曲了,使大学生的成才目标面临着从未有过的考验。

大学生成才目标存在的问题,绝不会仅仅限于上述几个方面,许许多多看不见的因素都在起着潜移默化的作用。分析和透视这些因素存在的原因,帮助大学生走出困惑,进而选择和确立科学合理的成才目

标,是教育者的重要责任。

第三节 大学生成才目标存在问题的原因分析

一、现实环境方面的原因

(一)独生子女的家庭环境使大学生成才目标容易产生挫败感

在现有的家庭结构中,大学生多为独生子女。他们的起点远远高于父辈,他们在发达的信息网络时代里成长,因而知识面宽,思维活跃,自信而富有开拓性,充满活力,追求美好的生活,注重自我价值的实现。然而,由于独生子女的家庭环境,使他们从小就在家庭环境中享有特殊地位,他们的人际关系环境相对狭小和封闭,家庭对他们抱有较大的希望,学习心理压力过重。这些因素使他们的心理相对孤僻和敏感,因而不可避免地出现许多心理矛盾和冲突,反映在成才目标的选择和确立上往往是自我期望值较高而挫折忍耐力较差,成才目标实现的需求强烈而缺乏艰苦奋斗的思想准备,自尊自信而又自轻自卑,导致其成才目标容易产生挫败感。

(二)竞争激烈的社会环境使大学生成才目标过于功利化

由于社会竞争日趋激烈,就业市场的不景气,大学生找工作或找到比较理想的工作越来越困难。这给大学生造成很大的精神心理压力,使他们因焦虑、自卑而失去安全感,认识到大学校园已不是被这样或那样的光环所笼罩的象牙塔,更不是可以站在过去的成绩上恣意挥霍现在、享受美好的时代。所以,大学初始,很多学生总是信誓旦旦地为自己制定种种目标:奖学金、英语四六级、计算机等级考试以及人际交往、语言表达、组织管理等等综合素质的提高。不错,大学是人生发展的重要阶段,是对未来生活进行准备的重要阶段,需要对未来的职业生涯进行各种演练,但绝不等于人生所有的准备工作都要在大学阶段做好,大学学习不可能赋予以后人生成功的全部。所以要以合理的目标和要求对待大学生活,不能过于功利化,大学毕业后的每一个时期同样也是人生的演练场,否则会给自己的学习和生活带来很大的压力。

同时,在激烈的社会竞争中,经济贫困也是造成大学生成才目标功利化的另一个重要原因。目前,我国高校在校生约有20%是贫困生。经济贫困加剧了学生及其所在家庭对教育的投资压力,花了这么大的代价接受高等教育,很自然就期望高等教育给自己以同样的回报,能够在毕业后找一个理想的工作,有一份可观的收入,但事实很难如愿,这也迫使大学生的成才目标过于功利化。

二、学校教育方面的原因

(一)成才目标教育与理想信念教育之间的不协调

在学校,无论是思想政治理论课教学还是党团组织生活,无论是领导作报告还是师生间个别谈话,对大学生的理想信念教育、人生价值的教育都非常重视,都是从培养社会主义事业合格建设者和可靠接班人的高度要求学生立大志成大才,成为实现中华民族伟大复兴的优秀人才,为社会主义现代化建设作出贡献。但具体的成才目标教育却做得不够,不能很好地指导学生把自己的远大理想与学校的培养目标结合起来,制定出大学阶段的奋斗目标,使学生行动起来感到盲目。也就是说,大学生思想政治教育中,人生理想教育多,成才目标教育少;远期目标教育多,阶段目标教育少,成才目标教育显得与实际结合得不紧密。

(二)成才目标教育缺乏层次性和针对性

大学生无论是思想素质还是专业素质,无论是智力水平还是文化修养,无论是身体素质还是心理素质,都存在着差异,每个学生都有不同于他人的个性和特点。所以,对大学生的成才目标教育,一方面,学校要明确合格人才的基本要求,即每个大学生必须达到的基本要求;另一方面,对于不同层次、不同类型的学生要提出不同的要求,而且要针对每个学生的个性和特点,指导他们制定出适合本人特点的成才目标。但是,在这方面学校教育还做得不够,统一要求多,分类指导少。

(三)成才目标教育的方法单一

在对大学生成才目标教育的实际工作中,教育方法比较单一。教育工作者往往比较喜欢大规模地作报告,提统一要求。由于学生人数多、时间紧等原因,很难满足学生具体需要和符合学生的实际情况。学

生在制定成才目标时感到思路不清晰,目标难以明确。

(四)成才目标教育随意性大,系统性不强

目前,很多学校对大学生成才目标教育的系统性、规范性做得不够,存在着一定的随意性。主要表现在:一是步调不一致。每个老师的观点存在差异,这个老师这样讲,那个老师那样讲,使学生感到无所适从;二是内容不系统。对学生的成才目标教育应该包括哪些内容以及实施教育的步骤、方法等,没有相对规范的内容和操作方法,学生得到的往往是支离破碎的信息,无法形成完整系统的认识;三是学校部门之间的协调配合不够。由于教学管理部门、思想教育部门、行政管理部门的认识不完全统一,导致同一学校不同部门往往出现对大学生成才目标的要求存在差异,使教育的总体效果大打折扣。

三、大学生自身的原因

(一)初入大学的目标间歇期导致大学生的成才目标出现真空状态

在高中的三年里,因为目标明确,大家都奋力拼搏、只争朝夕,觉得生活十分充实。可是一旦考上大学,目标实现了,就会陷入迷茫与困惑,心理学上称为目标间歇期。面对内心的冲突与矛盾,一些学生自认为要发挥个性,享受青春,肆意涂写过去十二年寒窗苦读留下的空白,选择了徒劳无益的消遣方式。但时光如流水,一去不复返,等到第一学年考试亮了几门红灯才翻然醒悟,想奋力追赶,可是别人也仍然在努力,追赶谈何容易,这时才为自己在大一时的放纵而懊悔。"如果想有个无悔的大学生活,就只有不断充实自己,绝无轻松而言。"高中生活感觉到的只是高考的捆绑压力,一旦脱离了束缚,外部压力便迎面而来。大学生数量在增多,冷热门专业时刻变幻莫测,就业压力不断增大,很多大一新生一踏入校门就开始想到怎样辉煌地走出校门,也许这就是信息与科技时代下大学生的新思考。于是很多学生渴望有一双慧眼找到一个属于自己的方向。这种了解自己、明确目标的需要与"目标暂时真空"的现实形成了非常矛盾的状况。

（二）躺在中学时代的影子里生活，不能接受相对"平庸化"的状态

在与大学生的交流中，很多学生表示进入大学后，会突然失去自信，感到自己一无是处。这种"失落"从根本上体现了学生对于进入大学后各方面相对平庸化的状态非常不适应。首先因为竞争的对手变了，大家水平相当，自己不能再保持高中时的优势地位。另外，在大学里，竞争的内容也不再仅仅是学习成绩了，文体特长、社交能力、组织才干等等都成了比较重要的内容。在这种情况下，一个人很容易看到自己的弱点。有部分学生会因为看到自己的弱点而自卑甚至封闭自己，但也有部分学生看到自己的弱点后而加剧了他们进取的决心，会很自然地给自己提出很多要求，希望在很短的时间里缩短和别人的差距，但如果措施不当，很容易陷入一个自我设置的恶性循环里。在这种越来越不如别人的心态下，在面临了一次次的目标不能实现后，部分大学生便会陷入种种的迷茫与困惑中。

（三）不合理的自我评价导致成才目标设置过高、过多

我国大学生多数处于青年中期（18—24岁）这一年龄段。在这个年龄阶段，个性的生理发展已接近完成，已具备了成年人的体格及各种生理功能，但其心理尚未成熟。特别是在自我评价方面，虽然大部分学生可以根据社会、学校、集体和同学们对自己的要求，不断地评价自己的思想和行为，自我评价与他人评价无太大的差异，比较符合实际情况。但是也有一部分大学生的自我评价仍存在着一定的片面性，主要表现在两个方面：一是"高估自我"。这部分学生有着很强的优越感、自尊心和自信心，期望值很高，制定的目标不切合实际。但目标难以实现后，便产生了对社会不满或气馁情绪；二是"低估自我"。这部分学生看到周围的同学比自己强时，便对学习和工作失去了信心，抱着"混"的态度，整天无所事事，无精打采，没有明确的成才目标或成才目标多变。

第七章 大学生目标导航

大学生正处在人生成长的重要阶段,他们都具备成才的潜质,但在实现成才目标的过程中会遇到各种问题和困惑,迫切需要高校教育工作者在大学生中,特别是在大学新生中开展成才目标导航,引导他们认识实现成才目标的总体要求,把握实现成才目标的具体策略,并采用有效的途径和方法,促进其健康成长成才。

第一节 大学生目标导航的总体要求

实施大学生成才目标导航,就是要引导大学生根据成才规律,按照广博知识和高尚道德相结合、理论学习和社会实践相结合、自我价值和社会价值相结合、胸怀大志和脚踏实地相结合的总体要求,设计成才蓝图,规划成才道路,一步一个脚印地去实现成才目标的过程。

一、坚持广博知识和高尚道德相结合

广博知识和高尚道德相结合,就是要求大学生既要刻苦学习努力汲取现代文明成果,又要不断提升为建设祖国的精神力量和道德品质。坚持两者的统一,使青春焕发异彩。

成才必须具备真才实学,大学生在校期间的主要任务是学习。通过大学四年的学习能比较系统地掌握本学科、本专业的基本理论、基础知识,掌握本专业必要的基本技能、方法和相关知识,并具有创新精神。

但对于大学生来说,仅仅学习科学知识是不够的,更要学会做人。美国品德教育联合会主席麦克唐纳说:光有品行没有知识是脆弱的,但没有品行光有知识是危险的,是对社会的潜在威胁。意大利诗人但丁

有句名言:一个知识不全的人可以用道德去弥补,而一个道德不全的人却难以用知识去弥补。求知与**修养**相结合是中华民族的优秀文化传统。中国历史上强调德胜于才是君子,才胜于德是小人,而德才兼备才是圣人。因此,在科学文化与思想修养这一素质结构体系中,思想素质始终是第一位的,而素质教育的重要任务就是要培养学生具有高尚的道德品质。

青年大学生肩负着全面建设小康社会的历史使命,要努力刻苦学习,用人类社会创造的一切优秀文明成果丰富和提高自己。同时,要自觉地加强政治理论学习,陶冶道德情操,注重思想修养,以强烈的民族自豪感、自尊感和自信心来尽自己的历史职责,以崇高的人生观和价值观贯穿于对科学文化知识的学习和运用之中,使自己在德、智、体、美几方面都得到充分发展,成为有社会责任感和事业心、有科学文化知识和开拓能力、有志有为德才兼备的社会主义现代化建设人才。为此,新世纪的大学生,要实现成才目标,必须坚持广博知识和高尚道德相结合。

二、坚持理论学习和社会实践相结合

理论学习与社会实践相结合,就是要求大学生要理论联系实际、学以致用、学用结合,使知识化为力量,化作财富和贡献。离开了社会实践,理论就会成为无源之水、无本之木;而离开理论,实践便没有力量,没有力度和方向。只有从实践中来,又经过实践检验和实践相结合的理论知识,才是真正有用的知识。

江泽民曾强调大学生"要健康成长,不仅要学习书本知识,而且要向社会实践学习,自觉地投身于火热的改革开放和现代化建设实践。"[①]从根本上讲,实践是理论的动力和源泉,学习理论的目的全部在于运用。知识经济时代是高等学校步入社会的中心、影响社会经济发展的时代,高等学校要走出"象牙塔",服从国家战略和社会需要,走向经济建设主战场,这就要求新世纪的大学生要把学习书本知识与投身社会实践结合起来,把学到的知识用于实践,在实践中继续学习提高。

---

① 《江泽民文选》第二卷,人民出版社2006年版,第124页。

如今,一些青年大学生赴边远山区代课、下工厂、农村劳动,当"青年志愿者",到社区服务,正是增长学识、获得真知、学用结合的有效行动。现代社会是学习社会、是教育社会,未来社会更是学习社会、教育社会。从这个意义上讲,学习已不仅仅是单纯学习书本知识,投身社会实践也不仅仅是动手能力的培养,而是要坚持把学习书本知识和投身社会实践结合起来,提高文化素养、创新能力和解决实际问题的能力。

　　综合国力的增强,有赖于科学技术的腾飞与发展,科学技术的腾飞与发展有赖于大学生知识、能力、素质的提高。学校培养出来的学生是否具备投身社会实践所需的科学文化知识和能力,能否把静态的理论知识转化为动态的投身社会的创新精神和实践能力,是21世纪现代化社会发展的要求,也是高等教育深入改革的重点和难点。因此,学校教育要对受教育者进行全面的、多元化的知识、能力、素质的培养,积累更多的投身社会的创新精神和实践能力的资本,而大学生也要自觉做到坚持学习理论知识和投身社会实践的统一,在实践中增长知识,增长才干。

三、坚持自我价值和社会价值相结合

　　坚持自我价值与社会价值相结合,就是要求大学生要懂得,如果脱离社会的需要,去追求自我价值,这样的自我价值是难以实现的。古往今来的仁人志士莫不将两者统一起来,在实现社会价值的过程中实现自我价值。坚持将自我价值与社会价值相结合,是大学生实现成才目标的必然选择。

　　国际上许多教育专家认为,现代教育思想的核心,20世纪70年代是学会生存,90年代乃至21世纪初,不但要学会生存,而且还要学会关心,关心他人、关心集体、关心社会、关心人类。价值观教育思想的内涵包括:学会生存、学会创造、学会关心、学会合作、学会共事,正确处理各种矛盾,正确辨别各种是非,明确历史使命,坚定理想信念,尤其要处理好自我价值与社会价值的关系,把个人的抱负与祖国和人民的要求紧紧结合起来,用自己的知识和本领为祖国、为人民服务,才能使自身价值得到充分实现。作为新世纪的大学生,必须坚持实现自我价值与

社会价值的统一,如果没有树立正确的服务社会的自我价值观,也就难以实现自身价值与实现服务社会的愿望,更不会用自己的创造性劳动和丰硕的创新成果实现自身价值。因此,高校教育工作者的职责不仅在于传道授业,而更在于通过教育开启学生心灵——唤醒学生自律,增强学生自信,激发学生自强,使之实现自我价值与社会价值的结合。

四、坚持胸怀大志和脚踏实地相结合

胸怀大志和脚踏实地相结合,就是要求大学生既要志存高远,又要发扬勤劳勇敢、艰苦奋斗的作风。忧则生,逸则亡。坐享其成容易坐吃山空,脚踏实地才有真正财源。实现成才目标要靠辛勤劳动,但胜利路上从来都是山重水复。对此,李大钊鼓励说:"青年之字典,无'困难'之字,青年之口头,无'障碍'之语;惟知跃进,惟知雄飞,惟知本其自由之精神,奇僻之思想,锐敏之直觉,活泼之生命,以创造环境,征服历史。"①先驱的教诲,给人启迪,发人深思。

江泽民要求"青年人要有理想,还要有实现理想的坚定信念和脚踏实地、百折不挠的奋斗精神"②。只有有理想的人、有理想的社会和有理想的民族,才能成为历史的主人。要使远大的抱负逐步化为现实,需要青年大学生艰苦奋斗,一步一个脚印,踏踏实实地去努力。因为在前进的道路上必然会遇到许多这样那样的困难和挑战,只有具有坚忍不拔的思想准备、知难而进、永不气馁的人,才有希望到达理想的彼岸。哈佛大学研究表明,人生的成就只有20%归于智商(IQ),80%受其情商(EQ)的影响,包括情绪控制、意志力、自信心等。情商较高的人在各个方面都具有优势,成功的机会就比较大。青年大学生在校学习期间,除了要学习大量的文化科学知识,提高自己的智商(IQ)外,还要通过学习和磨炼提高自己的情商(EQ),将胸怀大志与脚踏实地结合起来,才能一步一步地实现自己的成才目标。

"四个相结合"是大学生实现成才目标的总体要求,也是党和人民

---

① 《李大钊文集》上册,人民出版社1984年版,第178—179页。
② 《江泽民文选》第二卷,人民出版社2006年版,第124页。

对于大学生的希望,应该成为大学生实现成才目标的行动准则。

第二节 大学生目标导航的具体策略

一、全面规划,确定目标

引导大学生确立成才目标,首先要在正确认识自己的基础上进行全面规划,也就是说要引导大学生立志成为哪个领域的人才,成为什么类型和什么层次的人才。实施大学生成才目标导航,一方面要引导大学生正确认识我国社会发展、当代科学技术发展对人才素质的要求,以及本专业的培养方向,使他们的主观认识与社会发展要求相一致;另一方面,还要引导他们充分认识自己的长处和短处,优势和劣势,以便扬长避短,发挥优势,使制定的成才目标科学、合理、切实可行。

为了使大学生的成才目标便于操作实施,可以引导他们把成才目标划分为长期目标、中期目标和短期目标。长期目标主要是指大学生成才的长远方向和规划。如大学生是想成为本专业的理论人才、技术人才,还是管理人才、信息人才等。长期目标的确立要高瞻远瞩、纵观全局,综合考虑,需要在充分了解本专业的发展现状、发展趋势、社会需求状况以及自身特点的基础上确定,它体现了一个人的远见卓识和深刻的洞察力。中期目标是对长期目标的分解和深化。中期目标的制定,要在全面分析实现长期目标所应具备的素质要求,以及通过什么样的途径才能达到这样的要求的基础上制定。中期目标既可以是某一阶段的目标,也可以是某一方面的目标。短期目标是实现中期目标和长期目标的具体规划和要求。短期目标制定得越详细、越具体越好,包括学习的课程、课外的训练以及每学期、每月乃至每天甚至每时的进度。

二、严格要求,分步实施

大学生在确立了成才目标之后,就要引导他们的行为始终都围绕着自己的目标统筹而有效地进行。目标的达到是不会一蹴而就的,应分步实施,逐步达到。为了实现总体的成才目标,需要引导大学生以顽强的意志,高标准严格要求自己,在成长的每一个阶段,都能认真完成

任务,实现各个阶段的既定目标,实现各个阶段的目标就是不断努力、不断奋斗的过程。为此,要引导大学生以坚强的毅力排除来自各方面的干扰,进行严格的自我监督、自我控制、自我激励,在实现目标的过程中获得自信,在战胜困难中磨炼意志。俄国大文豪托尔斯泰曾经为自己确定了一条生活准则:"要有目标地生活,一辈子的目标,一段时间的目标,一个阶段的目标,一年的目标,一个月的目标,一个星期的目标,一天的目标,一个小时的目标,一分钟的目标,还得为大目标牺牲小目标。"托尔斯泰之所以能够成为大文豪,是与他能够制定明确的奋斗目标和有效的管理方法分不开的。

三、及时反馈,善于调整

及时反馈,善于调整,这是大学生成才目标导航中的一个非常重要的步骤。大学生在成长过程中,情况会经常发生变化,所以成才目标的制定不可能一次完成,需要通过反馈及时加以调整。成才目标的实现应是一个动态反馈过程。在实现目标的过程中,随着主客观条件的变化,可能目标定得太低不能体现价值,或者定得太高而又无法完成。此时,需要引导大学生不断修正和完善目标,从而保证其应有价值和导向,更好地发挥目标的激励、动力和指向功能。同时,由于社会在发展,随时可能出现新情况、新变化、新要求,这也需要引导大学生善于调整各个层次的目标,使它更加符合社会的需求。有时由于种种原因而使目标未完全达到,也会使实际结果与预想目标有一定的差距,这时也需要找出原因,努力缩小二者的差距。

从长期目标到中期目标再到短期目标,这样就构成了大学生的成才目标体系。通过逐次达到短期目标再达到中期目标,再通过中期目标的达到而最终实现长期目标,这样就把整个大学生的求学生活变成完全自觉地、有计划地实现成才目标的过程。

四、积极进取,持之以恒

美好的目标固然令人兴奋激动,但制定了目标并不等于已经实现了目标。因此,在引导大学生制定科学合理的成才目标的同时,一定要让他们冷静下来,脚踏实地、锲而不舍地为实现自己的目标而努力奋

斗。要教育大学生善于克服实现目标过程中可能出现的各种障碍。目标之所以具有吸引力，在于它的实现并非易事，需要付出艰辛劳动。在实现成才目标过程中遇到各种艰难险阻十分正常，世界上没有任何一个成功者在成功的道路上是从不遇到困难和挫折的。只有敢于面对实现目标过程中的困难和障碍，并战而胜之，才能够取得成功，实现自己的奋斗目标。

高尔基在《论文学》中说："我常常重复这一句话：一个人追求的目标越高，他的才力就发展得越快，对社会就越有益；我确信这也是一个真理。这个真理是由我的全部生活经验，即自我观察、阅读、比较和深思熟虑过的一切确定下来的。"[①]这段名言揭示了一个真理，那就是：正确选择成才目标并且持之以恒地坚持下去，就会获得成功。

千里之行，始于足下。远大目标的实现总是依赖于实现一个个近期小目标而完成的。大学生要确立远大的成才目标，不能好高骛远而必须脚踏实地地建立科学的目标体系，先小后大，先近后远，先易后难，先实现明确具体的学习生活目标，再逐步地实现远大的成才目标。

第三节 大学生目标导航的主要途径和方法

一、大学生目标导航的主要途径

(一)课堂教学途径

课堂教学作为大学生在校期间接受知识和信息的主要渠道，是大学成才目标导航的主要途径。课堂教学具有三大特点：第一，知识性。课堂教学重在传授知识，通过课堂教学，接收系统的知识训练，是大学生学习的主要渠道。第二，全面性。大学开设的所有课程都是根据大学生构建合理的知识结构体系的需要而开设的，共分为公共基础课、专业基础课和专业课几大部分，每门课都是系统完整的知识体系，反映了大学生全面成长成才的需要。第三，规范性。课堂是大学最神

---

① 高尔基：《论文学》，人民文学出版社1978年版，第340页。

圣的殿堂,课堂教学对学生的约束力最强,是学生接受知识最严肃、最规范的场所,对学生的学术品德、言行及学术作风的养成等具有很强的教育作用。课堂教学是大学生成才目标导航的主要途径,必须从以下几个方面去强化课堂教学的功能。

第一,充分发挥思想政治理论课的功能和作用,对大学生进行比较系统的成才目标导航。思想政治理论课中的《马克思主义基本原理》、《毛泽东思想、邓小平理论和"三个代表"重要思想概论》等课程,是对大学生进行世界观、人生观、价值观教育,帮助大学生树立正确的成才观念的主要渠道,特别是《思想品德修养与法律基础》课,可以比较系统地对大学生进行成才目标教育与引导,包括成才理想教育、人生价值教育、科学精神教育、心理健康教育等。但是,课堂教学切忌空洞的理论说教,必须紧密结合社会实际、学生学习成长的实际进行。并且还必须配合个别指导,随时关注学生的成长状况,激发学生的成才动机,确保成才目标导航的针对性。

第二,对大学生进行成才目标导航是学校每位任课教师应尽的职责。学校必须营造全员育人的氛围,强化课堂教学的功能。在课堂教学中,学校的每一门课程、每一个课堂都是成才目标导航的途径和阵地。教师在系统地传授知识的同时,都要有意识地引导大学生根据自己的需要主动去获取知识,并向学生传授从事科学研究的精神和品德,传授做人的道理,将成才理想教育、科学精神教育、职业道德教育及道德品质教育等贯穿在课堂教学中,提高成才目标导航的效果。

第三,充分利用课堂教学激发学生自主成才的欲望。课堂教学具有启发学生思考一些深层次的理论问题、实际问题,甚至是社会和人生等方面的重大问题的功能。许多有成就的科学家,都是在学习过程中,甚至是在大学的课堂中,受到老师的启发而产生对某一方面问题的浓厚兴趣,通过长时间的刻苦钻研,才获得成功的。教师在课堂教学中,要不断地启发学生的成才意识,促使学生去主动思考问题,从而激发大学生自主成才的强烈愿望。

学校要充分有效地利用课堂教学这一大学生成才目标导航的主渠

道作用,通过改进教学方法,整合教学资源,完善育人机制,最大限度地发挥课堂教学的育人功能。

(二)社会实践途径

广义的社会实践是指人类有目的地改造自然和社会的全部活动。在大学生成才目标导航中,社会实践主要是指大学生接触社会、认识社会、了解社会,将所学的理论知识与生产科研实践相结合的过程,包括专业实习、生产实习等方面,它是大学生成才目标导航的重要途径。社会实践具有三大特点:第一,体验性。学校所有的理论教学,包括成才教育和引导,对学生来说都是理论性和知识性的东西,社会实践使它们得以有机会与现实结合,并在社会实践中得到验证、理解和接受。第二,现实性。现实是大学生思考问题的立足点,也是大学生实现成才目标的基础,只有了解了现实,成才目标才能不脱离实际。第三,启发性。社会实践是启发人的创造性思维的重要途径,实践中的问题能使大学生产生兴趣和灵感,这是社会实践对大学生成才目标导航最具意义的特性。

开展大学生社会实践必须要有明确的目的,要有计划和有选择地进行。选择什么内容、采取什么方式、达到什么效果,都要预先策划好。对引导大学生实现成才目标而言,就是要通过社会实践,使大学生找到个人理想与社会需要的结合点,找到实现个人成才目标的最佳途径。通过社会实践,将学生放到社会生产生活的不同位置,让他们去感受如何改变中国的面貌,如何发展社会的经济,最终让大学生体会到人才的用武之地在基层,在生产第一线,从而使大学生能自觉地选择立足基层成就事业的成才目标。因此,这就要求高校教育工作者要加强对大学生社会实践的指导,使学生带着问题去实践,切忌盲目和随意,确保实践教育的效果。

同时,要将大学生成才目标导航贯穿于社会实践的各个环节。实践活动的组织者,要在教育发展国际化和社会化趋势的背景下,站在世界的高度,用战略的眼光思考人才培养问题,引导学生深刻地认识社会、了解社会,准确把握社会发展的方向和趋势,促使学生自觉构建符

合自己实际和社会发展需要的成才目标;在专业实践方面,要帮助学生将所学理论应用于实际,了解实际工作中究竟存在哪些问题,引导学生在今后的学习中去寻找答案,激发学生对专业学习的兴趣、爱好、积极性与主动性。通过社会实践,还要使学生了解所学专业在社会生产和生活领域的需求状况和需求条件,以便及时调整知识结构,适应社会发展的要求。

另外,社会实践还能培养大学生艰苦创业和勇于创新的精神。艰苦创业和勇于创新是现代人才必须具备的基本素质,培养学生艰苦创业和勇于创新的精神,是实现大学生健康成长成才的重要任务,而社会实践是培养这些精神的有效途径。正如马克思所说:"在科学上没有平坦的大道,只有不畏劳苦沿着陡峭山路攀登的人,才有希望达到光辉的顶点。"[1]

(三)社团活动途径

大学生社团是经过学校批准,由具有共同的兴趣和爱好的学生自愿自发组织起来的,以丰富课余生活、增长知识、陶冶情操为目的,进行自我教育、自我管理、自我服务、自我提高的业余团体。开展大学生社团活动同样是大学生成才目标导航的重要途径。首先,社团活动有利于促进大学生专业知识的学习,开阔视野、拓宽知识面。其次,社团活动能促进校风学风建设和繁荣校园文化,优化校园育人环境,营造良好的育人氛围。最后,社团活动为大学生自主成才提供了广阔的舞台。大学生社团活动在成才目标导航中,潜力巨大。因此,要充分发挥学生社团在大学生成才目标导航中的作用。

第一,要加强对大学生社团活动的指导,突出大学生健康个性的培养。社团活动是大学生个性化教育的途径之一,是大学生施展理想、彰显个性、表现才华的实验场。社团成员通过讲座、座谈、研讨、辩论、体验等形式,获得全面提升自己知识和能力的机会,使个性得到最充分的发展。要鼓励教师参与学生社团建设,提高社团活动的质量,指导出高

---

[1] 《马克思恩格斯全集》第23卷,人民出版社1972年版,第26页。

水平、高品位的社团,促进大学生健康个性的培养。

第二,大学生社团活动要突出学术性,强调业余性,引导学生摆正专业学习与社团活动之间的关系。社团作为大学生学习实践的"第二课堂",与传统教学模式相比有很大差异。但无论教学内容、教学方法怎样改革,学习专业知识的"第一课堂"总是占主导地位,任何时候,学生的专业知识学习都不能偏废。因此社团活动在内容上要紧紧围绕深化"第一课堂"的内容来进行,要大力倡导成立学术型、研究型、服务型等学生社团。要尽可能多地开展学术研究性活动,知识服务性活动,提高学生的学习兴趣和学术研究能力,增强学生的自主成才意识,促进校风学风建设。

第三,要充分调动学生参与社团活动的积极性。要将知识性、科学性、趣味性、娱乐性融于社团活动中,激发学生确立和实现成才目标的动力。学生实现成才目标的动力源于成才的兴趣和动机,兴趣和动机又是由人的需要引起的,大学生通过各种趣味性的、研究性的社团活动,"能最大限度地激活脑细胞,能充分调动人的听觉、视觉、味觉、嗅觉和触觉"[1],能刺激学生追求新知识的心理需要,培养学生学习的兴趣。学生社团要坚持"自愿、自立、业余、受益"的原则,结合青年大学生的特点,充分调动每一个成员参与的积极性,通过开展寓教于乐、施教于乐的趣味性、娱乐性和研究性的社团活动,进一步激发学生成才的动力和创新的灵感。

(四)个性教育途径

个性教育是一种以培养人的完美个性为目的,充分尊重学生的个性差异,充分发挥学生的主动性和创造性的教育。个性教育的基本特征是民主性、和谐性和平等性。个性教育作为大学生成才目标导航的一种途径,它不是培养特长生、尖子生教育,而是一种以学生为中心的个性化教育,是一种面向全体教育对象所实施的"因材施教"的教育。

---

[1] 蔡克勇:《21世纪中国教育的走向》,广东高等教育出版社2004年版,第214页。

培养大学生个性的成才目标导航,基于人的个体的差异性,它与人才的多样性和多层次性的现代人才观念不谋而合,是实现大学生成才目标的一种很好的途径,能使不同层次的人都能得到不同的培养教育,都能有成就人生和事业的机会。对智商高,有特长和专长的学生来说,能得到特殊培养;对一般学生,甚至是学习困难的学生来说,也能得到很好的教育和发展。个性教育途径给大学生成才目标导航提供了巨大的空间。实施个性化的成才教育,首先要了解、发现并尊重每一位学生的个性,为学生的发展和成才目标的确立提供指导。了解学生是指了解每个学生的过去和现在,了解学生成长的环境,了解学生的优缺点和内心世界。只有这样才能发现每一名学生的不同个性,才能根据学生不同的个性特点,找到最适宜的教育途径和方法,挖掘每位学生的潜能,充分调动学生的积极性,帮助每一个学生选择正确的成才目标和最佳的成才途径。

实施个性化的成才目标导航,要求高校教育工作者无论是在教学岗位,还是在管理岗位,都必须重视了解和发现每一个学生的个性和特长,特别是在教育大众化的时代,学生的个性特征显得非常丰富,所有教师要转变观念,迅速调整教育策略,以适应教育的这一新形势。要跟踪每一个学生的成长进步过程,建立学生发展档案。成才目标导航是一个教育过程,在个性教育途径中,了解和发现学生的个性特长是第一步,但随后要及时给予指导、鼓励和帮助,使学生朝着有利于自己成才的方向发展。成才目标导航本身并不仅仅是指引和号召学生实现自己的成才目标,还要给学生提供必要的实现成才目标的各种条件,帮助学生克服实现成才目标过程中的困难和问题。因此,建立完整的学生成长发展档案,跟踪学生进步的全过程,随时鞭策和鼓励学生成长成才,这有利于对每个学生的成长成才随时加以指导,纠正问题和克服不足,激发成才动力,增强成才信心。

个性教育作为大学生成才目标导航的重要途径,它强调以学生为中心,学生是主体。学校的工作,都要紧紧围绕学生的成长和个性的发展而展开,学校提供必要的物质条件,教师提供必要的指导和帮助,从

而更好地培养学生的自主成才意识,使学生的学习行为由被动转为主动,充分挖掘学生的成才潜力。

(五)网络教育途径

随着信息化时代的到来,网络已成为现代社会人们的一个较普遍的交流平台和获取信息的渠道,网络正"改变着人们固有的思维、生活、工作、生存、学习、研究、教育等方式、方法"[1]。大学生作为接受新事物、新现象较快的特殊群体,网络给他们的发展带来了新的机遇,使他们的知识面不断得到拓宽,思想观念不断得到提升,为他们的成长成才提供了有利条件。通过网络教育途径,努力建设好校园网,开辟便捷的成才目标导航网站、专页,建好互动平台,畅通思想交流和信息交互渠道,进行针对性地教育和引导,对于帮助大学生确立和实现成才目标具有十分重要的意义。

第一,网络教育实现了教育信息共享,这有利于培养大学生健康的成才目标取向。由于网络信息具有可复制性、共享性、实时传输性等特点,同时,网络能对其他媒体的信息进行整合,并通过数字化处理后链接到网络上,实现了网络教育与社会大众传媒的结合与互补,从而拓宽了教育者和受教育者双方的信息来源和信息覆盖面,使大学生中的成功典范、先进事迹、有关专家的辅导和言论都能通过网络进入学生的视野,可使大学生的感知信息更为深刻、全面,也可以长久保存,这有利于培养大学生健康的成才目标取向。

第二,网络教育使大学生成才目标导航具有更高的效率。日益发达的多媒体技术使原本较为枯燥、乏味、单调的教育更多姿多彩,特别是虚拟网络技术的应用,动漫水平的提高,为大学生提供了色彩艳丽的图片、悦耳的音响、活泼的三维动画及其他多媒体仿真画面,犹如身临其境,其影响力是传统成才目标教育无法比拟的。另外,利用网络教育途径对大学生实现正面教育和积极引导,又可以有效降低网络媒体上存在的大量不良信息对大学生成才目标的消极影响与种种干扰,从而

---

[1] 刘德宇:《高校校园文化发展论》,中国海洋大学出版社2004年版,第213页。

大大提高了大学生成才目标导航的效率。

第三,网络教育的平等性、自由性、开放性,有利于大学生进行自我成才教育。在网络世界里,由于网络的虚拟性,使人人都可以隐藏自己的真实身份,充分表达内心的真实想法。通过网络教育途径,高校教育工作者不具有特定身份甚至不被称为"教育者",他们在进行成才目标导航时不是进行"说服"和"教育",而是向大学生提供选择和引导。同时,大学生也不受时间、地域限制,可随时受到教育和引导,而且出于自由、自愿心态做选择,必然会减少许多逆反心理。这对于高校教育工作者来说,意味着可以通过网络比较准确地把握大学生的思想特点和成才愿望,所以网络教育途径更具有人情味,更具有亲和力,更有利于大学生进行自我成才教育。

二、大学生目标导航的主要方法

(一)理论学习方法

大学生正处于人生发展的重要时期,他们的世界观、人生观、价值观尚未完全成熟,思想变化波动很大,面临着许许多多的实际问题,高校教育工作者要高度重视,积极创造条件,满足他们成长成才的需要,特别是要注意在思想上要加强引导和帮助。因为大学生涉世不深,实践经验较少,明辨是非能力不强,往往容易受到各种错误思潮的影响,容易冲动和感情用事。因此在大学生成才目标导航的过程中特别需要注重政治理论学习,即用科学的理论和先进的文化武装大学生的头脑,不断提高他们的自身素质,正确认识现实问题,不断增强克服不足和纠正认识误区的本领,为实现成才目标夯实基础。

引导大学生用先进的理论武装头脑,首先要学习马克思主义的理论知识,使大学生树立正确的政治方向和远大的抱负;其次,要学习专业理论知识,当大学生投入到社会主义现代化建设的洪流中时,才能有使不完的劲和挖掘不完的潜力;最后,要学习人类所创造的一切优秀的精神文明成果,并从中提炼、升华,不断提升自己的精神境界,将成才目标统一到中国特色社会主义的伟大事业当中,统一到实现中华民族伟大复兴的时代征程当中。

(二) 前导教育方法

前导教育,就是根据人才成长和成才教育的一般规律,在大学生确立和实现成才目标过程中,针对可能出现的情况或问题,提前进行必要的预测,并有效地加以教育、引导和帮助,使之不出或少出问题与偏差。前导教育要在大学新生一到学校就抓紧展开,充分利用大学生思想品德修养课,对学生进行系统的世界观、人生观、价值观教育,系统地讲述现代社会的人才观及人才的标准,讲解人才应该具备的基本素质等。要预先告知学生在实现成才目标的过程中可能会遇到的困难和问题,并如何加以克服。在课外可采取成功人士座谈、教授话人生、优秀校友报告会等形式,培养学生勤奋学习、艰苦创业、坚忍不拔、勇于创新的精神。

对大学生成才目标进行前导教育,重在把握教育时机。大学生入学初是最佳时期,其次是阶段性的总结或学年学期开始时是重要时机,阶段性目标实现后,在下一阶段工作开始之前是合适的时机。

(三) 渐进教育方法

大学生成才目标的确立和实现是一个渐进的过程,有其自身的规律,不可能一蹴而就。在大学生成才目标导航中运用渐进式教育法,就是基于大学生的身心发展规律,循序渐进地提出的引导大学生确立和实现成才目标的教育方法。

渐进式教育法的基本步骤是:第一步就是前导教育,对学生的成才目标加以正确引导,帮助树立正确的成才观念;第二步就是了解和发现学生的个性,帮助确立符合实际的成才目标;第三步就是引导和鼓励学生一步一个脚印朝着既定成才目标努力。

(四) 实践锲入方法

"社会实践是人的能力形成和发展的决定性因素"[1],从实践的途径锲入是大学生成才目标导航的重要方法之一。实践锲入方法,就是在学生成才目标意识尚处在朦胧阶段或成才目标尚未完全确定的状态

---

[1] 仓道来:《思想政治教育学》,北京大学出版社 2004 年版,第 178 页。

下，积极引导学生投身社会实践活动，通过具体的实践活动，培养出学生科学研究的兴趣，从而激发他们的成才欲望，明晰成才目标和实现成才目标途径的教育方法。实践锲入方法在实际工作中是一种很有效的方法。当代大学生的现实状况是，相当一部分大学生成才欲望非常强烈，但成才方向不清晰，成才目标模糊不定，实现成才目标的动力不足，学生对未来职业发展的思考和定位，处在茫然状态。大学生成才目标导航从实践的途径锲入，最直接地强化了大学生对成才目标的选择，经过一段时间的实践锻炼与思考，使自己的成才方向与目标得以明确。有了明确的成才目标和方向，就会激发出无穷的动力。

实践锲入方法的前提条件是要求学生有一定的理论知识和专业基础。实践活动可以是校外的实践活动，也可以是校内的实践活动。高校教育工作者要按照大学成才目标的总体要求，在实践中加以有效的引导。

（五）团队引领方法

团队引领方法是指将有某些共同的成才愿望和要求的学生，编入由不同年级学生组成的课外学术研究团队，直接参与团队的研究活动，培养学术研究兴趣，使团队成员逐渐认同研究方向，并努力朝某一方向发展的教育方法。团队引领方法的实施，首先，要在学生中建立一批专业性强的大学生学术研究团队，这是团队引领方法施行的前提条件。第二，团队成员结构要合理，可由相同或不同专业的学生组成，但必须由不同年级的学生组成，形成人才引领梯队。第三，团队要有吸引力。团队必须在老师的指导下，开展实际的学术研究活动，有研究方向、研究课题和研究经费。团队引领方法的最大特点是，充分挖掘高年级或研究生的教育资源，为大学生成才目标导航开辟新的途径，是学生自己引导自己，自己教育自己的最有效的方法。

（六）赏识教育方法

赏识教育方法，顾名思义就是要充分认识到学生的积极因素和学习成就，并加以适当的肯定和赞美，使之得到振奋和鼓舞的教育方法。有些人认为，赏识教育方法不适合大学生成才目标导航，只适合小学生

和幼儿教育,这是一种误解。对大学生的学习和行为表现进行适当的赞美,这有利于大学生获得更强大的成才动力。赏识教育方法的运用要注意两点:第一,要对学生取得的成绩作出符合实际的肯定,不宜过分拔高。过分拔高有两种害处,一是给受表扬的学生一种脱离实际和浮夸的感觉,这对于从事科学研究工作的人来说,容易使他们产生对待科学研究不严谨、不实事求是的作风。二是给学生产生一种错觉,有过分夸大自己的能力之嫌,容易使学生产生骄傲自满的情绪。第二,要在适当的场合和时机对学生进行赞美,不分时机和场合地赞美学生,不但起不到教育和激励作用,而且还可能带来负面影响。

赏识教育还包括自我赏识的成分,它也是赏识教育的内容之一。自我赏识实际上就是对自己能力和品行的一种信心,是自己对自己的鼓励和赞美。与他人赏识相比,自我赏识虽然有很多主观成分,但是是一种获得自我满足和激发潜力的心理暗示。他人赏识能增强自我赏识的分量,自我赏识能促使自己坚定成才信念,能赢得更多的他人赏识。教师在赏识和鼓励学生时,应教会学生自我激励和自我赏识,这也是引导大学生实现成才目标的关键。

(七)榜样示范方法

榜样示范方法是指以他人的高尚思想、模范行为和卓越成就影响学生的方法。这种方法的特点是把抽象的道德规范和高深的思想内涵具体化、人格化,以生动具体的典型形象影响学生心理,使教育有很强的吸引力、说服力和感染力。榜样是无声的语言,而这种无声的语言往往比有声的语言更有力量。大学生的可塑性大,模仿性强,有了生动具体的形象作为榜样,便容易受到感染,容易随着学、跟着走,这样就更有助于他们确立正确的成才目标。

在实施榜样示范方法时,所树立的榜样应该是生活在现实中活生生的人,不能把榜样与大学生人为地隔离开来。因此,在学习榜样时,应着眼于把榜样从一种他律的力量转化为大学生自律的力量,从外在的约束力转化为内在的动力。为此,一方面,要善于激起大学生对榜样的敬慕之情,只有使他们在心灵深处对所学习的榜样产生惊叹、爱慕、

敬佩之情，才能使外在的学习榜样转化为大学生心目中的榜样；另一方面，要结合榜样的行为组织大学生认真开展讨论，通过讨论、议论和评价，才能帮助大学生深刻把握榜样的思想言行及其社会意义和价值，才能加深他们对榜样的认识理解，从中达到自我教育、自我提高的目的。

参考文献：

[1] 刘志荣：《大学生成才与就业指导》，武汉大学出版社2004年版。

[2] 王东莉：《大学生修养》，浙江大学出版社2002年版。

[3] 蔡克勇：《21世纪中国教育的走向》，广东高等教育出版社2004年版。

[4] 刘德宇：《高校校园文化发展论》，中国海洋大学出版社2004年版。

[5] 陈传德：《大学生职业发展与就业指导》，人民出版社2008年版。

[6] 凌雪峰：《大学生入学教育》，广西人民出版社2003年版。

[7] 仓道来：《思想政治教育学》，北京大学出版社2004年版。

[8] 高桥、葛海燕：《大学生涯与职业规划》，清华大学出版社2007年版。

[9] 高校入学教育编写组：《赢在校园：大学新生入学必读》，国家行政学院出版社2007年版。

[10] 邹放鸣、赵跃民：《大学生涯导论》，中国矿业大学出版社2003年版。

[11] 罗云：《中国重点大学与学科建设》，中国社会科学出版社2005年版。

[12] 丁钢：《中国教育：研究与评论》，教育科学出版社2002年版。

[13] 张耀灿等：《思想政治教育学前沿》，人民出版社2006年版。

[14] 刘铁芳：《守望教育》，华东师范大学出版社2004年版。

[15] 李春秋等：《公民道德建设通论》，青岛出版社2002年版。

[16] 刘恒儒、魏岚、李玉潮:《大学生成才培养新探》,东北大学出版社2006年版。

[17] 包玉琴等:《大学生成才与修养》,中央民族大学出版社2001年版。

[18] 徐柏才:《大学生思想政治教育的探索与研究》,华中师范大学出版社2008年版。

第二篇　理想导航

理想信念是国家和民族生存、发展和振兴的精神支柱,是一个国家、一个民族的凝聚力和人们正确的世界观、人生观、价值观的集中体现。有无理想信念,有什么样的理想信念,决定了人生是高尚充实,还是庸俗空虚。追求远大理想、坚定崇高信念,是大学生健康成长、成就事业、开创未来的精神支柱和前进动力。实施大学生成才理想导航的目的,就是为了有针对性地加强和改进理想信念教育的基本内容,引导大学生把个人理想与社会理想统一起来,确立在中国共产党领导下走中国特色社会主义道路,为实现中华民族伟大复兴而奋斗的共同理想和坚定信念。同时,引导大学生中的共产党员和先进分子,追求更高的目标,确立马克思主义的坚定信念,树立共产主义的远大理想,做社会主义事业的合格建设者和可靠接班人。

第八章 大学生理想导航的内涵与意义

早在1985年全国科技工作会议上,邓小平就指出:"我们一定要经常教育我们的人民,尤其是我们的青年,要有理想。为什么我们过去能在非常困难的情况下奋斗出来,战胜千难万险使革命胜利呢?就是因为我们有理想,有马克思主义信念,有共产主义信念。我们干的是社会主义事业,最终目的是实现共产主义。"[①]青年时期是追求理想和信念的最迫切的时期,大学生只有把理想信念问题解决好,才能获得人生的正确方向和强劲动力,才能有充实的精神生活。

第一节 大学生理想导航的内涵与作用

一、理想、信念的含义

(一)理想

理想作为人类特有的精神现象和社会意识,是人们在长期的社会实践中形成的、有可能实现的、对未来社会和自身发展的向往与追求,是人们的世界观、人生观和价值观在奋斗目标上的集中体现。理想是对现实的一种理性超越,是人的主观能动性的突出表现。理想体现了主体对真、善、美的自觉追求,它不是凭空产生的,是一定时代的社会物质生活条件的产物。人们生活的时代不同,就会形成不同的社会关系,就会有不同的利益需求和不同的世界观,由此就产生了不同的理想。理想具有五个特征:第一,现实可能性。理想不同于空想与幻想,它是

---

① 《邓小平文选》第三卷,人民出版社1993年版,第110页。

建立在客观现实的基础上经过努力可以实现的愿望,具有现实的可能性。第二,时代性。人们生活的时代不同,所遇到的经济条件、政治条件、社会环境和所具有的文化素养、认识能力不同,所产生的理想也就不同,带有鲜明的时代烙印。第三,阶级性。在阶级社会中,理想是政治思想的核心部分,不同阶级的人理想愿望往往会不一样,带有强烈的阶级性。第四,超前性。理想是人们对客观事物的超前反映,理想来源于现实,又高于现实,成为人们追求美好未来的动力。正是理想与现实的这个落差,鼓舞人们去奋斗,去提升现实到达理想的高度。第五,实践性。一方面,理想的产生来源于实践当中,社会实践的广度和深度不同,人们追求的理想就不一样;另一方面,理想的实现一定要经过努力,经过实践,才能实现。

(二)信念

信念是人们在一定认识基础上确立的对某种理论、思想和理想确定无疑的自我意识,是坚信正确并努力身体力行以期实现良好结果的稳定、持久的观念。信念是认识、情感和意志的融合和统一。可见,信念是人们对理想目标坚信不移的一种心理意识倾向,是认识过程中主体在对认识结果进行体验和评价的基础上形成的情感体验。因此,信念的特征表现为:第一,稳定性。信念的形成是一个逐渐积累的过程,一般不容易改变。但也不是不可以改变,它的改变有两种状况:一是在实践和认识的过程中信念更加完善和坚强;二是信念发生动摇甚至放弃。第二,执著性。具有坚定信念的人,对信念所追求的事业能够全身心地投入,能够产生饱满的热情,能够在行动上持之以恒。一个人执著于自己的信念,就能够超脱眼前的名利,成为精神振作、心胸豁达的人。第三,多样性。由于生活经历和所处的环境不同,在同一问题上不同的人会有不同的信念。第四,情感性。信念相同或相近的人,就会表现出极大的热情和强烈的信任感;信念相反或相左的人,就可能产生人际关系的疏远或情绪的对立。

理想和信念,同属精神生活范畴,都是人生的精神支柱,都是人对社会存在的一种特殊反映。理想的本质是指人生的奋斗目标,信念则

是对现实奋斗目标所抱的坚定态度。在人的生命历程中,理想和信念总是如影随形、相互依存。理想是信念产生的根据和前提,信念则是实现理想的重要保障。

理想和信念是国家和民族复兴的精神支柱,是人们政治立场和世界观在奋斗目标上的集中体现,是人生的精神支柱和动力源泉,它激励着人们为一定的社会理想和生活目标而不断努力追求。当代大学生掌握着丰富的科学文化知识,他们是祖国的希望和民族的未来,我们党只有赢得了青年学生,才能赢得未来,因而对他们进行理想信念教育显得尤为重要。这也是我们党历代领导的共识。毛泽东认为,青年应该把坚定正确的政治方向放在第一位。邓小平要求广大青年学生要树立共产主义的远大理想。江泽民强调指出,要切实加强青年学生的思想政治教育,引导和帮助学生树立正确的思想、信念、世界观、人生观和价值观。胡锦涛则明确指出,广大青年学生一定要注重树立正确的理想信念,培养高尚的道德情操。胡锦涛希望广大青年学生把个人理想融入全民族的共同理想之中,坚定中国特色社会主义信念,以执著的信念、优良的品德、丰富的知识、过硬的本领,勇敢地担负起历史重任,积极投身改革开放和社会主义现代化建设,在为祖国、为人民的不懈奋斗中实现自己的人生价值。

二、理想导航的内涵与作用

（一）理想导航的内涵

所谓理想导航,就是以加强大学生理想信念教育、大力弘扬和培育民族精神为核心,以培养一大批青年马克思主义者为目标,以思想政治理论课为主渠道和主阵地,依托党、团支部理论学习小组以及党校、团校等各级各类理论学习组织,通过在大学生中广泛开展主题教育,开展主题团会、班会,举办演讲会、报告会、研讨会、征文比赛等活动,组织大学生认真学习马列主义、毛泽东思想、中国特色社会主义理论体系,引导和帮助大学生构筑强有力的精神支柱,树立科学的世界观、人生观和价值观,树立起祖国的观念、党的观念、人民的观念和社会主义的观念。

(二)理想导航的作用

1. 引导大学生做什么人。"做一个什么样的人"是大学生在学习和生活中时时面对的人生课题,也是大学生进入大学以后非常迫切需要回答的一个问题。人的理想信念,反映的是对社会和人自身发展的期望。因此,有什么样的理想信念,就意味着以什么样的期望和方式去改造自然和社会、塑造和成就自我。通过理想导航,引导大学生牢记党和人民的重托,自觉担负起时代的重任,树立起崇高的理想信念,解答好这一重大人生课题,逐步成为"理想远大、信念坚定的新一代,品德高尚、意志顽强的新一代,视野开阔、知识丰富的新一代,开拓进取、艰苦创业的新一代"。[①]

2. 指引大学生走什么路。大学期间,大学生都普遍面临着一系列人生课题,如确立人生目标、丰富知识才能、设定发展方向、选择工作岗位,以及如何择友、恋爱、面对挫折、克服困难等等。这就需要有一个总的原则和目标,也就需要确立科学、崇高的理想信念。因此,通过理想导航,使大学生高度重视对理想信念的选择和确立问题,努力树立科学、崇高的理想信念,使将来的人生道路越走越宽广,让宝贵的一生富有价值、卓有成就、充满自豪。

3. 坚定大学生为什么学。对当代大学生而言,为什么学的问题,是与走什么路、做什么人的问题紧紧联系在一起的。青年者,国家之魂。中华民族伟大复兴的历史使命需要大学生努力学习;坚持和发展中国特色社会主义的重要任务需要大学生努力学习;个人的成长成才也需要大学生努力学习。通过理想导航,大学生可以明确学习的目的和意义,激发为国家富强、民族振兴和自身成才而发愤学习的强烈责任感与使命感,努力掌握建设祖国、服务人民的本领,把个人的奋斗志向同国家和民族的前途命运紧紧联系在一起,把个人今天的学习进步同祖国明天的繁荣昌盛紧紧联系在一起,使理想信念之花结出丰硕的成

[①] 胡锦涛:《致中国青年群英会的信》,载《人民日报》2007-05-05。

长成才之果。①

第二节 大学生理想导航的功能与意义

一、大学生理想导航的功能

(一)引导大学生客观认识自我,强化理想的激励功能

理想信念的心理构造是由有关理想的认知、情感、意志、行为和习惯等要素按一定方式有机组合而成的,情感和意志的综合表现构成了信念。我国著名教育家叶圣陶说过,教育的目的是为了达到不教育。苏联教育家苏霍姆林斯基也曾说过,只有能够激发学生进行自我教育的教育才是真正的教育。这是因为,任何教育的最终途径,都是通过教师巧妙地把对学生的教育变成其内在自我教育的需要,充分发挥个体的主体性,实现教育为个体所接受。因此,客观认识自我,是大学生建立理想信念的基础。大学生理想导航就是通过引导大学生客观认识自我,促使大学生知、情、信、意、行协调发展,不断加强对大学生主观世界的改造,不断超越自我;引导大学生正确认识自己的优势以及所肩负的时代重任,要有对社会的"舍我其谁"的历史责任感和使命感;促使大学生有意识地不断扩大知识视野,正确认识自我,确立自我教育的意识和目标;激励大学生积极参加社会实践活动,直接地感受、体验和认识社会,从而激发大学生的主动性和创造性,真正拉近理想与大学生的距离,使大学生理想信念的塑造由他律逐渐化为自律。

(二)指引大学生正确设计自我,强化理想的导向功能

自我设计是为了理想的实现对自己所做的每一项工作有序地进行安排和计划,它既是顺利实施理想导航的重要保证,也是理想导航的有效过程。因此,通过理想导航,引导大学生首先对自身的状况和特点等进行认真的分析,然后按照社会需要和个人的特点,开展自我设计,确立个体发展与社会需求相统一的志向和目标。因为,大学生只有把自

---

① 罗国杰:《思想道德修养与法律基础》,高等教育出版社2006年版,第17页。

己融入社会,把个人目标与社会目标有机地结合起来,才能创造社会价值,实现自我价值。在实际生活和学习中,目标又是一步一步实现的,而每一步成功都会激发大学生的积极性和潜力。因此,通过理想导航,指引大学生面对现实,以现实、可行、量力的原则,从自己的实际出发,制订适宜的计划,确立自己的具体奋斗目标,把远大的理想分解为一个个具体目标,由近到远、由低到高地逐步实现。

(三)教育大学生正确调控自我,强化理想的调节功能

自我调控是为了达到某种预定目的,自觉调整和控制自己思想和行为的过程。理想导航根据大学生的接受特点和认识规律,注重大学生在参与理想信念教育过程中自我探索、自我启示、自我修正,凸显大学生的感悟内化能力,指导大学生在一次次活动参与过程中匡正自我、感悟内化,从而变为学生的自觉行为,自觉地实践社会主义道德的行为规范,树立建设中国特色社会主义的共同理想和精神支柱。通过理想导航,一方面引导大学生进行自省和自我管理,对自己进行督促、检查,肯定成绩,发现自己的缺点和过失,自觉地克服并改正,明确今后努力的方向;另一方面,引导大学生注重慎独自律,使其在独处无人监督时也能够严格要求自己,充分发挥主体的主观能动性,不断增强道德意识和道德责任,培养良好的意志品质,约束自我,教育自我。

二、大学生理想导航的意义

(一)中国社会转型决定了加强大学生理想导航的重要性

我国正处在经济体制和经济增长方式发生重大转变的转型时期。这种转型对大学生群体产生了不可忽视的影响。一是社会价值目标的激变性,容易造成大学生目标追求的失落。由于社会变迁的迅速和广泛,过去在计划经济体制下形成的价值目标体系受到了严峻的冲击和挑战,而新的适应社会主义市场经济体制的价值认识、价值目标和价值追求尚未完全建立起来。在这种情况下,如果放松教育和引导,就极易造成人们特别是年轻一代在理想信念认识和追求上的无所适从、方向不明。一些大学生不同程度地存在着政治信仰迷茫、理想信念模糊、价值取向扭曲、诚信意识淡薄、社会责任感缺乏、艰苦奋斗精神淡化、团结

协作观念较差、心理素质欠佳等问题。二是社会价值目标的多样性,容易造成大学生目标选择的困惑。随着改革开放的不断深化,社会主义市场经济的深入发展,我国社会经济成分、社会组织形式、社会利益关系、社会分配方式和社会生活方式日趋多样化,社会价值取向和目标追求也呈现出多样化的状况。在这种情况下,如果我们不旗帜鲜明地坚持社会主义核心价值体系的价值追求和价值目标的教育和引导,大学生在价值目标的选择上就会出现迷茫的状态,增加选择的难度。三是社会价值目标的开放性,容易造成大学生价值目标的错位。随着我国开放程度的扩大,互联网技术的飞速发展和加入世界贸易组织,西方敌对势力对我国"西化"、"分化"的渗透在逐步加强,资本主义腐朽的世界观、人生观和价值观以及生活方式对大学生的影响和侵入也在逐步深入,由此容易造成部分大学生价值目标的偏离。这就要求我们在教育引导当代大学生积极学习西方先进的科学技术和管理方法的同时,又要引导他们自觉抵制其腐朽、没落和消极的思想影响,使大学生在改革开放过程中,坚定自己正确的价值目标和理想追求。

（二）大学生自身状况决定了加强大学生理想导航的迫切性

在社会转型的宏观背景下,当代大学生的思想观念、心理状态都发生了重大变化。一是大学生思想道德约束感和现实的责任感减弱,对纷繁复杂的社会现象不能很好地运用马克思主义的基本立场、基本观点和基本理论来观察、分析和思考问题,思想尚欠成熟;在理想与现实的关系上,部分大学生偏重于现实的个人发展,偏重于对职业和生活理想的追求,缺乏为国家和民族发展作贡献的远大目标和应有的社会责任。二是价值观念和行为意识之间有一定的反差,知行脱节、言行不一的现象还比较严重。大学生既崇尚真善美的精神境界和高尚人格,又在利益问题上,自觉不自觉地追逐名利,行为表现向个人倾斜,向金钱倾斜,向急功近利倾斜。三是心理承受能力弱,缺乏对挫折的忍耐力和超越力。他们一旦工作不顺、情场失意和人际关系紧张,便出现沮丧、自卑、孤独、焦虑等消极情绪,有的甚至轻生,缺乏应有的自我心理疏导和调适能力。因此,在社会转型时期,针对大学生的思想现状,如何加

强理想信念教育是一个非常紧迫的任务。

(三)高校理想信念教育现状决定了加强大学生理想导航的必要性

当前高校理想信念教育主要面临着两个方面的问题:一是理想信念教育的针对性不强、实效性不够,总体效果不佳的问题。一方面,改革开放以来,高校在理想信念教育方面开展了大量卓有成效的工作,取得了一定的成绩,但从总体上来看,教育的效果还有待提高;另一方面,现实生活中,"一手硬、一手软"的现象还不同程度地存在,理想信念教育工作纵向不到底、横向不到边的情况还比较突出。二是理想信念教育工作的内容和方法还跟不上形势的变化,存在着脱离学生实际的问题。例如,如何使理想信念教育既坚持正确引导,又贴近学生的思想实际、生活实际和学习实际,在解决广大学生思想上的"热点"、"难点"、"疑点"问题上取得真正的成效,这方面有效的办法还不多。再如,如何利用大众传媒和网络技术,增强教育工作的吸引力和感染力,寓理想信念教育于生动活泼、新颖有趣的活动之中,还需要作更多的努力和探索。

(四)大学生未来发挥的作用决定了加强大学生理想导航的紧迫性

青年是祖国的未来和民族的希望,青年学生是国家宝贵的人才资源。大学生作为拥有现代科学技术知识的人才群体,决定了他们在未来社会发展中将发挥重要的作用,他们将成为各条战线、各个部门和各个单位的骨干力量,他们中的一些人将成为担任一定职位的管理者和领导者。而大学阶段正是一个人世界观、人生观、价值观形成的关键时期,在"三观"形成的过程中,理想信念的教育起着基础和导航的作用,这就决定了对大学生进行理想信念教育的重要性和紧迫性。只有具有了为中华民族振兴的坚定的理想信念,才能在激烈竞争的时代,抵制各种诱惑和渗透,充分发挥自己的聪明才智,把所学的科学知识用在祖国最需要的地方,使自身的价值在为祖国的贡献之中得到实现,这样,中华民族的伟大复兴才有希望。

第九章　大学生理想导航的时代背景

大学生作为当代青年最优秀的代表，是国家重要的人才资源，是2020年实现全面建设小康社会和2050年基本实现社会主义现代化两大宏伟目标的主力军和生力军。他们的理想信念如何，直接关系到小康社会和社会主义现代化目标的实现。由于国家、社会、学校都对大学生的健康成长给予了高度的关注，因此，从总体来讲，大学生理想信念的主流取向是健康的、积极向上的。但是在一些大学生中还不同程度地存在着的政治信仰迷茫、理想信念模糊、社会责任感缺乏、团结协作观念较差等问题。认真分析这些问题产生的原因，研究其对策，是有效地对大学生进行理想信念教育的基础和前提。

第一节　大学生理想导航面临的时代条件

一、中国现代化中的全球化际遇

（一）经济全球化

当今的时代是一个全球化的时代，"人类社会正在发生一场史无前例的划时代的社会变革，这种变革把人类社会如此紧密地联系在一起，使全球社会呈现出了相互依存、共同发展的新局面，其作用范围之广、影响强度之深都是任何一个时代所无法比拟的。"[①]经济全球化把中国的经济建设纳入世界经济发展的洪流之中，由外向内地推动与激

---

① 罗宾·科恩、保罗·肯尼迪著，文军等译：《全球社会学》，社会科学文献出版社2001年版，第2页。

第九章　大学生理想导航的时代背景

发了中国经济生活的市场化转型与更新,中国社会开始了由计划经济体制向市场经济体制转变的巨大变革。在这个历史性转变过程中,中国社会形成了以公有制为主体多种所有制经济共同发展的基本经济制度,并确定公有制实现形式可以而且应当多样化;形成了以按劳分配为主体、多种分配方式并存的分配制度,允许和鼓励一部分人通过诚实劳动和合法经营先富起来,允许和鼓励资本、技术等生产要素参与收益分配。社会经济制度和社会生活的多样化直接决定和影响了人们价值观念的多样化。也就是说,中国社会经济的多元性特征,如:社会经济成分多样化、社会分配方式多样化、社会经济利益多样化、社会组织形式多样化等,使人们表现出多样化的价值追求和价值评判标准,形成了不同的社会心态和行为。

(二)政治、文化的全球化

政治、文化的全球化趋向与经济全球化扩张如影随形,深刻地改变了中国传统的社会结构、生产方式、交往方式与思维方式,进而改变了传统价值观的社会基础,推动了人们价值世界的变迁。对此,马克思和恩格斯就曾预言过:"过去那种地方的和民族的自给自足和闭关自守状态,被各民族的各方面的互相往来和各方面的互相依赖所代替了。物质的生产是如此,精神的生产也是如此。各民族的精神产品成了公共的财产。民族的片面性和局限性日益成为不可能,于是由许多种民族的和地方的文学形成了一种世界的文学。"[①]随着全球化进程的加快,不同国家的意识形态、文化传统、价值观念、道德规范、宗教信仰、社会思潮的流转、冲撞和斗争也日益在加剧。西方国家凭借其经济优势和技术优势强化自己的话语霸权,在意识形态领域进行渗透活动,千方百计地向其他国家特别是发展中国家输出自己的政治制度、意识形态和价值观念。面对突如其来的、猛烈的外来价值观念的冲撞,中国社会出现了现代化初期伦理秩序和价值的失范与混乱局面,甚至出现了较为严重的道德沦落与社会生活失序现象。正如德国学者赫尔穆勒·施

---

① 《马克思恩格斯选集》第 1 卷,人民出版社 1995 年版,第 276 页。

密特所指出的:"绝大多数人自己还生活得中规中矩,然而,在人们针对他人作决定的场合,譬如公共领域,道德却正走向瓦解。在我们这个社会的边缘和某些角落,肆无忌惮的利己主义、利欲和贪婪正以前所未有之势蔓延。"①

毋庸置疑,大学生群体作为特别容易接受新鲜事物的群体,他们受全球化的影响最为明显,而全球化对当代大学生理想信念的影响也是整体性的和全方位的。全球化作为一种"以经济为先导、以价值观为核心、以政治为辅成、以广义文化为主体的社会合理化与一体化浪潮"②,是一把双刃剑,一方面带来市场经济、科技革命的迅猛发展,增强了大学生的开放性、自主性和选择性,催生了面向世界的开放思维和全球视野,培养了竞争意识、效率意识、民主法治意识和开拓创新精神;另一方面带来的社会经济成分、组织形式、物质利益和就业方式的多样化,导致大学生思想活动的独立性、选择性、多变性、差异性明显增强,引起了大学生价值观世界的深刻变化,使大学生的价值观面临着选择的多元化、内容的丰富化、背景的复杂化和渠道的多样化等新情况。这就要求我们必须正确处理主导性和多样性的辩证关系,在坚持主流意识形态的主导地位的前提下,充分发挥大学生多样选择的主动性和积极性,同时在多样选择、多种价值取向的基础上坚持社会主义核心价值体系的主导性。只有这样,才能引导当代大学生在多重选择时,树立正确的价值观、道德观和人生观。

二、中国现代化中的网络化际遇

(一)网络化推动了全球文化与价值观念的交融与冲撞

信息网络技术发端于20世纪80年代,它的兴起引发了传播技术的革命性变革,使人们的交往突破了时空的阻隔,使"地球村"在某种

---

① 赫尔穆勒·施密特著,柴万国译:《全球化与道德重建》,社会科学文献出版社2001年版,第76页。

② 王四达:《全球化:一个逻辑与历史的进程》,载《中山大学学报》2000年第3期,第89—94页。

意义上成为现实。互联网成了现代科技中最有生机、最有活力的领域和最剧烈地改变人们的生存方式、最具现代性意义的科技力量,从而推动了全球化的深入发展,推动了全球文化与价值观念的交融与冲撞。2009年1月13日,中国互联网络信息中心(CNNIC)发布的《第23次中国互联网络发展状况统计报告》中显示:截至2008年底,我国互联网普及率以22.6%的比例首次超过21.9%的全球平均水平。同时,我国网民数达到2.98亿,宽带网民数达到2.7亿,国家CN域名数达1357.2万,三项指标继续稳居世界排名第一。[①] 其中校园中大学生比例不断攀升,互联网已经成为当代大学生学习、生活中不可缺少的重要内容。一方面,互联网是一个知识信息的宝库,网上获取知识方便、快捷、全面的特点,使大学生们可以根据自己的兴趣、需要与期望来获取和选择各种信息和知识。大学生通过互联网可以求职、聊天、读书、学习、讨论时事、交流知识、谈婚论嫁、发布信息,极大地扩展了交往空间。互联网成为他们获取科技文化信息、扩大人际交往范围、拓展生活技能、进行健康娱乐、宣泄不良情绪的有效手段,成为他们拓展个体智慧、实现心理和个性社会化的有效途径。另一方面,通过互联网,大学生又受到一定信息文化和价值观念的影响而调整甚至改变自己的价值取向和道德观念。由于网络文化的多角度传播,导致传播意义上属于国家专控的信息发布权正在逐渐丧失,占互联网上信息总量95%的英文信息因其占有"赢家通吃"的绝对优势,也就形成了一定意义上的网络文化的"帝国主义倾向",导致大学生民族意识泛化、政治意识弱化、道德意识淡化,从而对大学生理想信念的形成和意识形态的选择产生了消极影响。

(二)网络化创造了新的人际交往方式和社会生活方式

网络信息技术及其构建的虚拟社会,打破了传统的交往模式,创造出一系列全新的人际交往方式和社会生活方式,从而改变了传统社会

---

① 中国互联网络信息中心:《第23次中国互联网络发展状况统计报告》,http://www.cnnic.net.cn,2009-01-13。

的生活世界,改变了传统道德和价值观的栖身之基。"首先没有人知道他在社会中的地位,他的阶级出身,他也不知道他的天生资质和自然能力的程度,不知道他的理智和力量等情形。其次,也没有人知道他的善的观念,他的合理生活计划的特殊性,甚至不知道他的心理特征:像讨厌冒险、乐观或悲观的气质。再次,我假定各方不知道这一社会的经济或政治状况,或者它能达到的文明和文化水平。处于原初状态中的人们也没有任何有关他们属于什么时代的信息"[①],这些情况在现实生活中只能是一种设想,而在网络世界中却是一种真实的网络主体的存在状况。这也就造成了虚拟世界与现实世界的社会生活基础、交流方式、思维方式和社会形式的巨大差异,在现实世界衍生和发展的道德原则与规范也就无法全然适应虚拟社会,现实道德难以直接运用于评价网络社会中的道德问题。正是由于网络技术对不道德行为的纵容,使得部分大学生在网络交往中存在着一些不道德行为甚至违反法律的行为,这些都不利于大学生形成正确的理想信念,影响理想导航的效果。

(三)网络化建立了一个既开放又封闭的虚拟世界

网络既是一个开放的世界,同时也是一个封闭的世界,它使上网者脱离集体,过着离群索居的生活,这使得一些大学生在促进个性张扬与主动性的同时,容易导致个性的迷失,甚至封闭自我、丧失自我。互联网实现了在虚拟空间上的"世界大同",通过一个个窗口,为人们提供了一个精彩无比的虚拟世界,阿兰·伯努将之称为"电子游牧生活"。过度的"人机对话",使大学生长时间地沉迷在虚拟的时空里,难以实现客观现实和虚拟现实间的角色转换,一旦回到现实世界就极其不适应,无法应对与处理人际关系,变得孤独、消极与疲惫,失去对周围现实环境的感受力和积极的参与意识,从而容易忘记自己的社会角色、社会地位和社会责任,最终也阻碍大学生形成勇于承担责任的人生态度。当互联网的使用变成滥用时,大学生的生活与发展就可能会出现病理

---

① 约翰·罗尔斯著,何怀宏译:《正义论》,中国社会科学出版社2001年版,第136页。

性的行为问题,如互联网成瘾、互联网依赖。正如美国作家埃里亚·多尔夫所指出:"那些热衷于在电子屏幕前制造假想的毁灭,让自己的闲暇时间充满火药味儿的电子游戏迷们,早把正义感和道德尺度置于脑后。在当今的社会中,大规模的杀戮被当做游戏,4000万人的死亡被视为胜利。"①一些大学生在现实生活中遇到挫折时,更愿意在网络中寻求安慰,正如尼葛洛庞帝在《数字化生存》一书中所说:"空间距离越来越近,心间距离越来越远,这是网络时代的二律背反。"②

可以说,网络化的发展推动了全球化进程,改变了人们的生活方式,让人们从中获益,但它也像是一把双刃剑,"信息过剩一旦发生,信息就不再对生活质量有所帮助,反而开始制造生活压力和混乱,甚至无知。如果信息超出人类的承受能力,它就会破坏我们自我学习的能力,使作为消费者的我们更容易受到侵害,使作为共同体的我们更缺乏凝聚力。"③对于理想导航而言,虽然信息的多样会对主流意识形态的传播形成一定的冲击,但如果能够充分利用网络这一科技的利剑,充分利用网络上的思想政治教育资源,将会给大学生理想信念教育带来一个更为广阔的空间,使理想导航具有更强的辐射性、渗透性和影响力。因此,需要引导大学生妥善处理虚拟与现实、自由与自律、个体与公众等关系,在多元价值观念中保持必要张力的同时,坚持正确的发展方向和价值取向。

三、中国现代化中的市场化际遇

(一)主体意识得到发展

"主体意识是现代社会的最基本精神,是作为主体存在的自我意识、自主精神与自由意志的精神历史类型。"④市场经济是一种主体性

---

① 宋德如:《信息网络对青少年心理的负面影响及其教育干预》,载《青年研究》2000年第11期,第6—11页。
② 俞静峰:《论网络一代的心理健康教育》,载《辽宁教育行政学院学报》2004年第1期,第88—90页。
③ 戴维·申克著,黄锫坚译:《信息烟尘》,江西教育出版社2001年版,第9页。
④ 高兆明:《社会失范论》,江苏人民出版社2000年版,第180页。

经济,市场化机制促使社会主体面向市场,以市场信号为依据,优化自身结构、配置与核算,参与竞争,从而实现自身利益的最大化。因此,市场经济不仅能最充分地彰显人的主体性,而且还必然导致社会生活的开放性、创新性、变动性和易逝性。"可以说,改革开放、市场经济建设,以一种难以抗拒的物质力量使人们成为相对独立的利益主体,并以极其明快的方式使人们认识到自我的存在,认识到自我的自由、权利、利益、尊严、责任、发现风险等等。"① 社会主义市场经济为主体性的实践活动和交往活动提供了广阔的空间,使主体性得以充分体现和展示成为可能,而个体要想满足自己的需要和利益、体现自己的价值,必须不断地学习、丰富、提高与发展自己,使主体的能力得到进一步增强。这些都说明主体意识的发展是市场经济的必然产物,但真正成熟的、符合人的健康发展的主体意识的培育需要理性的自觉与自律。这也就要求大学生要树立正确的理想信念,处理好个人利益与集体和国家利益的关系、自由权利与责任义务的统一、个体独立与合群的协调,使个体的物质利益和精神追求达到平衡,既避免陷入资本主义市场经济对物的依赖的异化状态,又克服计划经济体制下由于过分强调集体利益而忽略个人利益的片面性,使个人对社会的贡献和社会对个人合理需要的满足与尊重二者达到辩证统一,从而使主体的价值得以体现,个体的主体性得到充分调动和激发。

(二) 实利精神开始凸显

"实利精神是现代社会的另一基本特征,它是伴随着人本主义精神而出现的另一种价值精神,是人类近代以来所获得的最重要的思想财富之一"。② 实利精神是一种讲究实际利益、注重行为结果的效用性精神。一方面,实利精神强调要看最后的事实和效果的思维方法,主张人对现实利益的追求是正当的和人有权利通过自己的劳动享受生活,从根本上冲击了禁欲主义和蔑利主义,是西方资本主义发展的内在动

---

① 高兆明:《社会失范论》,江苏人民出版社 2000 年版,第 183 页。
② 高兆明:《社会失范论》,江苏人民出版社 2000 年版,第 191 页。

力之一,在一定意义上是市场经济的一种社会精神。这种精神不仅有利于人们冲破传统观念和抽象原则的禁锢,解放思想、大胆实践、求实进取,而且有利于人们追求合理、正当的物质利益。另一方面,实利精神的重己、重利、重效果的价值取向必然会产生其负面效应,客观上诱导了社会中种种极端个人主义和利己主义价值观的出现。实利精神具有以个人为本位的基本价值取向,它忽视甚至排斥以社会为本位的基本价值取向,具有明显的个体主义倾向,表现为对社会共同体利益的漠视和对效果与实效的过分追求。而且,"单纯的实利精神可能会缺失灵魂,丧失实利追求的价值目的性,进而丧失追求实利的手段选择的标准。为利而利,不仅人自身及其价值被物、利所湮没,而且会由于不择手段而陷入一个人对所有人的战斗。"[1]因此,有些人忽视追求实利的价值合理性和手段正当性,为了追求物质利益而不顾廉耻,丧失道德,甚至违法犯罪。因此,需要及时地对大学生加以引导与教育,使大学生正确处理好利益追求与手段正当、物质欲望与精神需求、务实与理想、利己与利他等关系。

(三)契约精神得以生成

"所有社会进步的运动,都是一个由身份到契约的运动。"[2]随着改革开放的深入,特别是社会主义市场经济体制的发展,我国社会正由人情社会走向契约社会,从身份关系发展到契约关系。契约就是当事人为了明确各自权利关系和实现各自利益需要而达成的协议形式,契约关系的本质是一种以权利和义务为本位的自主自愿的交换或合作关系。契约精神是平等主体在同一生存平台上为了尊重相互间的主体地位与权利而达成的契约和规则的精神凝结,孕育着规范性精神、公平正义精神、自由平等精神、民主法制精神、权利义务对等精神。就中国现代化进程中的现实环境来看,全球化、网络化、市场化的现实境遇呼唤并造就现实社会生活的契约精神。契约形式及其在此基础上衍生的契

---

[1] 高兆明:《社会失范论》,江苏人民出版社2000年版,第205页。
[2] 梅因著,沈景一译:《古代法》,商务印书馆1959年版,第97页。

约精神,是在全球化生存方式中维护全球一体的生存平台良性运转所需要的理性精神与公共精神;网络化生存方式使个体的独立性增强,个体权利诉求更加自由,加之现实社会的他律机制在虚拟世界中淡化,也就迫切需要和不断催生契约精神;此外,市场经济是法制经济,是契约精神走向不断日常生活化的经济形态,必然也更加呼唤契约精神。当代大学生是祖国未来的栋梁和希望,是我国现代化进程的生力军和建设者。应当努力提高大学生群体的公民意识、权利意识、自由意识、责任意识和法律意识,形成学法、守法、知法、懂法、用法的良好品质;引导大学生行使好公民的权利,履行好公民的义务,依法维护好自身的合法权益,培养规范意识和法律素质;引导大学生树立"以诚实守信为荣、以见利忘义为耻"的道德品质,奠定立足现代社会的道德基石,承担起社会责任和历史使命。

第二节 大学生理想信念的状况分析

一、大学生理想信念的主流取向

开展大学生理想信念教育,首先必须对大学生理想信念的现状有一个理性认识。应当看到,当代大学生思想政治状况的主流是积极、健康、向上的。他们热爱党,热爱祖国,热爱社会主义,坚决拥护党的路线方针政策,高度认同邓小平理论和"三个代表"重要思想以及科学发展观等一系列重大战略思想,充分信赖以胡锦涛为总书记的党中央,对坚持走中国特色社会主义道路、实现全面建设小康社会的宏伟目标充满信心。具体表现在:大多数大学生认同并接受中国特色社会主义的共同理想;大多数大学生能自觉努力学习和运用马克思主义;相当多的大学生主动申请并积极创造条件,要求加入党组织;大多数大学生热爱祖国,追求高尚的人格目标,确立愿意为社会作奉献的事业理想,等等。正如胡锦涛所指出的:"五四运动以来90年的历史、新中国成立以来60年的历史、改革开放以来30年的历史都充分表明,青年确实是我国社会中最积极、最活跃、最有生气的一支力量,确实是值得信赖、堪当重

任、大有希望的!""特别值得一提的是,在很不寻常、很不平凡的 2008 年,面对筹办北京奥运会和残奥会、抗击四川汶川特大地震等一系列大事、难事、急事,广大青年和青年学生自觉担当、奋勇向前,表现出强烈的爱国热情、高度的社会责任感、崇高的奉献精神,向祖国和人民、向全世界展示了当代中国青年崭新的精神风貌和优秀的整体形象。"①可以看出,大学生理想信念的主流取向是好的,展现了我国当代大学生的精神风貌与时代特征,体现和反映了我国社会发展的主导方向和高校的教育成果。

二、大学生理想信念存在的问题与原因

(一)大学生理想信念存在的问题

在当代社会条件下,虽然大多数大学生的理想信念是积极向上的,但在有些大学生中,价值取向与理想信念也呈现出偏向性特征,存在的主要问题有:

1. 理想信念功利主义

在现代社会,一部分大学生已经开始疏离崇高的精神理想,冷漠远大的精神抱负和追求,以崇尚和追求物质为根本,以追求金钱、享乐为目的。在他们看来,那种追寻崇高而远大的理想成为了虚假的、非人性的幻想,而追求物质、金钱和享受才是实在的目标,才是现实生活的理想。正如马克思指出的:"在资产阶级经济以及与之相适应的生产时期中,人的内在本质的这种充分发挥,表现为完全的空虚,这种普遍的物化过程,表现为全面的异化,而一切既定的片面目的的废弃,则表现为为了某种纯粹外在的目的而牺牲自己的目的本身。"②适当追求物质利益本来无可厚非,但这种只讲物质利益而忘却人的精神的理想追求,无疑与大学生自身肩负的使命相悖,将不可避免地导致个人主义和拜金主义。

---

① 胡锦涛:《在同中国农业大学师生代表座谈时的讲话》,载《人民日报》2009-05-03。

② 《马克思恩格斯全集》第 46 卷上,人民出版社 1979 年版,第 486 页。

2. 理想信念怀疑主义

部分大学生对理想信念持"怀疑主义"态度,他们只看到现实社会中存在的问题和阴暗的东西,就认为共产主义是一种远不可及、高不可攀的美好愿望,是渺茫的幻想,与其为这样一个虚无缥缈的理想而奋斗,还不如实实在在地享受今天的生活。这些大学生将理想仅仅看成个人欲望的表达和个人的自我实现,把他人、社会仅看做谋取成功的工具和手段,不相信人们会有统一的意志和追求,不接受共同的、最崇高的理想信念,只承认个人的理想和信仰。对理想信念持"怀疑主义"态度,还体现在部分大学生不能正确认识中国特色社会主义,对转型时期中国社会产生的一些社会问题表示担心,如贫富差距、腐败问题等,这些担心导致他们对中国特色社会主义最终能否成功产生怀疑。

3. 理想信念虚无主义

尼采曾说过:"理想这一谎言统统是降在现实性头上的灾祸,人类本身为理想所蒙蔽,使自己的本能降至最低限度,并且变得虚伪——以至朝着同现实相反的价值顶礼膜拜,只因受了它的欺骗,人类才看不到繁盛、未来和对未来的崇高权利。"[1]部分大学生热衷于西方社会思潮,推崇尼采学说,对理想信念问题持一种无所谓的态度,认为只要过好现实的、当下的每一天,使生活快乐无忧就是最大的幸福,无须庸人自扰,寻求虚无的、空洞的理想。持"虚无主义"态度的大学生,既对国家社会政治生活不加关注,也对个人的职业、前途、生活不加考虑,完全是一副得过且过、无所追求的态度。然而,理想信念的失落和虚无会造成大学生"正在失去或者已经失去价值抉择和权衡的能力,因而也就失去了他自身的根基和人性"[2]。对理想信念持"虚无主义"态度的大学生虽属极少数,但他们这种玩世不恭的态度值得特别注意,需要认真地加

---

[1] 尼采著,张念东、凌素心译:《权力意志——重估一切价值的尝试》,商务印书馆1991年版,第5页。

[2] 艾伦·布鲁姆著,缪青译:《走向封闭的美国精神》,中国社会科学出版社1994年版,第210页。

强教育和引导。

(二)大学生理想信念存在问题的原因分析

1. 从社会环境来看。自20世纪90年代以来,我国社会所经历的市场化、全球化、网络化浪潮,从物质到制度再到精神,前所未有地改变着我国社会的基本面貌,特别是引起了社会精神与价值领域的巨大嬗变。全球化不仅带来中西方文化的冲突与震荡,而且从根本上革新了中国人的思维方式与传统精神面貌;网络化带来的生产方式与交往方式的变革,推动了全球文化与价值观念的交融与冲撞,展开了网络化生存方式中道德与价值领域的全新视角;而市场化最直接、最深刻地转换了传统社会的立身之基,推动着社会意识形式的根本性变革,进一步改变了栖身于传统的社会结构和生存方式之上的道德与文化价值形态。概而言之,市场化、全球化、网络化业已构成中国现代的现实境遇,成为现代中国社会的时代话语与时代生存方式。当代大学生作为时代生存方式的践行者、时代精神文化的引领者,最深刻地感受着时代的变迁,在思想观念、价值取向、思维方式、行为习惯、人际交往等诸多方面最直接地受到市场化、全球化、网络化浪潮的巨大的冲击和深远的影响。在这种深刻的社会变革中,各种思想观念必然相互交汇、冲撞、激荡,新生的、健康的、进步的东西会催生、涌动,消极的、腐朽的、落后的东西也会沉渣泛起。在这种情况下,一旦放松对大学生的思想政治教育,不注重用马克思主义思想去占领和武装他们的头脑,那么非马克思主义,甚至反马克思主义的东西就会乘虚而入。

2. 从教育角度来看。大学生的理想信念教育工作是一项系统工程,不能脱离整个教育而独立存在,大学生理想信念教育更需要以学生的专业教育为载体。大学生理想信念教育工作不仅需要有自己的专门队伍,更需要全体教师的共同参与、全员负责,把理想信念教育融于学校教育的各个环节。目前我国高校学生理想信念教育工作存在一个误区,就是认为理想信念教育是一种独立的教育,可以脱离其他教学环节而单独存在,把理想信念教育与学生的专业学习、科学研究、学术探讨、专业实践以及学生日常管理割裂开来,造成专业教师和管理人员认识

上的偏差，认为学生理想信念教育不是他们的教育和工作领域，他们没有责任，导致专业教师和管理人员在学生理想信念教育中作用的局限和萎缩，没有有效地形成"全员育人，全程育人，全方位育人"的思想政治教育工作格局。

3. 从大学生自身原因来看。当代大学生大多是独生子女，他们受到更多的来自家庭和社会的呵护和关爱，使一些大学生形成独生子女特有的"小皇帝"心态、凡事依赖他人的主人作风和众人为我的"自我中心"的心理定式，他们更加强调自我人格的独立，强调个人利益，强调个人价值，追求个人奋斗和个人成就。至于占主导地位的国家意识形态、社会主义核心价值体系、做人的道德品质和道德规范，只要不影响个人奋斗和个人成就，就是无关宏旨的问题。而且，从一定意义上来说，当代大学生是伴随着我国竞争环境的逐渐形成与成熟而长大的一代人，在他们的思想观念上普遍形成了竞争的观念，敢于冲破传统束缚，敢为天下先，勇于进取。但是，一味强调盲目竞争，会导致人不择手段，使之成为物化的人，这种竞争精神也就蜕变成注重物质利益的实利精神。此外，与以往的大学生相比，当代大学生是在网络中成长起来的一代人，网络正深刻改变着他们的生活习惯、思维方式、价值观念、道德风貌和精神世界。

第十章　大学生理想导航的实施

理想信念决定着一个人的前进方向和精神状态,是一个人政治立场和世界观在奋斗目标上的集中表现,是确立人生价值取向的最高准则,是一个人奋斗不息的力量源泉和精神动力。当代大学生应当确立在中国共产党领导下走中国特色社会主义道路,为实现中华民族伟大复兴而奋斗的共同理想和坚定信念。同时,大学生中的共产党员和先进分子,还应追求更高的目标,确立马克思主义的坚定信念,树立共产主义的远大理想。实施大学生理想导航,就是有针对性地加强和改进理想信念教育,帮助大学生树立科学的理想信念,促使他们自觉地投身于建设中国特色社会主义的伟大事业,从而最大限度地实现自己的人生价值。

第一节　大学生理想导航的基本原则

一、坚持以人为本原则

所谓"以人为本"是相对于"以物为本"而言的,它强调以人为基础、以人为前提、以人为动力、以人为目的。"以人为本"的教育理念强调把人作为教育的核心,自觉地反对功利化追求在教育中的泛滥,真正把人作为"目的"而不是"手段",一切从人的需要出发,一切为了人,一切服务于人,一切服从于人的内在需要与完善,真正确立起"人"在当代教育中的中心地位。大学生理想导航中的以人为本,就是强调要正视导航对象是特定时代的特定的人,导航不仅要按社会的要求培养人,而且要注重大学生的内在需要,促进大学生的自我发展和自我完善。

正如爱因斯坦所说:"用专业知识教育人是不够的,要使学生对价值有所理解并且产生强烈的感情,那是最基本的。他必须获得对美和道德上的善的鲜明的辨别力。否则,他——连同他的专业知识——就更像是一只受过很好训练的狗,而不像一个和谐发展的人。"① 在理想导航中坚持"以人为本"的原则,要求教育者在尊重人、理解人、关心人的前提下,立足于凝聚人、培育人、激励人,关心大学生的追求、愿望、情感以及其他合理需要,尊重他们的自尊心,发展他们的能动性,充分调动他们的积极性;要求教育者以民主、平等、和谐的态度,在教育中淡化训诫成分、单向灌输和权力意识,增强沟通交流和真情互动,营造平等、宽松的教育氛围,与大学生群体建立良好的、相互理解信任的关系,使理想导航收到实效性;要求教育者以尊重人生命的尊严和价值为前提,以对人生命的整体性、和谐性发展为目的,突破"感性的个人"、"经济人"和"单面人"的局限,使大学生群体能够做到生存价值与生活意义、物质利益与精神追求、个体发展与社会需要的和谐统一,真正促进他们全面而健康地发展。

二、坚持层次性原则

由于早期教育、家庭环境、社区环境、经济条件、个人经历、个性心理等诸多因素的影响,学生的情况呈现出比以往更加多元和复杂的情况,这就要求导航工作对每一个学生的个性成长予以更多的关注。因此,在进行理想导航时,要坚持把先进性要求与广泛性要求结合起来,遵循循序渐进的原则,认真分析当代大学生思想道德水平的实际状况。理想导航既要有统一的目标,统一的要求,统一的规范,更要注重不同个性、不同特点、不同层次学生的思想情况,区别不同对象,因人施教,把统一的目标和要求分解为不同阶段、不同层次、不同对象的具体要求,循序渐进,一把钥匙开一把锁,切忌"一刀切"、"一锅煮"。正如邓小平所指出的:"我们在鼓励帮助每个人勤奋努力的同时,仍然不能不承认各个人在成长过程中所表现出来的才能和品德的差异,并且按照

---

① 许良英译:《爱因斯坦文集》第3卷,商务印书馆1979年版,第147页。

这种差异给以区别对待,尽可能使每个人按不同的条件向社会主义和共产主义的总目标前进。"①对于大学生中的先进分子,要始终教育他们树立共产主义的远大理想,坚定马克思主义的信念;对广大一般的学生而言,既要向他们灌输共产主义的理想信念,也要考虑他们的觉悟程度和接受能力,树立建设中国特色社会主义的共同理想。只有这样,才能增强导航的针对性,提高教育的实效性。

三、坚持主体性与社会性相统一原则

由于各种因素的影响,当代大学生的主体意识越来越强,他们需要什么,关注什么,总是根据自己的兴趣和爱好去取舍,总是有自己独到的看法。因此,在对大学生进行理想导航中,一方面要尊重他们的主体性,同时也要注意将他们个人理想的实现和社会理想的实现紧密地结合起来,引导他们从人类社会发展的规律和现实社会发展的要求来认识和反思自己的思想认识、价值目标、价值取向和个人理想,使他们认识到符合社会及党和人民利益的个人理想就是社会理想的有机组成部分,力戒将个人理想和社会理想对立起来,力戒个人主义、无政府主义,从而使他们认清自己所担当的时代责任和历史使命,明确自己的奋斗目标,激发他们对事业的远大追求的动力,认识到只有在为社会作贡献的过程中自身价值才能真正得以实现。

四、坚持针对性与实效性相统一原则

对大学生进行理想信念教育,必须结合时代特点,认真分析社会转型时期理想信念教育的时代要求和大学生的特殊性,针对其思想认识特点和接受规律,探索大学生理想导航的思路和对策,切忌"两张皮",空对空。当代大学生成长于改革开放的年代,他们的人生阅历和人生体验,决定了他们对是非的判断、价值的取向等较之前人有着明显的差异。他们不迷信教条,比较务实,眼界比较开阔,有着永不满足的求新、求变、求异的特点,但他们又缺乏生活的磨炼,容易以自我为中心,有较强的功利意识和知行背离倾向。高校的理想信念教育必须针对这些特

---

① 邓小平:《在全国教育工作会议上的讲话》,人民出版社1978年版,第7页。

点,将教育的内容进行必要的转化和细化,回答大学生所关注的问题,回答与他们的成长和成才息息相关的问题,从而使他们在教育者的引导下把自己的思想实际与马克思主义的理论联系起来进行修养,使他们的思想朝着正确的方向发展,为树立正确的理想信念奠定基础。

五、坚持理论与实践相统一原则

理想导航必然离不开理论教育,科学的理论是坚定大学生共产主义理想信念的基础。为此,高校在对大学生进行理想信念教育的过程中,必须十分重视发挥思想政治理论课的主阵地、主渠道作用,不断深化和丰富思想政治理论课的教学内容,按照"学马列要精,要管用"的原则,精选马克思主义的原著和理论对大学生进行教育。当前,特别是要把中国特色社会主义理论体系充实和渗透到思想政治理论课教学内容中去。要联系改革开放和社会主义现代化建设的实际,联系大学生的思想实际,把传授知识与传授真理结合起来,把知识教育与理想信念教育结合起来,把系统教学与专题教育结合起来,把理论武装与实践育人结合起来。理想导航既是一个理论认识问题,又是一个实践升华问题。对大学生进行理想导航必须克服从书本到书本、从课堂到课堂的模式,而应该坚持让他们到实践中去认识真理和检验真理,坚持在实践中走与人民群众相结合的道路。只有让青年大学生到实际中去运用马克思主义的立场、观点、方法分析和解决实际问题,才能使他们充分地认识到党的路线、方针、政策的正确性、科学性、合理性,才能体会到自己所肩负的历史使命和责任,从而达到认识自己、锻炼自己、提高自己、完善自己的目的,形成健康的人格,树立正确的理想信念,成为对社会有用的人,努力去创造无愧于时代和人民的业绩。

六、坚持近期性与长期性相统一原则

理想信念的确立是一个过程,一个产生、发展、变化的过程。人类社会是在不断发展变化的,人们的思想观念也必然会随之发生变化。在今天政治多极化、经济全球化、科学智能化、信息网络化、知识经济化、管理民主化、生存数字化、文化多元化的世界大背景下,人们的思想观念、利益关系、行为方式、生活方式、人际关系都在发生着极大的变

化。在这种变化的过程中,极容易造成大学生理想信念的模糊和认识上的无所适从,造成价值目标的模糊不清和信念的偏差。这一方面增强了对当代大学生进行理想信念教育的时代感和紧迫感,同时又为高校进行大学生理想信念教育增加了艰巨性和复杂性。因此,高等学校必须针对时代特点,克服急功近利的思想,不要妄想通过一项活动、一项教育和一项工作就能解决大学生的理想信念问题;也不能有一劳永逸的思想,因为人的思想观念是发展变化的,大学生理想信念的确立也是一个长期磨炼的过程。因此,必须把近期性和长期性统一起来,坚持不懈地对大学生进行马克思主义的理想导航,引导大学生树立正确的世界观、人生观、价值观,自觉地将自己锻造成为青年马克思主义者。

第二节 大学生理想导航的主要目标

一、引导大学生实现个人理想与社会理想的统一

个人理想是指处于一定历史条件和社会关系中的个体各自的理想。它以个人具体理想的形式出现,表现极其丰富的个性,它包括理想的意识、情感、意志、行为等,是树立个人形象、确立个体社会角色的前提。个人理想为个体提供价值追求目标,为人生指明奋斗方向。社会理想是社会集体乃至社会全体成员的共同理想,是在社会中占主导地位的共同奋斗目标,代表和反映着人们的共同愿望和根本利益,是对于社会生活更广阔而深刻的反映,它最鲜明、最敏锐地反映着社会发展的特性及其变化的趋势。个人理想与社会理想有着密切的关系。一方面,个人理想体现着社会理想,个人理想是社会理想的起点与基础,社会理想的实现以及实现的程度有赖于每个人理想的实现和实现的程度;另一方面,社会理想决定和制约着个人理想,社会理想则是个人理想的凝聚和升华,个人理想能否实现以及实现的程度取决于是否得到社会的承认及认可的程度。这意味着社会理想有赖于个人理想的树立和实现,个人理想又不能脱离社会理想和人类理想而存在。一般来说,一个人随着年龄阅历的增长才能逐渐地把自己同祖国的振兴、社会的

进步联系起来思考;同时,任何时代远大的社会理想,只有被生活在其中的全体社会成员所认同,成为主体行为的内在因素和动力,才有实现的可能。个人理想只有具备了社会意义才是真实美好的,个人理想只有同国家的前途和民族的命运相结合,与社会的需要相一致,才更具有实现的可能,也更有意义。作为人类最高社会理想的共产主义理想,它不仅是一种社会政治理想,也是一种个体道德理想。它既是人类社会发展所追求的理想社会,也是个体道德修养所追求的理想人格和道德境界。共产主义理想既是社会理想,又是个人理想,它在自己的发展过程中也演化出个人理想,也作为一种个人道德理想而存在于人们心中。脱离个人理想谈社会理想,甚至用社会理想否定个人理想,就会使理想教育流于形式主义;脱离社会理想谈个人理想,或用个人理想否定社会理想,就会使理想教育偏离正确方向。

对大学生进行理想导航,既要重视社会理想,又要重视个人理想。个人理想表明了个人积极的生活态度和人生追求,它是理想导航的起点;社会理想表明了社会成员的共同目标和追求,它是理想导航的落脚点。正如江泽民指出的:"青年只有顺应社会发展的潮流,把个人的前途和命运与国家民族的前途和命运紧紧地联系在一起,并为之奋斗不息,才能创造无悔的青春和取得毕生的成功。"[1]因此,通过大学生理想导航,一方面遵循从个人理想到社会理想的发展路径,引导大学生正确理解个人理想与社会理想之间的关系,自觉地把个人理想融入到全国各族人民建设中国特色社会主义的共同理想之中,把中国特色社会主义共同理想转化为自己的价值追求、价值取向和价值目标,把个人奋斗融入到为实现祖国社会主义现代化的奋斗之中,在推进中国特色社会主义事业的伟大历史进程中奋发有为、建功立业。另一方面,把社会理想与个人理想结合起来,用社会理想来整合、引导和统率大学生的个人理想,引导大学生树立融合个人理想又高于个人理想的社会共同的、远大的理想,引导他们从人类社会发展的规律和现实社会发展的要求来

---

[1] 《江泽民文选》第三卷,人民出版社 2006 年版,第 485 页。

认识和反思自己的思想认识、价值目标、价值取向和个人理想,使他们认识到符合社会及党和人民利益的个人理想就是社会理想的有机组成部分,力戒将个人理想和社会理想对立起来,力戒个人主义、无政府主义,从而使他们认清自己所担当的时代责任和历史使命,明确自己的奋斗目标,使他们在实现社会理想的过程中实现个人理想,在实现个人理想的过程中推动整个社会理想的实现。

二、引导大学生实现职业理想与政治理想的统一

职业理想是人们对未来自己所要从事职业的向往和追求。它包括两个方面,其一是人们希望自己能选择一种理想的职业,找到一个理想的工作;其二是希望自己在工作中和职业活动中,取得理想的成绩。在职业日益分化、就业岗位日益多样化的现代社会中,重要的不在于一生中只选取某一种最理想的工作,而在于不论从事什么样的工作,都要把它当做一种理想来追求,并努力争取达到理想的境界。只要认定某种为社会所需要、为自己所喜爱的工作,并努力把它做好,不断取得更大的成绩,这就是在职业方面有理想、有抱负。社会政治理想是人们在社会政治生活方面对于理想的社会和制度的向往和追求,体现了一定阶级或集团最根本的价值取向。在不同的历史时期,不同的阶级和政治集团都有着不同的社会政治理想。封建地主阶级的社会政治理想往往是建立等级制的封建国家,或建立统一强大的封建帝国;资产阶级的社会政治理想往往是建立标榜"民主"、"自由"的资产阶级共和国,以及用这一政治理念来改造世界;无产阶级及其政党的社会政治理想,就是建立社会主义制度,并在全世界实现共产主义。由于社会政治理想具有阶级性,因而不同的社会政治理想之间往往发生尖锐的冲突。每个人都在一定的社会中生活,不论是否对政治感兴趣,其理想的追求都不可能完全与社会政治理想无关。职业理想是建立在个人利益的基础之上的,社会政治理想则是建立在社会成员的共同利益的基础之上的,只有将职业理想上升到政治理想,才能超越职业的限制,增加动力,不断奋斗实现目标。正如马克思所说:"如果我们选择了最能为人类服务的职业,我们就不会被任何沉重负担所压倒,因为这是为全人类作出的

牺牲,那时我们得到的将不是可怜的、有限的和自私自利的欢乐,我们的幸福将属于亿万人,我们的事业虽然并不显赫一时,但将永远发挥作用。当我们离开人世之后,高尚的人们将在我们的骨灰上洒下热泪。"①

受市场经济的负面影响,大学生对职业的追求更接近于实现自我完善和带有功利性倾向,经济收益在大学生职业选择中的影响越来越明显。相当多的大学生由于自我意识不够成熟,认知上有局限,不能了解自己适合从事什么职业,加之受市场经济趋利因素的影响,容易产生对职业目标的动摇和困惑,在职业的选择上十分盲目。许多大学毕业生将大公司、外资企业作为择业首选,经济开放区或沿海地区大城市对大学生有较强的诱惑力;老、少、边、山、穷地区的建设最需要人才,却很少甚至无人问津。他们选择去条件优越的地方,无论社会是否需要,似乎只有这样才能出人头地,事业有成;一味向钱看,以待遇的高低作为自己择业的唯一衡量标准。他们把地位高低、待遇优劣作为选择职业的唯一标准,缺乏对社会的使命感和责任感以及对未来的事业、人生价值的综合考虑,因而变得目光短浅、急功近利,缺少爱岗敬业、脚踏实地的职业精神。

因此,实施大学生理想导航要从职业理想导航开始,以指导大学生制定理性、正确的职业生涯规划为切入点,科学地制订职业生涯规划,把个人的职业理想上升到政治理想的高度,将职业理想和政治理想统一起来,将个人追求和社会需要有机结合起来,做到能力、责任与利益的有机统一,实现个人职业与社会事业的互动发展。正如马克思所说:"在选择职业时,我们应该遵循的主要指针是人类的幸福和我们自身的完美。不应认为,这两种利益是敌对的,互相冲突的,一种利益必须消灭另一种的;人类的天性本来就是这样:人们只有为同时代人的完美、为他们的幸福而工作,才能使自己也达到完善。"②同时,要引导大

---

① 《马克思恩格斯全集》第40卷,人民出版社1956年版,第17页。
② 《马克思恩格斯全集》第40卷,人民出版社1956年版,第7页。

学生在职业选择过程中处理好职业理想与择业现实的矛盾，把实现自身价值与实现社会价值统一起来，树立以为人民服务为核心的价值观念，反对和克服拜金主义、享乐主义、个人主义的资产阶级价值观及其影响，奠定大学生坚定正确政治方向的思想基础，坚定大学生的社会主义、共产主义政治信念，推动中国特色社会主义事业的不断发展。

三、引导大学生实现现实理想与远大理想的统一

理想是人们对未来的向往和追求，是同奋斗目标相联系的有可能实现的信念。理想与空想或幻想有本质区别，理想是建立在科学基础之上的，是通过努力可以变为现实的。共产主义之所以能成为无产阶级的伟大理想，就完全在于它的科学性，在于马克思和恩格斯把唯物辩证法应用于人类社会的研究，揭示了资本主义剥削的秘密，找到了资本主义社会发展的规律，得出资本主义必然灭亡，社会主义必然胜利的科学结论。

共产主义作为人类社会的最高理想，不是短时期就能实现的，它是一个漫长的历史过程，需要经历若干历史发展阶段。这就要求我们要从现实出发，制定出每个时期的奋斗目标，一步一步地向共产主义迈进。而每个时期的奋斗目标，就构成了党在各个历史发展阶段的最低纲领。在民主革命时期党的最低纲领是推翻帝国主义、封建主义和官僚资本主义，建立工人阶级领导的、以工农联盟为基础的人民民主共和国。在当前，建设中国特色社会主义的经济、政治和文化，把我国建设成为富强、民主、文明、和谐的社会主义现代化国家，就是现阶段我国各族人民的共同理想。建设中国特色社会主义是实现最高理想的必经阶段。对于大学生来说，为建设中国特色社会主义而奋斗，也就是为最高理想而奋斗。

大学生理想导航要取得成效，就不能脱离实际情况，必须从我国现在正处于社会主义初级阶段这个最大的实际出发。中国共产党自成立以来，一直把实现共产主义作为最终目标和最高理想，同时根据各个时期社会的性质、主要矛盾和总的任务提出各个阶段的具体奋斗目标和

共同理想,这些都是基于我国基本国情所形成的理想体系。对于共产党人来说,最高理想是实现共产主义,它是马克思主义总结人类社会发展规律得出的科学认识。最高理想是共同理想实施的方向和最终目标,共同理想是实现最高理想的必经阶段。诚如江泽民在2001年七一讲话中所说,"我们是最低纲领与最高纲领的统一论者",实现现阶段共同理想与实现最高理想在本质上是一致的。最高理想通过实现现阶段共同理想转化为现实的实践活动。对大学生进行理想信念教育必须结合我国国情和时代需要,把树立最高理想作为长远目标,把树立共同理想作为理想信念教育的主要任务和根本内容,使大学生在成长的道路上了解时代的需要,认清祖国和人民的期望,树立坚定的、正确的政治方向,明确自己努力的目标。

大学生理想导航必须立足现实、着眼未来,正确处理现实与未来理想的关系。否则,就可能让大学生步入认识的误区,成为只看现实,不谈理想的"现实主义者";或者成为只谈理想不考虑现实的"理想主义者"。前者往往认为:理想,有利就想;前途,有钱就图。追求现实"实惠",不顾理想虚无。他们的行为与社会主义现代化建设格格不入。至于后者,他们往往认为理想是美好的,现实是丑恶的,我追求美好的理想,但鄙视丑恶的现实。正如刘少奇所指出的:"我们改造世界,不能离开现实,不能不顾现实,更不能逃避现实,也不能向丑恶的现实投降。我们正视现实,认识现实,在现实中求得生存和发展,向丑恶的现实斗争,改造现实,逐步地达到我们的理想。"①忘记远大理想而只顾眼前,就会迷失前进方向;离开现实工作而空谈远大理想,就会脱离实际。理想导航应该从现实出发,提倡理想与现实的统一,鼓励大学生去认识现实,改造现实,净化现实,并推动现实向理想方向发展;鼓励大学生为实现共产主义远大理想而积极投身于建设社会主义的现实工作中,把实现现实理想和实现远大理想统一起来,成为脚踏实地、目光远大的实干家,以自己的实际行动为建设共产主义大厦培土奠

---

① 《刘少奇选集》上卷,人民出版社1981年版,第129页。

基,添砖加瓦。

四、引导大学生实现树立理想与实践理想的统一

理想信念是人的精神动力,也是精神支柱。社会共同的理想信念是凝聚整个社会力量的核心精神,是推动人类社会发展进步的精神力量。人有了理想信念,但不一定就会自觉地去实践它。如同掌握了理论知识而无实践能力的"纸上谈兵"者一样,存在着知行脱节的现象。在大学生理想信念的确立和实现过程中,倡导言行一致,真正把个人理想、社会理想融入一体并真正实践,是提高理想导航有效性的基本要求。

大学生理想导航,首先要重视理论的阐述和认识的提高,深刻把握理想信念的时代内涵。2007年5月4日,胡锦涛总书记致信中国青年群英会,对当代青年提出了"四个新一代"的明确要求:"希望全国广大团员和各族青年牢记党和人民的重托,自觉担负起时代的重任,以英雄模范为榜样,努力成为理想远大、信念坚定的新一代,品德高尚、意志顽强的新一代,视野开阔、知识丰富的新一代,开拓进取、艰苦创业的新一代,让青春在建设中国特色社会主义的伟大事业中焕发出更加绚丽的光彩!"[①]2008年6月14日,胡锦涛总书记在同团中央新一届领导班子成员和团十六大部分代表座谈时的讲话中给全国广大青年提出了四点希望:要坚定理想信念,要勤奋刻苦学习,要勇于艰苦创业,要培养高尚品德。并强调,党中央对青年一代充满期待、寄予厚望。广大青年一定要认清历史使命,勇担时代重任,用坚定的信念、顽强的意志、持续的奋斗,为夺取全面建设小康社会新胜利、开创中国特色社会主义事业新局面贡献更大力量,赢得更大光荣。2009年5月2日,胡锦涛总书记在同中国农业大学师生代表座谈时的讲话中指出,当代青年要"在党的领导下,以执著的信念、优良的品德、丰富的知识、过硬的本领,勇敢地担负起历史重任,同广大人民群众一道,奋力开创中国特色社会主义事业新局面,让伟大的五四精神在振兴中华新的实践中放射出更加夺目

---

① 胡锦涛:《致中国青年群英会的信》,载《人民日报》2007-05-05。

的时代光芒"①,并提出四点希望:希望青年学生把爱国主义作为始终高扬的光辉旗帜,把勤奋学习作为人生进步的重要阶梯,把深入实践作为成长成才的必由之路,把奉献社会作为不懈追求的优良品德。这是胡锦涛赋予理想信念新的时代内涵。

理想导航的意义重在践履。它要求大学生不仅要树立正确的理想信念,而且要用自己的实际行动去实践自己的理想信念,只有用理想信念去指导行动才有真正的意义。"当代青年要树立的理想,就是把我国建设成为富强、民主、文明的社会主义现代化国家,实现中华民族的全面振兴。当代青年要建立的信念,就是坚持党的基本理论和基本路线不动摇,坚定不移地走建设有中国特色社会主义的道路。理想和信念,是我们战胜艰难险阻,赢得胜利的强大精神支柱和力量源泉。而理想和信念的力量,只能通过投身火热的社会实践而不断焕发出来。"②理想信念的实现是一个不断努力、不断进步的过程,要从身边的小事做起,从自身力所能及的事情做起,在实践中逐步坚定理想信念。把理想信念付诸实践,是理想信念教育的基本原则。孔子说:"今吾于人也,听其言而观其行。"他认为,在实践中才能真正体现出一个人的修养和品德。可以说,实践是实现理想信念的土壤,离开了实践或行动,理想信念只不过是幻想。

大学生理想导航,就是要引导大学生把树立理想、实践理想、实现理想统一起来。通过理想导航,用中国特色社会主义共同理想来凝聚和鼓舞他们,才能让大学生充分了解中国特色社会主义建设的伟大成就,充分认识到中国特色社会主义共同理想的科学性,使大学生不仅从情感角度更从理性角度接受和认同中国特色社会主义共同理想的价值目标,树立在全面建设小康社会中建功立业的理想抱负,成长为中国特色社会主义事业的建设者和接班人;才能将大学生的力量凝聚到构建

---

① 胡锦涛:《在同中国农业大学师生代表座谈时的讲话》,载《人民日报》2009-05-03。

② 《毛泽东邓小平江泽民论青少年和青少年工作》,中央文献出版社、中国青年出版社 2000 年版,第 323 页。

社会主义和谐社会的伟大进程中,使他们充分认识到建设富强、民主、文明、和谐的社会主义现代化国家的内在要求,做好积极的准备,成为社会主义和谐社会建设的生力军,并按照民主法治、公平正义、诚信友爱、充满活力、安定有序、人与自然和谐相处的总要求,着力参与解决人民群众最关心、最直接、最现实的利益问题,参与推进社会事业、促进社会公平正义、建设和谐文化、完善社会管理、增强社会创造活力,走共同富裕的道路;才能培养当代大学生热爱祖国和社会主义的真挚情感,形成对祖国前途和民族命运的关注以及对社会主义的坚定信心,培育为社会主义事业兴旺发达而努力奋斗的坚强毅力和奉献精神,树立社会责任感和历史使命感,把自己的发展与国家的发展和社会的发展紧密联系起来,把个人追求融入全体人民的共同追求之中,积极投身到社会主义现代化建设的历史洪流之中,把个人奋斗融入实现中华民族伟大复兴的奋斗之中,最大限度地实现人的自我价值和社会价值的统一。

第三节 大学生理想导航的基本内容

一、以马克思主义理论教育为核心,深入进行"三观"教育

共产主义的理想信念不是一种教义,更不是一种宗教,而是一种深刻的理性思维。因此,对大学生进行理想导航,必须把着眼点放在科学认识人类社会发展的理论思维层面上,着重激发和引导大学生对人民群众的历史地位和社会发展趋势进行理性思考。在这方面,马克思主义哲学无疑为青年大学生奠定了深厚的理论基础并提供了科学的思维方法。现在有一些大学生有这样一种误解,即认为马克思主义是一百多年前的理论,当今时代发生了重大的变化,仍然坚持马克思主义的理论显得"过时"。事实上,马克思主义虽然产生在一百多年以前,但它据以产生的历史条件并未消失,因而它的基本观点、基本思想并未过时。正如江泽民所指出的:"一百多年来,没有哪一种理论、学说能像马克思主义那样保持勃勃生机,对推动社会进步起那样大的作用,造成那样深远的影响。尽管现在世界上的情况有很多新变化,但历史发展

的总趋势并没有越出马克思主义经典作家所揭示的基本规律。"①而受国际因素、西化、分化以及拜金主义、享乐主义和极端个人主义的影响,一些大学生在世界观方面不同程度地存在着"马克思主义过时论"、"社会主义失败论"等悲观情绪和"远离政治"、"放弃崇高"等消极思想;在价值观方面表现为崇尚自我,集体主义意识下降,把狭隘的个人利益作为行动的指南,只讲索取,不讲奉献;在人生观方面,少数学生不思进取,缺乏为人民服务的思想和艰苦奋斗的精神等等。

新形势下的大学生理想导航,要以马克思主义理论教育为核心,深入进行世界观、人生观、价值观教育,坚定不移地用马克思列宁主义、毛泽东思想、中国特色社会主义理论体系武装大学生的头脑,立稳他们的人生坐标,坚定他们的理想信念,不仅使大学生明确什么是科学的世界观、人生观和价值观,而且还要帮助他们在社会实践中,运用正确的世界观去观察和认识世界,用正确的人生观去思考和对待人生中面临的荣辱、顺逆、得失、苦乐和贫富等问题,以及用正确的价值观去处理好个人与他人,个人和社会、集体、国家的关系,使大学生正确地认识社会发展规律,认识国家的前途命运,认识自己的社会责任,确立在中国共产党的领导下走中国特色社会主义道路、实现中华民族伟大复兴的共同理想和坚定信念。

二、以爱国主义教育为重点,弘扬和培育民族精神和时代精神

《爱国主义教育实施纲要》指出:"爱国主义是动员和鼓舞中国人民团结奋斗的一面旗帜,是推动我国社会历史前进的巨大力量,是各族人民共同的精神支柱。"爱国主义是民族精神的集中体现,正是因为有爱国主义这一强大精神支柱,我们中华民族才能历经磨难而生生不息。爱国主义精神,可以使大学生以振兴中华为己任,把个人的前途命运与祖国的前途命运紧密联系在一起,自觉承担起建设祖国、振兴中华的历史责任,聚精会神,发愤学习,努力实践,为建设社会主义而储才蓄能,

---

① 江泽民:《关于加强党校建设的几个问题》,载《新时期党的建设文献选编》,人民出版社1991年版,第596页。

第十章　大学生理想导航的实施

从而为祖国多作贡献。以爱国主义为核心的民族精神可以使广大的青年学生树立坚定的民族自尊心和自信心，调动他们的内在积极性，引导他们做民族精神的传播者、倡导者和实践者；以改革创新为核心的时代精神强调开拓创新、与时俱进，可以使广大青年学生在时代和社会的发展中汲取营养，培养改革精神和创新能力，始终保持昂扬向上的精神状态。在当代中国，爱国主义最鲜明的主题就是要不断发展中国特色社会主义，在改革开放中加快推进社会主义现代化建设，全面建设小康社会，把中华民族伟大复兴的宏伟蓝图变成美好现实。按照时代的要求，从多角度、多层面对大学生进行爱国主义教育，弘扬和培育民族精神和时代精神，成为对大学生进行理想导航不可或缺的重要组成部分。

　　因此，大学生理想导航要以爱国主义教育为重点，一方面通过社会主义教育、国家主权教育、科学的改革开放观教育、民族自尊心和自豪感的教育、中华民族优秀传统文化教育，弘扬和培育民族精神和时代精神，使大学生摆正"国"与"家"、"人民"与"个人"的关系，以国家利益为重，使个人利益服从国家利益，从而树立为人民服务、为祖国奉献的价值观和科学的人生观、世界观；增强大学生的时代紧迫感和民族忧患意识，使他们加深爱国之情和确立报国之志，使大学生中的先进分子锐意进取，成为社会主义建设事业的领头雁和接班人；使大学生面对风云变幻的国际局势，面对激烈的国际竞争和严峻的挑战，面对发展市场经济和对外开放的复杂环境，坚决维护我国的独立自主和尊严，本着对国家和民族的前途命运高度负责的态度，不信邪、不怕压、不怕威胁、百折不挠地把中华民族振兴起来。另一方面，通过全面、深入、持久地开展民族团结教育，进行维护国家统一和热爱伟大祖国的宣传教育、党的民族理论的宣传教育、民族政策和民族区域自治制度的宣传教育、各民族团结友爱的宣传教育、民族地区发展成就的宣传教育、维护社会稳定和社会主义法制的宣传教育，引导各族青年学生牢固树立正确的国家观、民族观，牢固树立中华民族是一个大家庭的思想，牢固树立汉族离不开少数民族、少数民族离不开汉族、各少数民族之间也相互离不开的思想；引导广大学生开展社会调查、志愿服务等，深入了解民族地区的发

展变化,积极投身于民族地区的社会建设,进一步增强广大学生对祖国的认同、对中华民族的认同、对中华文化的认同、对中国特色社会主义的认同,使民族团结意识深深植根于各族青年学生的心中,引导广大学生进一步增强稳定压倒一切意识、民族团结意识、遵纪守法意识和社会责任意识,人人争做民族团结的维护者、促进者。

三、以树立共同理想为目标,深入进行"四信"教育

理想是一个民族、一个社会的指路明灯、一面旗帜、一支火炬,是引领、激励党和人民团结奋斗的巨大精神力量,始终坚持崇高的理想,才有实现理想的坚定信念。正如邓小平所说的:"光靠物质条件,我们的革命和建设都不可能胜利。过去我们党无论怎样弱小,无论遇到什么困难,一直有强大的战斗力,因为我们有马克思主义和共产主义的信念。有了共同理想,也就有了铁的纪律。无论过去、现在和将来,这都是我们的真正优势。"[1]中国共产党的最高理想和最终目标是实现共产主义。在现阶段,中国共产党和全体中国人民的共同理想是建设中国特色的社会主义。这个共同理想对大学生来说无疑具有强大的凝聚力和感召力,使大学生坚定了对中国共产党的领导、社会主义制度、改革开放事业、全面建设小康社会目标的信念和信心。

在新形势下,我们要通过理想导航,以树立共同理想为目标,深入对大学生进行"四信"教育。"四信"是包括对马克思主义的信仰、对建设中国特色社会主义的信念、对改革开放和现代化建设事业的信心、对党和政府的信任所构成的体系。要引导当代大学生牢固地树立起中国特色社会主义共同理想,充分认识到中国特色社会主义共同理想的科学性,使他们在情感上和理性上都自觉接受、认同中国特色社会主义的价值目标,从而树立正确的世界观、人生观和价值观;要引导大学生进一步树立对马克思主义的信仰,不断巩固强大的精神支柱;要进一步强化大学生的社会主义信念,坚定不移地走中国特色社会主义道路,进一步增强对改革开放和社会主义现代化建设的信心,不断推进中国特色

---

[1] 《邓小平文选》第三卷,人民出版社1993年版,第144页。

社会主义的伟大事业;要进一步坚定大学生对党和政府的信任,要使他们认识到,中国选择共产党的领导,是历史的选择,人民的选择,是历史的必然,从而真正拥护并自觉接受中国共产党的领导。

四、以公民道德建设为基础,大力开展社会主义荣辱观教育

胡锦涛总书记在树立社会主义荣辱观的讲话中,以"荣"、"耻"对照的方式旗帜鲜明地提出以"八荣八耻"为主要内容的社会主义荣辱观。这个重要论述,体现了以爱国主义为核心的民族精神和以改革创新为核心的时代精神的有机结合,体现了社会主义公民道德规范的根本要求,体现了社会主义价值观的鲜明导向,为学校的思想道德建设、特别是大学生的理想信念教育指明了方向。社会主义荣辱观也是对大学生理想信念教育的重要内容,它涵盖了社会风尚、人生态度的方方面面,是引领社会风尚的一面旗帜,鲜明地指出了应当坚持什么、反对什么,提倡什么、抵制什么,为全体社会成员判断行为好坏、作出道德选择、确定价值取向提供了基本准则。

通过大学生理想导航,以公民道德建设为基础,深入开展社会主义荣辱观教育成为大学生树立理想信念的重要内容。大学时期是青年世界观、人生观、价值观、荣辱观形成的关键时期,在这个阶段,给予他们正确的理想信念教育和荣辱观教育,帮助他们形成正确的理想、信念、是非、善恶、美丑观念,对于他们人生道路的选择具有极其重要的作用。当今纷繁复杂的社会既充满竞争,又充满各种诱惑,对于大学生来说,容易产生各种困惑,而正确的理想信念和荣辱观教育就是引导大学生走出一个个困惑的指针。同时,大学生有了正确的理想信念和荣辱观,知道了要坚持什么、反对什么,倡导什么、抵制什么,他们就会懂得自己该做什么,不该做什么,怎么去做,从而就会对人生的道路产生巨大的影响,指引大学生一直朝着预定的目标和方向前进,做到自觉践行社会主义荣辱观,带头倡导社会公德、职业道德、家庭美德、个人品德,多做关心集体、热心公益、扶贫济困、见义勇为的好事,真正尽到对国家、对社会、对人民应尽的责任和义务,以自己的行动影响和带动更多的人,为发展社会主义和谐人际关系、形成文明进步的良好社会风尚贡献一

份力量。

五、以学习中国特色社会主义理论体系为主要内容，深入开展社会主义核心价值体系教育

党的十七大报告创造性地提出并深刻阐述了中国特色社会主义理论体系，指出中国特色社会主义理论体系包括邓小平理论、"三个代表"重要思想以及科学发展观等重大战略思想。这个理论体系，坚持和发展了马克思列宁主义、毛泽东思想，凝结了几代中国共产党人带领人民不懈探索实践的智慧和心血，是马克思主义中国化最新成果，是党最可宝贵的政治和精神财富，是全国各族人民团结奋斗的共同思想基础。深入学习中国特色社会主义理论体系，用中国特色社会主义理论体系武装大学生的思想，是理想导航的重要任务。社会主义核心价值体系，它包括马克思主义的指导思想、中国特色社会主义的共同理想、以爱国主义为核心的民族精神和改革创新为核心的时代精神、社会主义荣辱观四个方面的内容。社会主义核心价值体系是社会主义意识形态的本质表现。深入开展社会主义核心价值体系的学习和教育，并积极引导大学生践行社会主义核心价值体系，也是理想导航重要而艰巨的任务。

通过加强中国特色社会主义理论体系的学习和社会主义核心价值体系的教育，帮助大学生认真分析社会矛盾各方面的变化，了解社会思潮和价值观念形成、传播的社会基础和演变规律，解决当代大学生思想中存在的各种疑惑；把握正确的价值取向；增强对大学生思想意识引领的亲和力，树立正确的人生观、价值观和世界观，形成全民族奋发向上的精神力量与团结和睦的精神纽带，确保我国现代化建设沿着正确的方向前进。

第四节　大学生理想导航的实施策略

一、加强思想政治理论课教育，巩固理想导航的主渠道、主阵地

理想信念不是一种朴素的阶级感情，坚定科学的理想和信念必须

以厚实的科学理论修养作依托。因此,对大学生进行社会主义、共产主义的理想信念教育和理想导航,最根本的是要对大学生进行系统的马克思主义理论教育,用马列主义毛泽东思想和中国特色社会主义理论体系这些科学的理论来教育大学生、武装大学生,帮助他们树立正确的世界观、人生观和价值观,提高他们运用马克思主义的立场、观点和方法分析问题和解决问题的能力。只有理论上的清醒,才会有实际上的成熟;只有理论上的坚定,才会有信仰上的坚定。"思想政治理论课具有很强的理论性和很强的现实性,肩负着用马克思主义中国化的最新成果武装大学生的职责,肩负着推动社会主义核心价值体系建设的职责,肩负着帮助大学生正确认识我国国情和改革发展稳定现实问题的职责,肩负着促进大学生提高政治鉴别力增强政治敏锐性的职责,肩负着培养高素质人才等重要职责。"[1]

要以思想政治理论课教育为主渠道,以其他课程教育为支脉,充分发挥课堂教学在大学生理想导航中的引领和主导作用,有计划、有步骤地从各个不同角度和不同方面贯穿和渗透理想信念教育内容。通过政治理论课直接对大学生进行马克思主义基本原理的教育,使学生学会用辩证唯物主义和历史唯物主义的立场、观点和方法去看待问题、分析问题和解决问题,自觉地抵制各种错误思潮的影响,提高辨别各种是非的能力,从而树立正确的世界观、人生观和价值观;通过文学课、思想道德修养课进行中国传统文化、中华民族优良传统的教育,使大学生从理性上认识到理想信念的重要性;通过历史课和形势与政策课进行中国国情教育、国际形势教育,培养大学生的民族主体意识和自信心,使他们树立为中华民族伟大复兴而奉献的光荣使命感和责任感。要围绕党和国家工作大局和时代要求,直面重大理论和实践问题,不回避热点难点问题,坚持摆事实、讲道理,以理服人,以情感人,可以利用举办各种

---

[1] 刘延东:《加强和改进高校思想政治理论课　用中国特色社会主义理论体系武装大学生》(2008年7月8日在全国加强和改进高校思想政治理论课工作会议上的讲话)。

庆典活动和重大节日活动等机会,广泛进行世情、国情、党情、地情、校情教育,高扬主旋律,振奋精神,鼓舞士气,激发广大青年学生的民族自尊心、自信心和自豪感,增进他们对祖国、对中国特色社会主义、对我们党的感情。同时,要鼓励教师积极探索课堂教学方法的改革,广泛采用案例式、讨论式、参与式、互动式、研究式、情景式、体验式等方法,运用生动的语言、鲜活的事例、新颖的形式,活跃课堂教学气氛,启发学生深入思考。

加强大学生理想导航,还要同社会主义荣辱观教育、社会主义核心价值体系教育和中国特色社会主义理论体系教育相互结合、相互渗透,用中国化马克思主义的最新成果武装大学生的头脑,解决他们深层次的思想认识问题,培养当代大学生热爱祖国和社会主义的真挚情感,形成对祖国前途和民族命运的关注以及对社会主义的坚定信心,培育为社会主义事业兴旺发达而努力奋斗的坚强毅力和奉献精神。总之,要通过有针对性和实效性的教学活动,使理想信念教育入耳、入脑,引导大学生把中国特色社会主义共同理想转化为自己的价值追求、价值取向和价值目标,树立为之努力奋斗的信念,并在推进中国特色社会主义事业的伟大历史进程中奋发有为、建功立业。

二、加强理想导航工作的队伍建设,强化理想导航的组织保障

队伍建设是理想导航工作的组织保障。实践表明,是否具备一支理想坚定、理论厚实、素质全面、结构合理的导航工作队伍已经成为大学生理想导航能否取得成效的关键。大学生理想导航工作队伍包括:学校党政管理干部、思想政治理论课教师和哲学社会科学课教师、辅导员、班主任。高校要高度重视加强这支队伍的建设,要通过多种措施和途径提高理想导航工作者的素质结构,以强化大学生理想导航的保障机制。

第一,要不断提高这支队伍的理论水平和政治素质。理想导航工作者必须具备过硬的政治素质,要有正确的政治方向和立场。只有政治方向正确、立场坚定、旗帜鲜明,才能保持高度的政治鉴别力和政治敏锐性,才能始终做到和党中央保持一致,只有这样,才能更好地培养

大学生的政治理想,才能真正解决理想导航为建设中国特色社会主义服务的问题。理想导航工作者首先要能够坚持社会主义的政治方向,在任何时候、任何情况下都要做一个坚定、清醒的社会主义的捍卫者和引路人,牢固树立正确的世界观、人生观和价值观,自觉抵制各种错误思潮和腐朽思想文化的影响;其次必须树立崇高的政治信念和信仰,牢固确立在中国共产党领导下走中国特色社会主义道路、实现中华民族伟大复兴的共同理想和坚定信念,无论面对多大的困难和挫折,都要以坚定的信念感染学生;再次必须有较高的政治理论水平,熟练掌握党和国家的路线、方针、政策,及时把握前沿的思想动态,把握学生中出现的各种苗头,及时跟进,早做工作,在实际工作中注意正确引导学生,有效地开展理想导航。

第二,要不断提高这支队伍的知识素质,构建合理的知识结构。大学生是一个求知欲望强烈,乐于接受新知识、新事物的青年群体。要用知识的力量去感召他们,理想导航工作者特别是广大的思想政治教育者本身首先要加强学习,不断丰富和充实自己,除了要牢固掌握马克思主义的基本理论和思想政治教育的专业知识外,还必须有广博的相关学科知识,成为一名政治意识强、业务素质高、熟悉现代科学技术和网络技术的新型教育者。理想导航工作者既要利用好向青年学生直接传授专业知识的课堂,在传授文化知识的过程中渗透理想信念教育、思想品德教育,也要利用好"第二课堂",以演讲、讲座、辩论等形式和渠道,把理想信念教育糅进大学生乐于接受的表现形式和载体中去,寓教于乐,潜移默化地对他们施加教育和影响。这些做法,没有渊博的知识作支撑是很难做到的。因此,要做好新形势下的大学生理想导航,就要求导航工作者既要学习思想政治工作的理论,也要学习有关市场经济、科学技术、法律法规、历史、文学等各个方面的知识,还要学习包括网络知识在内的现代科技知识,构建合理的知识结构。只有这样,才能做到以理服人,以渊博的知识吸引和教育大学生。

第三,要不断提高这支队伍的道德素质。在理想导航的过程中,要注意从学生们熟知的人和事入手,用身边的人、身边的事教育学生、感

染学生,使大学生学有方向、赶有目标。著名的教育家夸美纽斯曾经说过:"除了智者,任何人都不能使别人成为有智慧的人;除了能言善辩者外,任何人都不能使别人成为能言善辩者;除了道德的笃敬宗教者外,任何人都不能使别人成为有道德的和笃敬宗教的人。"①苏霍姆林斯基也曾经指出:"我们应当以丰富的精神生活给孩子做出榜样。只有在这种条件下,我们在道德上才能有权利来教育学生。"②可见,理想导航工作者的学术水平、治学态度、思想品德和言行举止等都对学生发挥着深刻的、直接的、潜移默化的作用。因此,要把提高师德水平作为开展大学生理想导航的基础性工作认真做好。要不断提高理想导航工作队伍整体的道德水平,使其严谨治学、以德施教,以精湛的学问教育学生、团结学生、鼓舞学生,以高尚的人格感染学生、感召学生、凝聚学生,积极帮助学生树立马克思主义理想信念,使他们成长为社会主义建设的栋梁之才。

三、加强马克思主义理论学习小组的建设,增强理想导航的感召力

在理想导航工作中,马克思主义理论学习小组的建立是一个重要的环节。马克思主义理论学习小组接受院(系)党组织的领导,学习内容、学习制度和活动形式等由基层学生党组织具体指导,各理论学习小组的活动由各班团支部具体组织。学习内容根据党团组织的学习要求确定,主要是学习研究马克思列宁主义、毛泽东思想、中国特色社会主义理论体系以及时事政治等。学习的方式以统一布置、分散学习、集中讨论为主。在理想导航工作中,围绕马克思主义中国化最新成果这一核心内容,围绕促进大学生树立正确的世界观、人生观、价值观这一根本目标,通过建立马克思主义理论学习小组,用科学的理论武装大学生

---

① 转引自檀传宝:《德育美学观》(增订版),教育科学出版社2006年版,第157页。

② [苏]苏霍姆林斯基著,肖勇译:《教育的艺术》,湖南教育出版社1983年版,第51页。

头脑,引导大学生树立中国特色社会主义共同理想,坚定走中国特色社会主义道路的信念。

第一,要构建学生理论学习的有效网络,搭建理想导航的平台。马克思主义理论学习小组要建立较为完善的组织体系,制定一套行之有效的规章制度,加强对学习活动的检查与督促,保证学生理论学习活动的规范化和有序化。同时,要调动各部门及政治理论课教师队伍指导学生开展理论学习活动的积极性,加强理论指导,举办高水平的辅导报告,抓好典型培养和经验交流;要调动大学生自觉学习理论的积极性,充分发挥学生的主体作用,变"要我学"为"我要学"。此外,要积极探索利用网络学习的途径,建立马克思主义理论学习的网上阵地。

第二,要营造理论学习的浓厚氛围,突出理想导航的实效性。马克思主义理论学习小组要将学习研究马克思列宁主义、毛泽东思想、中国特色社会主义理论体系的科学理论与分析现实问题结合起来,以学生关心的现实问题为线索,融入我国的传统文化、经济建设、对外交往和国际局势等内容,通过调查研究、辅导报告、集中讨论等,使学生对重要理论和现实问题的理解更加透彻,培养学生用马克思主义的立场、观点和方法分析现实问题的能力,营造一种积极、主动的理论学习氛围,有效地拓展学生的知识领域,增强学生的学习兴趣,提高学生的综合素质以及适应社会的能力。

第三,要培养学生理论学习骨干,发挥桥梁纽带作用。马克思主义理论学习小组要根据学生的理论基础和需求差异,开展分层指导,把普及和提高统一起来,建立层层推进、层层辐射的大学生自学理论体系。要注重加强大学生理论学习骨干队伍的建设,通过一定程序选拔一批理论学习骨干,组成中心理论学习小组,采取多种形式,让他们先学一点、学多一点、学深一点。再通过这批学生理论学习骨干,发挥其引导示范作用,带动全员学习,从而把全体学生的政治理论学习不断引向深入。

四、加强校园文化建设,增强理想导航的渗透性

校园文化是指大学校园中通行的规范准则、生活方式、行为模式和

价值体系,是校园物质文化、制度文化、精神文化的总和。校园文化通过创造一种特殊的文化环境,依靠不知不觉、潜移默化的情感沟通、思想感化和行为习惯,实现价值内化和升华,并逐步形成共同的价值观念。校园文化是一种无形的精神力量,是学校在长期的办学实践中所形成的校园精神和文化氛围,具有重要的育人功能,对于规范大学生的思想、情感和言行能够起到"润物细无声"的影响和潜移默化的熏陶作用。

第一,要大力加强寝室文化建设。寝室是大学生日常学习、生活的主要场所,也是一种以人际关系为纽带,以共同活动内容为目的的共同体,具有较强的互相感染、互相熏陶及自我教育、自我提高的功能。寝室文化作为一种亚文化,具有较强的稳定性,不仅具有教育导向的功能,而且具有凝聚激励功能和规范约束功能,是理想导航的重要切入点。要创建"健康、和谐、文明、自律"的寝室文化,积极营造浓郁的寝室文化氛围。通过大力开展丰富多彩、积极向上的寝室文化活动,充分发挥学生自我教育、自我管理、自我服务、自我监督的作用,做到学习上相互促进,生活上相互关心,思想上相互沟通,政治上共同进步,逐步增进大学生之间的友谊,增强集体主义观念和团队精神,培养大学生环境适应能力、人际交往能力,促进他们养成良好的生活习惯,提高文明修养,达到提高学生综合素质的目的。

第二,要大力加强社团文化建设。学生社团是高校校园文化的重要载体,是学生丰富校园生活、培养兴趣爱好、参与学校活动、扩大求知领域、增加交友范围、丰富内心世界的重要形式。随着教育体制改革的不断深入和大学生学习、生活方式出现新的变化,大学生社团日益成为高校中具有重大影响力和凝聚力的群体。社团文化是社团在长期运行中所形成的群体意识和精神风貌,它通过各种社团活动熏陶大学生的情感,激发求知欲和创造欲,为大学生提供了认识生活、思考人生、探知社会的广阔天地,对大学生理想信念的形成产生了重要的影响。社团文化建设的核心任务,是建立共同的文化氛围,树立共同的价值观,使社团成员的积极性、主动性、创造性最大限度地得以发挥,从而产生归

属感和使命感,形成向心力、凝聚力,使社团文化充分发挥它在人才成长过程中的作用。

第三,要大力加强班级文化建设。班级是大学生理想信念教育的又一重要载体。班级作为大学生的基本组织形式之一,是学生开展各种活动的基本阵地,是学生进行自我教育、自我管理、自我服务的主要载体,也是进行大学生理想导航的基本渠道。在班级这个"小社会"里,大学生有着特定的思想、心理、情感、价值的共同性和融合性,有着他们自己特定的道德规范和价值准则。加强班级文化建设,努力创建优秀班集体,就会使全班学生坚定科学的理想信念,勤奋学习、努力上进,培养自律意识、集体观念和奉献精神,建立和谐的人际关系,增强社会责任感,使每一个学生都能从班集体中获得发展其个性和才能的机会。

五、加强网络建设,增强理想导航的时代性

21世纪是网络化、数字化的时代,互联网、手机短信等已经成为具有巨大潜力的新的舆论场。当代大学生是最先接触和接受网络的群体之一,他们所受到网络的影响也就最早、最普遍。学校应该高度重视网络发展带来的种种挑战,针对传统工作方式的不适之处作出及时相应的调整,并充分利用网络的优势,不失时机地将大学生理想导航推向前进。

第一,建立网络思想政治教育阵地。可以建立一个以校园网为中心的融思想性、理论性、知识性、趣味性、服务性为一体的主题教育网站,充分运用艺术的语言、丰富的图像、和谐的声音等多种方式,表达理想导航的内容,提高理想导航的感召力、吸引力、渗透力,形成全方位、多层次的网络教育体系。要将其他大众媒体,如报刊、广播、电视、图书、录音、录像和宣传信息移植到网络上,为大学生提供形式多样的理想导航资源。同时要唱响主旋律,在坚持社会主义核心价值体系和马克思主义主流意识形态的基础上,大力宣传正面典型,弘扬社会正气,用真实、有益、建设性的舆论主导传播空间,压缩和抑制失实、有害和破坏性的言论,不断增强大学生对中国共产党、社会主义制度、改革开放

事业和全面建设小康社会的信念和信心。

　　第二，开设网络党校。网络党校是高校思想政治教育顺应时代潮流与时俱进的产物，是高校思想政治教育形式的新发展。要充分利用这一新的教育形式，增强理想导航的覆盖面。网络党校优势于传统党校的重要方面在于它的知识容量远远超过传统党校有限的知识讲授量，学生在网络党校可以获取更多、更丰富的知识，还可以利用网络的便利进行多次的学习和复习。而且，网络党校的党课讲座可以采用课件、音像等方式进行，便于学生在网上学习或者下载学习，解决了传统党校党课若错过了时间和地点就没有机会学习的问题。充分利用这种教育形式，可以使更多的学生接受党的知识的教育，有利于培养更多的青年马克思主义者。也只有这样，才能增强理想导航的针对性，提高教育的实效性。

　　第三，开展网络思想交流。当代大学生有着较强的独立主体意识，他们认同并接纳尊重其思想、情感、态度的行为和意见，反感训斥、说教、压制的教育和管理方式，不愿一味地接受灌输式教育。因此，在进行理想导航时，必须摒弃说教式的简单做法，学会与大学生在完全平等的基础上进行沟通、交流和对话，在关心服务中开展理想导航，在潜移默化中达到教育的目的。可以在主流网站和网页上开辟供学生聊天和发表意见的场所，提供学生交流思想的空间，及时把握学生思想动态，并加以正确引导。"博客"、"BBS"、"咖啡厅"、"电子信箱"等形式都可以开发成教育场所。广大思想政治教育者都可以开设专属的网站、博客和 QQ，与学生平等聊天、讨论，交流沟通，拉近距离。同时，还可以开通网上心理咨询热线、心理服务网站，进行网上答疑、问卷调查和思想交流，对学生学习、生活中遇到的问题及时进行疏导，帮助他们排忧解难、释疑解惑，使大学生理想导航更加贴近学生生活实际，跟上时代步伐。

六、大力开展社会实践活动，努力提高理想导航的实效性

　　实施大学生理想导航，必须加强实践环节，解决知行合一的问题。要引导大学生积极参加各种实践活动，营造联系实际、面向实践的氛

第十章　大学生理想导航的实施

围,切实使理论教育与实践教育有机结合,引导大学生在实践中巩固课堂教学成效,在实践中锻炼意志、升华认识。"马克思、恩格斯、列宁和毛泽东同志都非常重视教育与生产劳动的结合,认为在资本主义社会里这是改造社会的最强有力的手段之一;在无产阶级取得政权之后,这是培养理论与实际结合、学用一致、全面发展新人的根本途径,是逐步消灭脑力劳动和体力劳动差别的重要措施。"①古语也云:"读万卷书,行万里路。"学校可以通过组织大学生外出参加社会服务、社会考察和社会实践等活动进行理想导航,帮助他们增强感性认识、深化教育教学效果,引导大学生坚持学习书本知识和投身社会实践的统一,走与实践相结合、与工农群众相结合的成长道路。

当代大学生是一个拥有较高学历,掌握较多科学文化知识和技能,同时又有较高思想道德素质的群体,他们完全有条件、有能力积极参与社会服务活动,运用他们的智力、知识、技能为社会提供帮助、解决困难。通过扶贫济困、抢险救灾、支边支教、社区服务、环境保护、社会服务等一系列贴近社会生活的志愿服务活动,提高大学生对社会实践的兴趣,增强知识的创造力,培养对劳动的感情,从而更多地认识社情,了解民意,增强社会责任感。还可以组织大学生参加各种形式的社会考察活动,如红色旅游考察、民族地区考察、高科技企业考察等活动,使大学生在深入社会中了解社会、认识国情,增长才干、锻炼能力、服务社会,提高思想认识和分析社会问题的能力,深化对党的路线方针的认识,增强历史使命感和社会责任感,坚定在党的领导下走中国特色社会主义道路的理想信念。

对青年大学生来说,基层一线是了解国情、增长本领的最好课堂,是磨炼意志、汲取力量的火热熔炉,是施展才华、开拓创业的广阔天地。只有深入到基层中去,深入到群众中去,才能加深对社会的认识,增进同人民群众的感情,提高解决实际问题的能力。只有这样,才能使广大青年学生在实践中去认识和检验真理,在实践中走与人民群众相结合

---

① 《邓小平文选》第二卷,人民出版社1994年版,第107页。

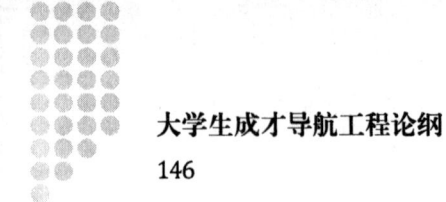

的道路,体会自己所肩负的历史使命和责任,从而认识自己、锻炼自己、提高自己、完善自己,树立马克思主义的理想信念,促使他们将自我价值的实现与人民的要求紧密结合起来,自觉到基层一线去发挥才干,到艰苦的环境里去经受锻炼,到祖国和人民最需要的地方去建功立业,努力去创造无愧于时代和人民的业绩。

七、形成合力机制,强化理想导航的基础

高校是大学生理想导航的主要阵地,同时社会大环境和家庭小环境也从各方面影响着大学生,需要社会各界与家庭的通力协作,共同推进,形成同频共振的育人机制,才能收到好的效果。

第一,建立学校内部的联动机制。赫尔巴特声称:"教育的唯一工作与全部工作可以总结在这一概念之中——道德。道德普遍地被认为是人类的最高目的。因此也是教育的最高目的。"[1]杜威也曾断言:"道德的目的应当普遍存在于一切教学之中,并在一切教学中居于主导地位——不论是什么问题的教学。如果不能做到这一点,一切教育的最终目的在于形成品德这句尽人皆知的话就成了伪善的托词。"[2]因此,理想导航必须注重全面发掘学校的一切育人资源,努力构建全方位的导航模式。要在学校党委的统一领导下,党政团学齐抓共管,专业老师和政工干部携手并进,在制度上规定各自的任务,明确各自所担负的职责,充分发挥他们在理想导航中的主观能动性,努力构建全程化的导航模式。同时,要充分整合和优化校内资源,建立大学生理想导航的学校内部和谐互动机制,树立德育首位意识和全员育人观念,使教书育人、管理育人、服务育人真正达到和谐统一,学校硬件建设与软件管理达到和谐统一,传统教育方法与现代教育手段和谐统一,使学校的管理、教师的教学与学生的学习和谐有序。

第二,建立学校与社会之间的联动机制。现代社会是一个高速发展和变动的社会。在这样的社会里,不参与社会现实生活的"世外桃

---

[1] 张焕庭:《西方资产阶级教育论著选》,人民教育出版社1979年版,第260页。
[2] 转引自黄向阳:《德育原理》,华东师范大学出版社2000年版,第33页。

源"是不可能存在的。理想导航必须以开放的胸襟面对社会现实,正确把握社会影响与学校教育的互动,整体性地发挥学校和社会的育人功能。第一,要建立学校学生部门与社会有关组织的联系共建制度,收集、反馈信息,分析、研讨对策,共同做好大学生理想导航工作。一方面,要及时根据我国现代化建设过程中所提出的一系列的重大理论和现实问题,充实、调整理想导航的内容,以实事求是的科学态度来回答这些问题。另一方面,要注意培养学生的社会能力,包括对各种社会现实进行价值判断的能力、在社会现实中进行正确选择的能力、实施自己行为的能力等等,使学生能够自觉对积极的和消极的社会因素进行正确的价值评价,并在复杂的社会环境中采取正确的行为,防止如杜威所说的:"教育哲学必须解决的一个最重要的问题,就是要在非正规的和正规的、偶然的和有意识的教育形式之间保持恰当的平衡。如果所获得的知识和专门的智力技能不能影响社会倾向的形成,平常的充满活力的经验的意义不能增进,而学校教育只能制造学习上的'骗子'——自私自利的专家。"[1]第二,要主动求得社会的广泛支持和协助,将大学生理想导航的思想、内容等与社会主流舆论、社会活动结合起来,最大限度地发挥理想导航的针对性和有效性,实现互补互促,消除存在于学校和社会之间的教育作用力的互相矛盾、互相抵消的状况。特别是要利用当前在全社会范围内开展的社会主义核心价值体系建设和社会主义荣辱观教育活动,以及建设学习型政党的活动,通过社会主流舆论所造就的良好文化氛围,力求准确、鲜明、生动地进行大学生理想导航。

第三,努力探索家庭参与学校教育的有效途径和方式,切实发挥家庭教育在大学生理想导航中的作用。因为"家庭中的生活时空是个人生活时空发生和发展的基础,这一时空中发展的教育对个人的生长发展有着极其深刻的影响。"[2]"家庭是亚洲社会的基础。无论在社会、经济或情感方面,家庭——而非政府——成为个人与整个家庭本身的支

---

[1] 杜威:《民主主义与教育》,人民教育出版社1990年版,第10页。
[2] 项贤明:《泛教育论》,山西教育出版社2000年版,第357页。

柱。即使是所谓的自力更生或个人责任，也都是在家庭范围内孕育出来的。"①可见，家庭可以为理想导航的有效实施提供支持性资源。但是，目前我国的实际情况是，学生步入大学校门后，家长普遍认为自己已经完成了对子女教育的义务与责任，对学生子女的教育基本上依赖学校，非常缺乏主动联系学校、共同促进学生成长成才的意识。因此，必须要转变父母的教育观念，拓宽家庭与学校的联系渠道，建立及时有效的沟通机制、快捷的信息通报与反馈机制、共同教育与管理的协商机制、定期的双向汇报交流机制等，以促进家长对教育子女的主动性，促使家长与学校积极主动沟通，实现学校与家庭配合教育的最大合力作用。

在大学生理想导航过程中，家庭教育、社会教育、学校教育要做到密切配合，共同实施，发挥综合效应，首先必须目标一致，都应该按照党和国家的教育方针来教育人、培养人。只有思想统一，目标一致，要求相同，才能形成最大的教育合力。如果相互之间发生分歧和矛盾，其教育作用就会受到削弱，甚至抵消。学校要主动加强与家庭、社会的沟通和联系，形成"教育环"。学校与家庭联系的主要方式有家访和传书寄信两种，学校应主动把学生的思想状况以口头或书面形式告诉家长，取得家长的配合进行教育。有条件的学校，也可以邀请学生家长代表来校座谈、交流情况、商讨对策，共同做好大学生的教育工作。学校教育同社会教育的联系也可有两种方式，一是走出去，通过参观、调查、实践，接受社会教育；二是请进来，邀请社会上先进模范人物或有关人员作报告，讲课，访谈，把社会教育纳入学校教育之中。要在这种环境中，形成以科学的理论武装人、以正确的舆论引导人、以高尚的精神塑造人、以优秀的作品鼓舞人的良好氛围，使大学生在以马克思主义理论为根本指导的先进的文化氛围中树立起坚定的马克思主义的理想信念。

---

① 约翰·奈斯比特著，蔚文译：《亚洲大趋势》，外文出版社1996年版，第74页。

参考文献：

[1]《马克思恩格斯选集》(第 1—4 卷)，人民出版社 1995 年版。

[2]《毛泽东选集》(第一——四卷)，人民出版社 1991 年版。

[3]《邓小平文选》(第一——三卷)，人民出版社 1993 年版。

[4] 黄希庭、郑涌：《当代中国青年价值观研究》，人民教育出版社 2005 年版。

[5] 罗国杰：《思想道德修养与法律基础》，高等教育出版社 2006 年版。

[6] 周中之：《伦理学》，人民出版社 2004 年版。

[7] 唐凯麟、王泽应：《20 世纪中国伦理思潮》，高等教育出版社 2003 年版。

[8] 许亚非：《中国传统道德规范及其现代价值研究》，四川大学出版社 2002 年版。

[9] 贺希荣、罗明星、朱美华：《道德的选择：来自大学生心灵的报告》，人民出版社 2006 年版。

[10] 戴茂堂、江畅：《传统价值观念与当代中国》，湖北人民出版社 2001 年版。

[11] 唐凯麟：《伦理学》，高等教育出版社 2001 年版。

[12] 高兆明：《社会失范论》，江苏人民出版社 2000 年版。

[13] 王玉樑：《当代中国价值哲学》，人民出版社 2004 年版。

[14] 杜威著，王承绪译：《道德教育原理》，浙江教育出版社 2003 年版。

[15] 弗朗西斯·福山：《大分裂——人类本性与社会秩序的重建》，刘榜离译，中国社会科学出版社 2002 年版。

[16] 赫尔穆特·施密特著，柴万国译：《全球化与道德重建》，社会科学文献出版社 2001 年版。

[17] 德里克·博克著，徐小洲译：《走出象牙塔——现代大学的社

会责任》,浙江教育出版社 2001 年版。

[18]沃尔夫冈·查普夫著,陆宏成译:《现代化与社会转型》,社会科学文献出版社 2000 年版。

[19]彼得斯:《道德发展与道德教育》,邬冬星译,浙江教育出版社 2000 年版。

[20]阿历克萨·英格尔斯著,殷陆君译:《人的现代化》,四川人民出版社 1985 年版。

[21]潘子彦、王磊、郁震:《大学生理想信念教育的实效性探析》,载《思想理论教育》2006 年第 4 期。

[22]张艳新、武慧娟:《当代大学生理想信念存在的问题、原因及对策探讨》,载《黑龙江高教研究》2007 年第 12 期。

[23]甘泉:《当代大学生理想教育的路径》,载《思想教育研究》2007 年第 3 期。

[24]徐柏才:《大学生思想政治教育的探索与研究》,华中师范大学出版社 2008 年版。

第三篇　素质导航

　　人类历史上第三次科技革命的浪潮正涤荡着世界的每一个角落,信息社会的到来带来了人的交往方式的巨大变革,经济全球化浪潮使国家与民族文化的濡化步伐加快,我国社会主义市场经济的确立与发展……这些革命性的变化正改变着社会结构、人的思想观念与生活方式。在新的时代来临之际,如何培养适应社会发展需要的高素质人才,是高校要认真解决的重大课题。

第十一章　大学生素质导航概述

新技术革命的来临和全球化步伐的进一步加快,意味着社会对人才的要求也相应发生了巨大的变化。过去,高校主要注重的是知识的传授,但现在已经远远不能够满足党在新的历史时期所提出的全面建设小康社会和创新型国家的宏伟目标。构成人才的基本要素由以往的知识,变成了知识、素质和能力三位一体的概念。这三者又是相互作用的,知识是素质形成和提高的基础,能力是素质的外在表现。素质作为知识与能力之间的媒介,是促使学生成长成才的内隐和潜在的主要因素,因而越来越受到人们的广泛关注。所以,在大学生的成才之路上,对他们素质的提升与发展进行科学的导航,是大学生思想政治教育的重要任务。

第一节　大学生素质导航的内涵与作用

一、大学生素质导航的提出

进入21世纪以来,随着科学技术的迅猛发展和全球化浪潮的日益汹涌,人类正经历着由工业经济社会向知识经济社会迈进的"第三次浪潮"。在工业社会中,社会的核心要素是资本和技术,众多新兴的学科和技术不断涌现,社会需要的是熟练掌握这些新技术的人才,人才的特点体现为专业性和专门化的特征。

知识经济,作为"直接依据知识和信息的生产、分配和使用"[①]的经

[①] 经济合作与发展组织(OECD)编,杨宏进、薛澜译:《以知识为基础的经济》,机械工业出版社1997年版,第4页。

济,社会的核心要素是知识和信息,在科学的发展上表现出各个学科在新的高度上的不断融合。上世纪60年代以来,随着人力资本理论的提出和运用,人才特别是高层次人才,在经济和社会发展中的作用日显重要,而社会对于人才的要求也发生了深刻的变化。正如OECD(经济合作与发展组织)所指出的,知识经济时代的人才应当在有广博知识面的基础上,善于将体验内化的隐含经验类知识(Tacit knowledge)转化为已经符号化了的编码化知识(Codified knowledge)并应用于实践,进而再发展出新的隐含经验类知识。所以,这个时代人才的特点体现为通识性和强素质。

长期以来,党和政府非常重视人才特别是高层次人才的培养,在《中共中央国务院关于进一步加强和改进大学生思想政治教育的意见》中明确指出:人才工程"对于全面实施科教兴国和人才强国战略,确保我国在激烈的国际竞争中始终立于不败之地,确保实现全面建设小康社会、加快推进社会主义现代化的宏伟目标,确保中国特色社会主义事业兴旺发达、后继有人,具有重大而深远的战略意义。"[①]这就要求学校必须引导大学生将自身的发展寓于社会的发展之中,融入到全面建设小康社会、和谐社会建设的事业中去,在社会的发展中使个人得到最大限度发展的同时也体现自身最大的价值。

知识经济时代已经对人才的内涵提出了明确的要求。但由于历史的原因,在我国高校中,学生个体素质的提升一直缺乏类似专业教学那样系统的培养机制。所以,广大青年学生进入大学学习之后,对自己在大学阶段应当培养哪些素质,如何培养这些素质,还存在着较大的盲目性和自发性,这种状况直接导致了相当数量的大学生出现了高分低能、人文素养较低、创新能力较差等一系列问题。这就给高校提出了新的课题和新的任务,需要全面地理解时代对于人才的素质要求,通过系统、科学的途径和措施实施素质教育,引导大学生培养各方面的素质,

---

① 教育部思想政治教育司编:《加强和改进大学生思想政治教育重要文献选编(1978—2008)》,中国人民大学出版社2008年版,第376页。

最终使他们的综合素质得以明显的整体提升。

二、大学生素质导航的基本内涵

什么是素质？不同领域不同学科对素质有着不同的解释。在《辞海》中，素质"主要是指先天素质或遗传素质"①；《心理学辞典》认为："素质通常指人生来具有的某些解剖生理特点，特别是神经系统、脑、感觉器官和运动器官的解剖生理特点。它是形成和发展的自然前提。"②《教育大辞典》的解释是："个人先天所具有的解剖生理特点，其中脑的形成特点最为重要，他们通过遗传获得，故又称遗传素质，亦称秉性。"③这些都是从静态和先天生理的角度来解释素质的内涵，没有从人和社会的相互作用中来把握素质的本质。

马克思主义认为，人作为一种实践性的社会存在，后天的社会实践活动对于人的发展起着决定性的作用。因此，从这个意义上可以这样理解素质：在先天禀赋的基础上，个体与后天环境相互作用而形成的、相对稳定的个体身心组织结构的特征或属性。④

从培养大学生成才的角度看，素质有这样几个方面的含义。第一，素质是一种心理品质。它有别于人的生理素质，不是先天的、与生俱有的，而是通过教育、自身学习及社会环境的共同作用而形成和发展的。比如天生聪明的人不一定就成长为高素质的人才。也就是说素质是后天形成的，是教化的结果，是可以培养、造就和提高的。第二，素质是知识内化、升华和沉淀的一种结果。单纯的知识不等同于具备了一定的素质，知识仅仅是素质形成的基础，没有知识不可能形成素质，但是有丰富的知识，也不等于具有高水平的素质。第三，素质是一种相对稳定的品质结构，是知识的内化和沉淀，更是知识的升华。它是潜在的，是理性的，具有个性化的特征。素质的核心是一个人做人的品质，人总是

---

① 《辞海》，上海辞书出版社1989年版，第3200页。
② 林传鼎：《心理学辞典》，江西科技出版社1987年版，第339页。
③ 顾明远：《教育大辞典》，上海教育出版社1990年版，第27页。
④ 班华：《素质结构与素质教育》，载《教育研究》1998年第5期。

要先学会做人,再学会做事,素质具有鲜明的伦理性和社会性。素质一经形成,它就会相对持久地影响和左右着人对自然、对他人、对社会和对自身的态度,所以素质是个性与社会性的有机统一。素质是相对稳定的,但并不是一成不变的,它可以培养、造就和提高,也会在外界的影响和作用下发生变化,甚至是根本性的变化,因此素质是稳定性与可变性的统一。

大学生素质导航突出一个"导"字。因为素质是内在、内生于人的,它是主体在原有的先天禀赋的基础上,通过一系列的主客观世界的实践活动与外在环境发生相互作用,并引发自身身体结构或心智结构的变化并保持相对稳定的结果。所以,大学生素质的培养不能仅仅像专业教育那样局限于已经固化、符号化的专业知识的课堂传授模式,更多的应当是一个"润物细无声"的沁润过程。高校要通过"第二课堂"有目的、有意识地设计和利用各种教育环境,让大学生在参与实践中同这些教育环境发生相互作用,最后达到身体结构或心智结构发生变化而提升素质的目的。

大学生素质导航正是通过营造外部教育环境的方式,在学生专业知识学习的基础上,依托第二课堂活动、社团活动、实习实践活动、校园文化活动,来教育和引导学生全面提升各方面的素质,实现学生素质的均衡发展,从而达到思想政治教育的目的。大学生素质导航始终贯穿着素质教育理念,体现了科学教育与人文教育的融合,是新时期大学生思想政治教育的一种积极探索。

三、大学生素质导航对加强和改进高校学生思想政治教育工作的作用

近几年来,随着我国高等教育进入大众化阶段,高等教育招生人数和在校生规模持续增加,截止到2009年全国各类高等教育总规模超过2979万人,高等教育毛入学率达到24.2%。[①] 但是从培养高素质人才的角度来看,目前高等学校的教育观念、教育体制、教育结构、课程设置

[①] 张力:《高等教育跨入注重质量新阶段》,载《光明日报》2010-3-3。

有待创新,其人才培养模式相对单一,还不能满足学生、家长和社会的要求。因此,大学生素质导航的提出和实施对于高校教育工作的创新、教育工作者业务的导向和广大青年大学生素质的提升都具有十分重要的现实作用:

(一)大学生素质导航为高校学生思想政治教育的创新起到了积极的推动作用

随着改革开放的深入和社会主义市场经济体制的日益发展,社会经济成分和经济利益、社会生活方式、社会组织形式、就业岗位和就业形式的多样化,使学生思想活动的独立性、选择性、多变性、差异性凸显,大学生自强意识、创新意识、成才意识和创业意识都明显增强,高校学生思想政治教育工作承受着形势复杂多变与大学生多样化需求的双重挤压。

大学生思想政治教育工作历来受到各级政府和高等院校的高度重视,经过长期不懈的共同努力,大学生思想政治教育工作取得了很大的成绩。但是,随着高等教育的不断改革和社会形势的不断变化,大学生思想政治教育工作仍然存在着一些薄弱环节,主要表现在:在教育观念上,树立"以学生为本"的思想不牢;在教育目标上,体现"个性发展"的要求不够;在教育内容上,不能适应学生成长成才的需要;在教育的方法上,没有完全贴近学生的思想实际;在教育环境上,没有形成"全员育人、全程育人"的氛围,等等。需要我们不断地更新教育观念、创新教育理念、探索新的教育途径、推出新的教育举措,进一步增强大学生思想政治教育的针对性和实效性。

大学生素质导航作为大学生成才导航工程的重要组成部分,它主要以提升学生的素质作为工作的切入点,全面整合第二课堂中所有思想政治教育的资源和渠道,科学地梳理大学生成长成才所应当具备的素质内容,系统地引导大学生通过参与各类实践活动而实现其各项素质的均衡、协调的发展。通过这一工作的实施,达到在保持原有的思想政治教育工作优良传统的基础上,精心筹划、系统整合,把"第二课堂"建设成为与专业教育一样重要的"隐性课堂"。这样既扩大了人才培

养模式的外延,又为增强思想政治教育的针对性和实效性增添了新的举措。

(二)大学生素质导航为高校思想政治工作者起到了拓宽工作思路的作用

随着高校学生人数的激增,学生思想政治教育工作者在队伍建设上也正处于扩充、更替和调整期。一方面,党和政府十分重视高校学生政工干部队伍的建设,按照中共中央、国务院《关于进一步加强和改进大学生思想政治教育的意见》文件精神,为改变前段时间政工干部配备与学生比例不协调的问题,近些年来,思想政治工作队伍人数整体增幅很大,①进入政工战线的新兵较多;另一方面,高校原有的学生政工干部队伍,也存在着年龄上的新老更替和业务水平、学历层次、结构层次调整和提高的问题。

时代的发展和青年学生的变化都对高校学生思想政治教育工作提出了新课题、新任务,使其自身也正处于理论与实践的转型期和探索期。因此,在大量的新问题、新特点不断涌现,原有的经验和理论相对滞后时,政工干部特别是工作在一线的政工干部,容易产生工作上的盲目性和认识上的偏差。

大学生素质导航的提出为广大思想政治教育工作者提供了一个培养和提高大学生综合素质的新思路和新途径。研究如何对大学生实施素质教育和素质导航,以及通过哪些方法和途径来开展导航,这就为学生思想政治教育拓宽了渠道,从而能帮助广大学生政工干部理清工作思路,拓展工作领域,更好地解决学生思想政治教育中遇到的问题,全面提高自己的理论和水平。

(三)大学生素质导航为大学生提升自身素质、实现全面发展起到了导向的作用

大学的学习跟中学的学习有着截然不同的区别。它既不单纯是对

---

① 《未来我国高校将有十万名专职辅导员》[EB/OL]. http://news.xinhuanet.com/newscenter/2008-02/25/content_7668858.htm,2008-2-25.

符号化的课本知识的掌握,也不仅只限于课堂范围内的学习。它着眼于探索精神的培育,着眼于立足专业知识学习之上的全面素质的提升。近几年来,随着学生自我意识的增强、就业压力的增大、可利用信息资源的充裕,他们对各类知识的学习,对全面提高自身素质的要求与日俱增,从学生参与各类学生社团活动的积极性便可窥一斑。

但应当看到的是,学生在大学学习中对于提升自身素质的途径和方法还缺乏应有的了解和正确的认识,甚至会走入一些误区。这是因为学校在工作中没有注意把第二课堂作为一个整体予以规划,各类活动也往往对其功能、效果缺乏科学的安排、评测和总结。另外,市场经济带来的快节奏和瞬息万变的实用需求也让学生眼花缭乱,无所适从。

大学生素质导航的实施,着重目标的科学性、组织的有序性、内容的整体性,形式的多样性,学生通过参加这些社会活动,在参与活动过程中便能与预设的教育环境发生积极的、双向正相关作用。经过一段时间的多次强化和锤炼,其心智结构和身体结构就会在这种主客观世界的改造中发生根本性的变化,从而达到自身某方面或全面素质的提升。从这个意义上来说,大学生素质导航的实施为大学生提升自身素质、实现全面发展和健康成长成才起到了积极的导向作用。

第二节 实施大学生素质导航的意义

一、实施大学生素质导航体现了素质教育的理念

长期以来,我国的高等教育存在着专业划分过细过窄、人才培养模式单一、片面强调理工科的重要性等一些问题。改革开放后,随着经济的发展,特别是社会主义市场经济的确立,原有的人才培养机制的弊端和缺陷日益凸显:大学毕业生素质结构上不够全面,发展上不够均衡;学生知识面狭窄、专业视野不够开阔;专业基础知识较强,应用动手能力较弱;适应能力较强,创造、创新能力较弱等等。这与新时期社会对人才的要求和社会主义市场经济发展对人才的需要是不能完全适应的。

第十一章 大学生素质导航概述

为了适应社会经济发展对人才的要求,党和政府一直把素质教育当做教育改革的突破口和主要方向,特别是20世纪90年代以来,素质教育得到了各方面的高度关注。1996年,国家制定的《国民经济和社会发展"九五"计划和2010年远景目标纲要》提出:"积极推进教学改革,改革人才培养模式,由'应试教育'向全面素质教育转变。"1999年6月13日颁发的《中共中央国务院关于深化教育改革全面推进素质教育的决定》中,明确指出:"实施素质教育应当贯穿于幼儿教育、中小学教育、职业教育、成人教育和高等教育等各级各类教育当中,应当贯穿于学校教育、家庭教育和社会教育的各个方面。"2004年8月26日颁布的《中共中央国务院关于进一步加强和改进大学生思想政治教育的意见》中又反复强调,要"以大学生全面发展为目标,深入进行素质教育"。

按照这一要求,实施素质教育,纵向上要贯穿从小学教育到大学教育的各个教育阶段,横向上要覆盖从职业教育到高等教育的各种教育类型,空间上要从家庭、学校延伸到整个社会的各个领域,是一个全过程、全方位、全领域的系统工程。在历史的惯性下,目前我国的各类教育,不但基础教育没有变"应试教育"为"素质教育",高等教育也一直未能从"应试教育"的围限中走出来。片面强调学生对书本知识的接受,不注重对学生能力素质的培养,人才培养模式单一、僵化,显性课程和隐性课程脱节、人文知识和科学知识的人为分割等等都是这种观念在现实中的反映。

实施大学生成才素质导航,是素质教育理念在实践中的体现。首先,素质导航要求通过一系列的教育活动来覆盖大学阶段学生应具备基本素质的方方面面,使学生在活动中得到熏陶和锻炼;其次,素质导航以培养学生的非专业素质为主要目标,不断探索与教学活动相互衔接、相互补充、相互促进的途径和方法,使学生的素质得到均衡发展;第三,素质导航在实施过程中体现了学生学习的主体性和自主性。实施素质导航不同于传统课堂教学中的"授(师)—受(生)"关系,大量可以任意选择的模块化知识、形式丰富多彩的学习模式、以兴趣为出发点

的教育方式,都凸显了学生的主体性和自主性,学生可以自主决定学习什么和怎么学习。可以说,大学生素质导航的目标、过程和手段都体现着素质教育的理念,是新时期加强和改进大学生思想政治教育工作的一种积极探索。

二、实施大学生素质导航契合了马克思关于人的全面发展理论

马克思在《德意志意识形态》中第一次提出了个人全面发展的概念。在生产资料私有制所造成的社会分工下,人的社会活动被强制限定在一个狭小的范围内,"他是一个猎人、渔夫或牧人,或者是一个批判的批判者,只要他不想失去生活资料,他就始终应该是这样的人"①。这造成了人的本质的异化和畸形发展,最终造就了大量的片面发展的个人。但他认为"一个种的全部特性、种的类特性就在于生命活动的性质,而人的类特性恰恰就是自由的自觉的活动"②。所以,理想的情况应当是"任何个人都没有特定的活动范围,每个人都可以在任何部门内发展,社会调节着整个生产,因而使我们有可能随我自己的心愿今天干这事,明天干那事,上午打猎,下午捕鱼,傍晚从事畜牧,晚饭后从事批判,但并不因此就使我成为一个猎人、渔夫、牧人或批判者。"③而这样的理想,只有在"每个人的自由发展是一切人的自由发展的条件"的"联合体"④中,也就是共产主义社会中,人才能"以一种全面的方式,也就是说,作为一个完整的人占有自己的全面本质"⑤,并且是"通过人并且为了人而对人的本质的真正占有"。⑥ 作为实践的哲学家和革命家,马克思一生都在关注人的解放和人的全面发展,它既是理想的目标又是实践的过程,这构成了他思想中的核心内容。

进入社会主义建设时期以来,我们党在中国特色社会主义的实践

---

① 《马克思恩格斯选集》第1卷,人民出版社1972年版,第37—38页。
② 《马克思恩格斯全集》第42卷,人民出版社1972年版,第98页。
③ 《马克思恩格斯选集》第1卷,人民出版社1972年版,第37—38页。
④ 《马克思恩格斯选集》第1卷,人民出版社1972年版,第273页。
⑤ 《马克思恩格斯全集》第42卷,人民出版社1979年版,第123页。
⑥ 《马克思恩格斯全集》第42卷,人民出版社1979年版,第120页。

中不断地丰富和发展着马克思关于人的全面发展理论。毛泽东1957年在《关于正确处理人民内部矛盾的问题》中指出："我们的教育方针应该使受教育者在德育、智育、体育几方面都得到发展，成为有社会主义觉悟的有文化的劳动者。"①把坚定正确的政治方向放在首位、培养又红又专的人才成为长期以来党的教育方针的核心内容。改革开放以后，邓小平提出了培养"四有新人"的思想，②而后党的十二届六中全会的决议中明确指出："社会主义精神文明建设的根本任务，是适应社会主义现代化建设的需要，培养有理想、有道德、有文化、有纪律的社会公民，提高整个中华民族的思想道德素质和文化素质。"以江泽民为核心的党的第三代领导集体站在新的历史高度，把人的全面发展作为建设社会主义新社会的本质要求提了出来，江泽民指出："社会生产力和经济文化的发展水平是逐步提高、永无止境的历史过程，人的全面发展程度也是逐步提高、永无止境的历史过程。"而且"推进人的全面发展，同推进经济、文化的发展和改善人民物质文化生活，是互为前提和基础的。"③在党的十六大报告中更是将人的全面发展作为全面建设小康社会的根本目标，它首次被纳入了社会发展的具体发展阶段，而成为了一种现实的社会实践活动。以胡锦涛为总书记的新一代领导集体则对人的全面发展理论作了系统的论述：胡锦涛指出："坚持以人为本，就是要以实现人的全面发展为目标，从人民群众的根本利益出发谋发展、促发展，不断满足人民群众日益增长的物质文化需要，切实保障人民群众的经济、政治和文化权益，让发展的成果惠及全体人民"；④在党的十六届三中全会提出了科学发展观理论，明确指出"坚持以人为本，树立全面、协调、可持续的发展观，促进经济社会和人的全面发展。"在党的十七大报告中又多次提到了人的全面发展："必须坚持以人为本……促

---

① 《毛泽东选集》第1卷，人民出版社1977年版，第285页。
② 《邓小平文选》第三卷，人民出版社1993年版，第110页。
③ 江泽民：《论"三个代表"》，中央文献出版社2001年版，第180页。
④ 《十六大以来重要文献选编(上)》，中央文献出版社2005年版，第850页。

进人的全面发展,做到发展为了人民、发展依靠人民、发展成果由人民共享","要全面贯彻党的教育方针,坚持育人为本、德育为先,实施素质教育,提高教育现代化水平,培养德智体美全面发展的社会主义建设者和接班人,办好人民满意的教育。"①我们党结合中国实际,创新和发展了马克思关于人的全面发展理论,形成了有中国特色的人的全面发展理论并将其纳入了实践范畴。

教育作为"造就全面发展的人的唯一方法"②,既担负着为社会培养各方面人才的重托,又承载着提升全民族素质的责任。而高等教育站在教育的塔尖,为社会培养全面发展的高素质、高层次人才在全面建设小康社会、和谐社会这一新的历史时期中显得尤为重要。与以往其他教育实践活动不同的是,素质导航是以全面发展理论作为理论基础的一种教育实践活动,它在目标上明确地指向大学生各方面素质的提升,着眼于大学生自身的发展。它通过科学规划和精心设计,搭建一系列素质拓展的平台,广大青年大学生基于自身需要和兴趣所在,自主地选择参与内容和参与方式,在实践和体验中与这些预设的教育环境发生相互作用,从而使自身的某方面或某部分素质得以提升。经过多次的参与实践,学生能够多方面、多向度的提升自身素质,不断推进自身的全面发展。教育目的的全面性和针对性,教育过程突出了受教育者的主体性和个性选择,正是在这个意义上,素质导航的实施契合了马克思关于人的全面发展理论。同时,这一举措也紧紧围绕着贯彻、落实党和政府关于培养全面发展的社会主义建设者和接班人、办人民满意的教育的战略决策而展开,是高校思想政治教育领域的为培养全面发展人才而进行的一种思考、一种探索。

三、实施大学生素质导航为营造健康向上的校园文化奠定了基础

教育的核心问题是人的问题。人的健康成长和发展需要一个良好

---

① 胡锦涛:《高举中国特色社会主义伟大旗帜,为夺取全面建设小康社会新胜利而奋斗》,《人民日报》2007-10-25。
② 《马克思恩格斯全集》第23卷,人民出版社1972年版,第530页。

的环境。只有在这样的环境中,人才能不断实现生命的自我展现、自我发展、自我超越和自我完善。德国著名学者雅斯贝尔斯曾说过:"在人的存在和生成中(以人的年龄、教养与素质差别区分),教育环境不可或缺,因为这种环境能影响一个人的价值定向和爱的方式的生成。"①对于大学生的成长和成才来讲,校园文化环境的影响,无疑是最直接的,也是极为重要的。

现代教育的发展实践证明,要培养高素质的人才,只靠正规的课堂教学途径是远远不够的。课堂教学之外的一切教育活动与教育环境,对培养学生的思想观念、价值取向等人文素质和动机、兴趣、情感、意志、性格等非智力因素的形成关系更为密切。因此充分利用好校园文化环境的熏陶、感染、渗透作用,把理性的德育播撒在感性的校园文化环境之中,使学生在一种真实、自然的生活状态下接受无形的品德教育,从而提升人生境界,确立高尚的人生理想,科学的人生哲学,乐观的人生态度,才能培养出更多具有创新意识、全局观念、开拓精神、合作能力、科学精神的优秀人才。与此同时,大学作为一种特殊的社会组织,也承担着创造和传播知识、引领文化发展方向的重要社会职能,健康和高品位的校园文化培养学生崇高的精神和高尚的人格,学生毕业后融入社会,无形地把这种精神传递给他人,使大学文化所代表的高尚人格和崇高精神在社会上广为传播,从而影响着国民性格的养成,促进社会向前发展。反过来,通过文化"反哺"的互动,又会进一步促进校园文化向更高层次发展。正如马克思所说的:"人创造环境,同样,环境也创造人。"②构建既能体现社会主义特点、时代特征和学校特色,又能不断引导和满足大学生日益增长的精神文化需求的校园文化势在必行。

应当看到,随着改革开放的深入和社会转型的加快,各种思潮不断激荡、各种文化现象层出不穷、西方敌对势力利用经济全球化不断地进行文化价值观的渗透,以互联网为标志的信息革命所带来的信息洪

---

① [德]雅斯贝尔斯:《什么是教育》,三联书店1991年版,第1页。
② 《马克思恩格斯选集》第1卷,人民出版社1995年版,第92页。

水……这都容易造成当代大学生思想上的混乱和迷茫,建设和谐、健康、向上的大学校园文化面临着众多新的挑战。

优秀的校园文化对青年学生的培养具有激励作用。课堂之外的教育活动和教育环境对于大学生的知、情、信、意、行的发展可以说起到了相当重要的决定作用。从大学生思想政治教育工作的角度来看,合理规划课堂之外的教育活动、悉心培育课堂之外的教育环境,让学生能够始终陶冶在社会主义先进文化的氛围中,浸染在人类文明有益的成果里,从而不断地提升自身各个方面的素质是培育高品位校园文化的关键所在。大学生素质导航把大学生课堂之外的广阔天地和充裕的时间作为主要作用对象,包含着科学统筹和规划一系列高品位、强素质的教育性活动,开展一系列以求知、探索为主要内容的校园文化活动,努力营造凸显主旋律的教育环境。素质导航的实质是构建了学生大学学习的第二课堂或者说是隐性课堂,这一课堂所涵盖的内容之广泛、方式之灵活、影响力之强、覆盖面之广都是专业课堂所不能比拟的,它涵盖的属于劳厄所说的"遗忘后剩下来的那部分"或是古人所说的"在无字句处读书"的那部分知识——素质,因此对大学生产生的影响将是巨大的。素质导航对大学生个体而言,会强化和培养个体求知、探索的精神,对学校而言,它将这种求知、探索的精神上升为一种整体的校园文化,为提升校园文化品位开辟了一条新的道路。

第十二章 大学生素质的特点与内容

大学生是青年中的优秀分子,是青年群体中知识层次最高、思想最活跃的一部分,是十分宝贵的人才资源。他们的素质如何,关系到中国特色社会主义事业的兴衰成败,关系到全面建设小康社会和中华民族伟大复兴目标的实现。因此,研究大学生成才素质的特点和成才应该具备的素质,对于实施大学生成才素质导航具有直接的意义。

第一节 大学生素质的基本特点

一、社会性

大学生成才素质就其本质而言是社会性。马克思主义认为,观念的东西不外是移入人的头脑中改造过的物质的东西而已,大学生成才所应具备的素质同样也是社会关系的产物。一方面大学生的成才素质受制于社会关系,社会关系决定了大学生成才应该具备什么样的素质;另一方面,大学生成才素质也反映了一定的社会关系。

大学生生活在一定的社会历史条件下和社会环境中,他们必然会受到一定社会历史条件和社会环境的制约。社会环境中的各种因素都会对大学生的素质形成和发展产生影响,这种影响有很大的随机性。这就要求大学生不仅要主动地面向校园,刻苦学习专业知识,积极参加各项活动,培养和锻炼自己的各种素质;更要主动地面向社会,分析判断社会对人才素质的要求,充分利用社会环境中的积极因素,抵制和克服社会环境中的消极因素,使自己形成社会所需要的成才素质。

二、时代性

社会生产力水平的不断发展,必然会引起社会经济关系的变化,进而引起社会政治、道德关系和意识形态的变化,这就使社会形成了鲜明的时代特征。大学生的成才素质是所处时代社会关系的产物,显然会带上鲜明的时代印记,大学生成才素质的内涵不是固定不变的,而是要随着社会生产力和社会生产关系的矛盾运动不断发展变化的。因此,大学生的成才素质要和时代特征、时代要求紧密地结合起来。当前我国正处在全面建设小康社会,实现中华民族伟大复兴的新时期,这就要求大学生应该具备为中华民族伟大复兴、为全面建设小康社会作贡献的能力和素质。

三、实践性

马克思主义认为,社会生活在本质上是实践的。大学生只有通过社会实践的体验,才能形成自己的体会与感悟;只有经过多次的实践锻炼,才能增强自己的能力;只有在长期的社会实践中,才能逐步养成良好的行为习惯和素质。可以说任何一种素质都是在社会实践的需要下产生、在社会实践的基础上形成、在社会实践中得以实现,并在社会实践的推动下发展。因此,大学生只有在动态的、开放的、丰富的社会实践活动中历练,才能使素质得以提高和优化。

四、差异性

差异性是指不同的大学生个体普遍存在这样或那样的素质差别。大学生素质的差异性主要可分为客观差异与主观差异两种类型。客观上,先天遗传是大学生个体素质差异的源头。科学研究表明,不同亲体遗传的基因是不同的,就算是同亲体遗传的子女、甚至孪生子女间的遗传基因也会不同。任何一名大学生都有与其他大学生不同的兴趣、爱好、特长,都存在着程度不同的差异;另外,客观环境因素的影响对素质的形成也是巨大的,由于大学生个体来自于不同的家庭、学校和社会环境,他们进入大学后,素质差异十分明显。主观上,个体主观努力是大学生素质差异的根本因素。一是大学生个体努力程度不同必然出现掌握知识的数量、质量和深度、广度不同,导致素质形成差异;二是不同大

学生的个性特点、兴趣爱好、优势潜能差异会导致学习、内化知识的程度不同,从而形成素质的差异。

第二节　大学生素质的主要内容

一、政治素质

政治素质是大学生素质的核心内容,是大学生成长成才的首要素质,它对大学生的成长成才具有导向、动力和保证作用。

政治素质的主要内容包括五个方面:第一,政治方向,主要包括对社会主义和共产主义的理想追求、对中国特色社会主义道路的信念以及对党的基本路线方针政策的理解和坚持。第二,政治立场,主要包括对党和人民群众的根本利益的维护,与党中央在政治上、思想上、行动上保持高度一致,在大风大浪和大是大非面前能够做到立场坚定,旗帜鲜明。第三,政治观点,主要包括树立马克思主义的世界观、人生观、价值观,能够用辩证唯物主义和历史唯物主义的基本观点分析和认识事物。第四,政治纪律,主要包括对党的崇高形象和党中央的政治权威的维护、对党的政治纪律和组织纪律的贯彻执行,能够自觉用党的原则和纪律规范和约束自己的言行。第五,政治敏锐性和政治鉴别力,主要包括能够正确分析和把握各种社会现象,特别是能够运用马克思主义的立场观点、用中国特色社会主义理论体系正确观察和分析当今世界和我国社会发展中的各种问题,善于识别和排除各种错误思潮的干扰。政治素质的五个方面,相互联系,互为一体。加强大学生的政治素质的教育和培养,就需要把五个方面作为一个整体来看待,在整体性中突出重点。重点是要帮助大学生坚持正确的政治方向、养成正确的政治观点、增强敏锐的政治敏感性和政治鉴别力。

二、思想素质

思想是一个人的理性认识成果,是人的行为和行动的源泉和动力。思想素质是大学生成长成才的根本素质,它对大学生的行为、价值取向等具有重要的指导和规范作用。

思想素质是人对社会善美丑恶以及其他社会现象的认识、行为和做法,包括思想认识、思想觉悟、思想方法、价值观念等方面的内容。思想认识是掌握客体知识的主动行为、是意识的表现形式;思想觉悟是对事物及其产生和发展规律认识和理解的程度;思想方法是对客体知识获取的手段、途径和步骤;价值观念是对客体知识是否具有价值的主观判断和看法。加强大学生的思想素质教育,主要是帮助大学生掌握马克思主义的基本原理,树立科学的世界观、价值观和人生观,正确处理个人与集体、个人与社会以及奉献与索取的关系;掌握科学地归纳问题、分析问题、解决问题的思想方法;确立与社会发展相一致的人生理想以及实事求是的思想作风和崇尚真理的思想品德。

三、道德素质

道德素质是调节大学生的个人行为,处理个人与他人及个人与社会关系所必需的素质,它是大学生成长成才的重要条件,也是大学生立足于社会、成就事业的根本。

道德素质一般可分为三个层次。第一个层次为社会公德、家庭美德、职业道德、遵纪守法、明理诚信等道德品质,它是每个社会成员都应当遵守的公共道德。第二层次是爱祖国、爱人民、爱劳动、爱科学、爱社会主义等道德品德,它是向每个社会成员倡导的社会主义道德。第三个层次是大公无私、公而忘私、奋力开拓、勇于献身等道德品质,它是先进分子所追求的共产主义道德。这三个层次的道德素质要求,对当代大学生来说都是非常必要的,高尚的道德品质和情操是一种巨大的人格力量,它既可以使自己树立崇高理想为社会作出较大的贡献,也可以成为群众的榜样和楷模。提高大学生的道德素质,首先要大力加强大学生的公共道德素质和社会主义道德素质的教育培养,筑牢大学生的道德素质底线,同时,还要积极引导他们加强共产主义道德素质的培养,树立远大的共产主义理想。只有这样,才能使大学生真正成为社会主义合格的建设者和可靠的接班人。

四、科学素质

科学素质是大学生成长成才的基础,是大学生参与科学活动、掌握

和运用科学知识、服务社会的基本条件。

科学素质主要包括对科学知识的掌握、对科学思想的理解、对科学方法的运用、对科学精神的把握以及对科学问题的解决等几个方面的内容,其综合表现为学习科学的欲望、尊重科学的态度、探索科学的行为和创新科学的成效等。科学素质是一个体系,它包括科学知识、科学方法、科学精神、科学技能等内容,它们是互相联系、互相作用的整体。培养大学生的科学素质,就是要帮助大学生从正确理解科学本质、学习科学理论、掌握科学方法、实践科学知识、培养科学精神等多个方面着手,不断增强大学生探索科学的精神和毅力,夯实理论基础,创新科学方法。

五、业务素质

业务素质主要是指专业知识、专业技能、决策和管理能力的综合并内化为才干的反映。业务素质是大学生的基础性素质,是大学生为社会服务、为国家作贡献的必备本领。

业务素质的主要内容包含五个方面:第一,雄厚扎实的学科基础知识和精辟的专业造诣;第二,不断进行专业研究、专业应用、专业开拓的兴趣和能力;第三,管理能力;第四,融合能力;第五,敬业精神。这五个方面的内容是相互联系,融为一体的。专业知识和专业实践能力是基础,相关的管理能力和决策能力是支撑。加强大学生的专业素质培养,就是要帮助大学生在熟悉本专业的业务知识,掌握本专业领域的知识特点、形成规律以及发展的前沿动态基础上,广泛了解和掌握与本专业紧密相关的知识,提高知识的运用能力和融合能力,特别是要培养刻苦钻研的勤奋精神。

六、人文素质

人文素质是指人们在人文方面所具有的综合品质或达到的发展程度,它既强调要关注人的生命、价值和意义,也强调要关注人的精神追求,它是大学生成长成才不可或缺的价值向度,也是大学生成长成才的奠基性素质。

人文素质的内容主要包括四个方面:第一,具备人文知识,主要是

指人类关于人文领域(特别是精神生活领域)的基本知识,如历史知识、文学知识、政治知识、法律知识、艺术知识、哲学知识、宗教知识、道德知识、语言知识等。第二,理解人文思想,主要是指支撑人文知识的基本理论及其内在逻辑。第三,掌握人文方法,主要是指人文思想中所蕴涵的认识方法和实践方法。第四,遵循人文精神,它是人类文化或文明的真谛所在,也是人文素质的核心,主要指人文思想、人文方法产生的世界观、价值观基础。广泛猎取人文知识是人文素质拓展的基础,理解人文思想是人文素质拓展的关键,遵循人文精神是人文素质拓展的根本原则。加强大学生人文素质培养,就是要引导大学生经常性地加强人文学科、文化修养、人类意识等多方面的教育和训练,不断丰富人文知识、掌握人文方法、遵循人文精神,进而提高其精神境界,培养理想人格,坚定理想信念。

七、心理素质

健康的心理反映了人们社会生活的质量,决定着人才规格的高低。心理素质是大学生成长成才的内在要求,也是大学生综合素质发展的个体需要。

心理是人的生理结构特别是大脑结构的特殊机能,是对客观现实的反映。心理素质包括人的认识能力、情绪和情感品质、意志品质、气质和性格等个性品质等诸多方面的内容,它既具有人类素质的一般特点,也具有个体的特殊性。当今的社会发展迅猛,速度加快,竞争激烈,矛盾复杂,人们的心理负荷也在不断加重。如何优化大学生自身的心理发展过程要素,培养大学生良好的个性心理,提高大学生的心理素质,是目前高等教育必须抓好的一项战略任务。因此,一方面要加强大学生个性心理品质的培养,帮助大学生在心理发展过程中形成全面的认识、稳定的情感、坚强的意志,形成健全的个性心理倾向和特征。另一方面要加强大学生心理调适能力的培养,帮助大学生不断提高承受挫折、失败、痛苦等各种压力的心理承受能力;提高面对困难、艰苦、清贫和各种复杂环境的心理适应能力;提高处理心理问题和心理障碍的心理调整能力以及能够正确对待自我和他人的心理问题的接纳能力。

八、身体素质

身体素质是人们在工作和生活等社会活动中表现出来的一种以体质、体能、精力等为主的能力。它是大学生成长成才的最基本的素质。

身体素质主要包括健康的体魄、充沛的精力、敏捷的反应、良好的生活习惯以及掌握合适的锻炼方法等。它不仅是大学生全面自由发展的生理基础,也是大学生获得个人幸福的必要条件。提高大学生的身体素质,首先要端正大学生对身体素质的态度,既要使他们认识到"身体是革命的本钱",也要使他们认识到这个"本钱"是用来为社会、为人民服务的,必须要倍加珍惜。其次要帮助大学生科学地掌握锻炼身体的方法和技巧,培养他们参加身体锻炼的兴趣,坚定他们坚持锻炼身体的毅力。再次要指导大学生选择健康的生活方式,养成良好的生活习惯。

九、审美素质

审美素质是指人所具备的审美经验、审美情趣、审美能力、审美理想等各种因素的总和,它既体现为对美的接收和欣赏的能力,又体现为对审美文化的鉴别能力和审美文化的创造能力。

审美素质的主要内容包括感受美、认识美、鉴赏美、创造美等方面的能力。良好的审美素质是大学生追求真理、发扬善性、增强健康的基本动力,提高大学生的审美素质不仅能帮助大学生净化心灵、陶冶心性、健康身心,还能促进大学生政治素质、思想道德素质、科学文化素质等各方面协调发展,为大学生的美好未来和幸福生活奠定基础。加强大学生审美素质培养,一方面需要通过认识、欣赏优秀的文学艺术作品,树立健康的审美情趣,追求高尚的审美理想,塑造完美的人格;另一方面要帮助大学生在审美过程中,不断积累丰富的美学知识,完善知识结构,从而提升观察能力、想象能力和创造能力,具备创造美的能力,达到开阔视野、丰富知识,发展形象思维,树立正确的审美观点,进而达到影响其思想情感以至整个人的精神面貌的目的。

大学生素质的内容是多方面的,其素质发展也必须是综合性地整体发展。在大学生素质结构中,政治素质、思想素质、道德素质包含于

德育之中，是大学生全面发展的灵魂和精神支柱；科学素质、人文素质、业务素质包含于智育之中，是大学生全面发展的核心；身体素质、心理素质包含于体育之中，是大学生全面发展的自然基础和前提条件；审美素质包含于美育之中，是大学生全面发展的重要因素和必要条件。这些素质相互关联，相互影响，相互作用，相互促进，共同作用于大学生自由而全面的发展过程中，互不可缺。否则，就会影响到大学生的全面发展，影响到大学生的健康成长成才。

第十三章　大学生素质的现状与原因分析

全面推进素质教育,大力提高大学生的综合素质,培养具有创新精神和实践能力的优秀人才,使大学生在德、智、体、美等方面全面发展,是高等学校人才培养的一项紧迫任务,更是实现"人才强国"战略的需要。当前,大学生的总体素质比较高,个体综合素质发展比较全面,展现了我国当代大学生的精神风貌和时代特征。但是,在部分大学生中,也还存在着整体素质不高,个体综合素质发展不平衡的问题。准确把握大学生的素质特点,客观分析其形成原因,对于加强大学生的素质导航,促进大学生的全面自由发展,具有十分重要的意义。

第一节　大学生素质的现状分析

一、大学生政治意识较强,但政治鉴别力却有待提高

社会的急剧变化和发展,"两耳不闻窗外事,一心只读圣贤书"的闭门读书已成为历史,大学生群体越来越关注社会的变化和国家的大事。他们具有较强的政治意识,不仅具有单一性的知识思维,同时也具有较为复杂的政治思维。他们的政治敏感性较强,政治意识主流积极向上。主要表现在:(1)坚信共产党的领导,对党和国家的前途命运充满信心,在重大问题上,大多数学生能与党中央保持一致,对我国政治形势的稳定表示欣慰,他们相信中国特色社会主义事业一定能够取得成功,对国家的前途充满信心和希望。有调查表明,"近年来,大学生的改革开放意识明显增强,大学生对党的方针政策给予了热情关注,特别是对祖国改革开放三十年建设取得的伟大成就深感认同,认同走社

会主义道路是中国人民的正确选择,只有改革开放中国才能发展、民族才能复兴,他们对中国的前途充满了希望和信心。"①(2)关心国内外大事,具有较强的政治意识和较高的政治认同感。调查显示,"大学生对当前政治形势的稳定程度持基本认同的占86.3%,对我国长期稳定持有信心的占85.6%,对本届政府的满意度占89.8%,对党和社会风气根本好转持有信心的占82.5%,对我国能顺利战胜目前金融危机困难局面持有信心的占84.2%,对个人参与国家事务的满意程度占78.3%。"②(3)政治上积极要求进步,有较强的爱国主义观念。当前,绝大多数大学生在政治上都是积极要求进步的,以实际行动向党组织靠拢已成为大学生政治追求的主流。他们对热爱祖国的基本观念表现出较高的认同度,特别是对改革开放三十多年来,在共产党的领导下,中国社会发生了翻天覆地的变化和国家综合国力不断增强的认同感较高,民族自信心和民族自豪感也日益增强,爱国热情进一步激发。例如,在2008年的奥运圣火传递过程引发的护卫圣火的爱国行动以及"5·12"汶川大地震后青年学子的团结互助,充分体现了当代大学生强烈的爱国主义情怀。但是,我们也要看到,大学生政治素质还不够成熟,政治鉴别力有待于进一步提高。比如,他们在入党动机上是多元的,对共产主义的信仰程度还不是很高;在处理国家利益与个人发展问题上,存在着一定的偏差;在处理大是大非问题上,还缺乏一定的辨别力,容易被一些假象所迷惑。

二、大学生思想活跃,道德主体意识比较强,但价值观念呈现出明显的多样性和多变性

当代大学生的思想十分活跃,对新事物、新观念接受快,但是对社会现象的深刻把握不够,分辨力不强,自我价值观念复杂多样,且易变

---

① 娄先革:《大学生思想道德现状及特点分析》,载《中国成人教育》2009年第9期。

② 娄先革:《大学生思想道德现状及特点分析》,载《中国成人教育》2009年第9期。

化。比如,在价值认知上,随着改革开放的深入,中国特色社会主义建设所取得的成就不断扩大,他们对中国特色社会主义道路的信心不断增强,对中国特色社会主义理论体系的认同度不断提高,对马克思主义中国化、时代化、大众化的信念不断坚定。在道德修养方面,当代大学生懂得道德素质的重要性,深知公民道德建设对中国特色社会主义建设的重大意义,也期望着每个公民都具有较高的公民道德意识;他们明确学校丰富多彩、灵活生动的德育活动的内涵以及不同道德修养途径所承载着的德育内容或德育目标,明确提高道德素质的关键在道德主体自我行为的养成,也就是说道德主体意识得到了增强。有调查表明,"89.8%的学生认为大学生的道德水准应高于一般公民;96.3%的学生赞成'奉献爱心,相互帮助,向往和谐的人际关系及建立诚信社会',97.2%的学生赞成'平等相待,公平竞争',89.3%的学生认为'他人遇到困难和生命危险时,应无条件援助'等。"[1]但是,随着世界经济一体化时代的到来以及多元文化的影响,大学生的价值观念也呈现出多元与趋同共存,分化与整合同在的样式。在价值取向上,他们希望社会公正廉洁,人际交往和谐。而现实生活中许多不良现象又与之形成强烈反差,使大学生的视野不断转向现实,关切中国社会具体问题的倾向明显增强,呈现出务实与理想同在,世俗与崇高共存的样式。在价值实现上,大学生在追求理想与价值目标实现的过程中,一方面强调要依靠自我努力、个人奋斗,另一方面,也十分注重寻求外力的支持与帮助,呈现出自致与先赋同求、物质与精神共享的样式。在价值目标上,存在着双重结构,即在个人生活领域,表现出明显的"个人"倾向,而在社会生活领域则依然以"社会"为重,是一种个人与社会兼顾,传统与现代并存的样式。总之,无论是在思想认识上,还是在思想觉悟、思想方法和价值观念上,大学生的思想都是积极活跃的,具有极大的可塑性。同时,当代大学生还存在着道德的自我约束力不强,道德需求更趋于实用性

---

[1] 娄先革:《大学生思想道德现状及特点分析》,载《中国成人教育》2009年第9期。

等问题。比如,在自我价值的实现方面,过分强调个人本位;在理想与目标方面,过分关注眼前的机会和发展,忽视远大的理想和目标;在物质生活方面,不少人把实现较高经济收入和安稳生活放在人生追求的首位,重实惠、求实用,从而淡化社会责任感,甚至陷入极端个人主义的泥坑;在索取与奉献的关系上,过多地强调索取,认为个人贡献与社会回报应等价,等等。

三、大学生接受知识的能力较强,专业基础也较扎实,但科学精神和实践能力还有待于进一步加强

当代大学生从小就受到良好的教育,他们的知识面宽广,头脑灵活,接受能力较强。"他们知识丰富,不满足于标准化、模式化,形成了有目的的思考方式和价值观,对新生事物的接受能力强,对现代化设备的操纵能力强。"[①]从高等教育的发展趋势来看,所有的高校都在强调"培养宽口径、厚基础、重创新、复合型的人才",强调从课程设置、教学方法、专业培养等方面加强复合型人才的培养,使大学生的专业基础也变得更为扎实、宽厚。但是,从大学生的专业学习能力来看,一方面,由于大学生在校期间的各项实践环节,如生产实习、课程设计、毕业设计、毕业实习等所安排的学时有限,实习基地建设严重不足,学生从社会实践中学到的知识有限,不能很好地将所学的理论知识与实践相结合;另一方面,由于一些大学生对专业知识学习重视不够,上课不认真,逃课现象严重,对于老师布置的课外作业、课程设计、毕业论文或毕业设计等必要的教学环节不认真思考,而是临时从各种学术杂志或互联网上摘抄,甚至全文囫囵吞下。这些导致大学生专业基础不牢,专业知识不精,专业能力不强,对工作岗位所需要的知识、技术、能力储备不足,到工作岗位后适应能力较差,社会竞争力不强。

从大学生的科学精神培育来看,面对信息量巨大、纷繁复杂、充满冲突、深奥晦涩的知识集合,他们又难免缺乏对科学思想的正确理解和

---

① 余双好等:《当代大学生现状的质性分析——高校辅导员眼中的"80 后"大学生》,载《学校党建与思想教育》2009 年第 5 期。

对科学精神的深刻把握。比如,大学生具有强烈的求知欲望,掌握了较为丰富的科学知识和科学的学习方法,但是,他们对科学知识的实际运用和创新能力还不强,对知识的交叉运用能力和相互渗透还理解不够,知识结构趋于单一。他们接受了良好的基础教育,科学知识基础较为扎实,掌握了现代化的学习方法和手段,由于现代信息技术的便捷,使他们缺乏对科学追求的严谨和执著。他们深知社会竞争的巨大压力,懂得科学知识的重要性,但由于过分地考虑眼前就业,忽视长远的规划,导致许多大学生热衷于考研、考证,注重学习的功利性,忽视了科学知识学习的连续性和整体性,科学创新能力有待于提高。

四、大学生人文素养不断提高,但人文精神还有待于提升

当代大学生思想比较成熟、知识比较渊博,精通高科技,对待新技术发展具有快速的反应能力,能紧跟时代的潮流,较好地做到将时代的重任与脚踏实地的行动有机地结合起来,弘扬时代精神,陶冶美好情操,具有较强的想象力和塑造力,也具有一定的审美意识、审美情趣和审美能力。他们的文化知识比较全面,文化素质也比较高,大部分学生也具有比较突出的特长。但是,从总体上看,大学生的人文素质还不高,人文精神有待提升。这是因为,一方面,大学生的人文素质修养并非一日之功,需要长期不懈的努力才能养成。特别是随着现代科学技术的不断发展,各个领域既高度分化又高度综合,学科之间相互交叉和相互渗透更为明显,加强大学生人文素质修养显得更为迫切和重要。同时,由于长期以来,我国高等教育比较注重专业教育和教育的社会工具性价值,忽略人文教育,忽视大学生精神世界和人格的构建。导致大学生在追求高学历的同时,却容易忽视对人文知识的获取,对人文思想和人文精神的整体把握,从而导致大学生在为人处事、立德做人、人文关怀、审美品位等方面素质和能力的缺乏。另一方面,由于当代大学生基本上是从学校到学校,缺乏社会阅历,缺乏理论与实践的有效结合,缺乏一定的实践训练。正因为缺乏了这种自我体验和经验的总结,所以,他们分析问题、解决问题的能力和创新能力不强,精神生活的观察力、想象力和创造力也需要进一步提高。

五、大学生青春气息浓厚,精力充沛,但心理健康问题却不容忽视

青年大学生朝气蓬勃、富有生机,具有较强的求知欲和较高的智商,能较好地适应社会和学校环境,拥有比较完整的人格和自我意识。他们的各项身体素质发展已从生长发育进入生长稳定的时期,发育全面且趋于稳定,各项身体指标接近或达到最佳水平;具有比较全面的体育基本知识和技术,掌握了一定的体育锻炼方法,并能较好地加以运用。他们"充满青春活力,积极组织参加各类活动,勇于尝试,经商欲望强,维权意识强,学会利用法律手段表达诉求,重友情,追求爱情大胆直白,女生的现代意识增强,泼辣、能干,对生活不仅有目标、有追求,而且能坚持"。[①] 应该说,当代大学生个性心理品质总体状况是好的。但是,也存在着一些不可忽视的问题,主要表现在两个方面:一个是心理健康状况不容乐观。"近些年来关于大学生心理健康的研究表明,大学生中相当一部分学生心理上存在不良反应和适应障碍,心理疾患发生率高达30%左右,并继续呈上升趋势,表现为焦虑、强迫、恐怖、抑郁、神经衰弱等",[②]个别严重的甚至走上自杀轻生的道路,明显地影响了一部分学生的健康与成长。另一个是个性心理品质亟须优化。有关的调查结果表明,当前高校大学生有比较明显的个性弱点,主要表现在缺乏认真负责的精神,以自我为中心,言行不一,克制力、意志品质比较差,缺乏务实的态度,缺乏坚忍不拔、持之以恒的精神。

第二节 大学生素质存在问题的原因分析

一、社会环境是影响大学生素质发展的宏观因素

大学生是时代的"晴雨表",社会的"温度计"。随着社会的开放和

---

① 余双好等:《当代大学生现状的质性分析——高校辅导员眼中的"80后"大学生》,载《学校党建与思想教育》2009年第5期。

② 林永和:《迎接新世纪挑战,大学生心理素质怎样》,载《中国教育报》2000—12—12。

信息交流的便利,大学生与社会的接触已超越了时空的限制,他们的观念态度、思想意识、言行举止等无时无刻不在接受各种文化、各种社会意识的洗礼,他们的素质发展必然受国际国内环境的影响,受各种社会关系和社会意识的干扰。

当今社会,国际形势瞬息万变,世界多极化趋势不可逆转;各种思想文化相互激荡,各种矛盾错综复杂,意识形态领域的较量将长期存在,敌对势力对我国实施西化、分化的战略图谋没有改变,与我争夺下一代的斗争更加尖锐复杂。大量的西方文化思想和价值观念冲击,以及某些腐朽没落的生活方式对大学生素质形成和发展的影响不可低估。

科学技术的飞速发展,不断提高了社会生产力水平,促进了世界经济一体化的发展趋势,并逐步向科技、政治、思想、文化等各领域扩张与渗透;特别是由于计算机技术和现代网络技术的迅猛发展,人类信息处理与传播方式的广泛普及与应用,对社会状态、社会运行带来了全方位、综合性的改变。中国工业和信息化部副部长奚国华在博鳌亚洲论坛 2009 年年会中曾指出:截止到 2009 年一季度,中国网民数量达到 3.16 亿;中文网站数量达 287.8 万个;拥有移动用户 6.7 亿,其中有手机上网网民 1.176 亿,三项指标继续稳居世界排名第一。① 其中,青年学生的网络使用率最高,是中国网民的重要组成部分。网络给中国经济发展带来了机遇,也给中国人的生活带来了巨大的影响,特别是给大学生学习、工作、生活、心理,以及价值观念、思维方式、行为方式都带来了重大的影响。比如:网络的普及性会导致大学生网络生活时间管理难度加大、网络行为的失控、交往能力与团体意识的弱化,容易形成网络依赖和人格障碍,影响到大学生素质的形成和发展。

世界经济全球化,知识经济的迅猛发展,国际间的竞争、合作不断加强,要求人们不仅要具有适应这个时代的大量的各种知识,而且要求

---

① 人民网(EB/OL) http://wireless.people.com.cn/GB/113340/113371/9156984.html.

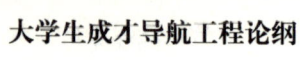

必须学会运用知识、学会学习、学会生活、学会生存。然而,知识经济时代一个重要的表现就是社会竞争日趋激烈,适者生存,不适者淘汰。竞争上岗,竞争择业,整个社会始终处在激烈的竞争之中。再加上竞争的无序给人们思想上造成的混乱,更是让人心浮躁的心里增添无穷无尽的烦恼,会使人感到茫然,无所适从,各种心理疾患也会应运而生,从而影响着人们的健康成长。

面对当今社会对人们提出的越来越高的素质要求,党和政府大力提倡要加强素质教育,但教育行政部门、各级学校、家长乃至社会却一直没有从以"升学考试"为中心的应试教育中走出来,一切为了考试。这种应试教育,在人们思想中建立了根深蒂固的观念:认为"只要通过了考试,就是学会了知识,掌握了技能"。从而使广大学生忽视了人文素质的培养、科学精神的提升、实践能力的提高,也忽视了人与人之间的交流和沟通,忽视了个性的发展,最后导致了大学生素质结构的畸形。

二、家庭环境是影响大学生素质发展的具体因素

家庭环境是社会大环境的缩影,家庭环境的影响也是一个社会化的影响过程。家庭,是一个人成长的摇篮,家庭环境对一个人的成长影响是巨大的。特别是青少年,他们对周围的一切都充满着好奇。他们热情洋溢、兴趣广泛,却缺乏毅力;他们渴望了解社会、了解人生,渴望独立自主,却又缺乏足够的能力摆脱幼稚、分清善恶。他们的这些不稳定的个性与模糊的观念如得不到及时的引导和教育,就很容易被一些不良的事物所引诱。因此,家庭教育对子女的世界观、人生观、价值观的形成具有启蒙作用和深远的影响。

父母是孩子的第一任老师。父母在孩子身上倾注的天然的爱是谁也无法替代的,这种爱本身就构成了强大无比的教育力量。家长要全面关心孩子,关注其道德行为规范的养成、社会能力的培养以及个性的发展与塑造等。首先,成人教育是家庭教育的重心。教育的最高宗旨乃是帮助受教育者成为一个完整的人,成人成才是社会的希望,也是家长们的共同愿望。父母希望子女成才,不仅是希望他们能掌握扎实的

科学文化知识,更重要的是希望他们懂得学会做人的道理,做一个对社会有贡献的人。其次,德性熏陶是家庭教育的重要功能。理性培育与德性熏陶始终是教育的两根支柱,人类文明的进程决不止于科学的一脉独张,技术理性在改变人们生活的同时,并不必然给人们创造一个和谐美满的社会,人类文明的大厦需要德性与理性共同构筑。父母的言行对子女的道德修养和人文精神的构建具有潜移默化的影响,家长的人生体验对子女的熏染与教化作用十分重大。

目前,绝大多数大学生来自独生子女家庭,他们作为家庭的宠儿,备受家庭的呵护,无论在物质上,还是精神上远远优越于上一代。他们在爱的包围中成长,得到了"阳光雨露"的滋润,很少经受"风吹浪打",甚至还有不少大学生是在溺爱中长大。他们过多地体会父母的给予,却往往不知对人感恩;他们经受太少的磨难,却往往不会对事尽心;他们有过富裕的物质生活,却往往不懂对物珍惜;他们拥有较强的自我意识,却往往不能对己克制。家庭的过分包容,家长的过分疼爱,导致大学生素质发展的不平衡。

三、学校教育与管理是影响大学生素质发展的直接因素

学校教育与社会教育是相对的概念。学校教育是由专职人员和专门机构承担的一种有目的、有系统、有组织,以影响受教育者的身心发展为直接目标的社会活动,其根本任务就是培养教育学生,因此,学校对学生素质的影响是最直接的。学校教育不仅是人类传承文明成果的一种方式和途径,让学生掌握人类所创造的知识,同时,学校教育还必须教育学生学会更好地融入群体与社会当中;教育他们获得终身学习和终身发展的动力、热情和必备的基础;教育他们在纷杂的事物中学会选择,具有正确的价值判断能力,为他们多样化的发展提供可能和条件,使他们具有独立健全的人格和鲜明健康的个性,使他们拥有善良的人性、美好的内心和优雅的举止,使他们学会清醒而客观地认识自身的价值和在社会上恰当的位置,并养成时时自我反省的习惯,学会自我调整,使自身不断完善,使他们逐渐懂得自己所承担的责任,包括对自己、对家庭、对社会、对人类和对后代的责任。学校

教育是个人一生中所受教育最重要的组成部分。学校教育从某种意义上讲，决定着个人社会化的水平和性质，直接影响着个体综合素质的发展，是个体社会化的重要基地。学校的教育思想、教育方法、教育环境、教育内容、教师职业道德、校风学风、校园文化无不直接或间接地影响着大学生素质的形成。

学校教育也是一种目标教育。也就是说，培养什么规格的学生是由其培养目标决定的，目标的确立和与之相适应的措施，对学生素质的养成起决定性的作用。尽管我国各类学校培养目标明确。但从实际情况看，我国的中小学、乃至大学教育长期处于应试教育的模式中，教育的改革发展不能很好地适应社会和经济发展的要求，不能适应人才培养的需要。一方面，从高等教育宏观上来看，我国高等教育是社会主义的高等教育，始终坚定不移地坚持党的教育方针，不断推进教育改革，提高教育质量，加强和改进大学生思想政治教育工作，办人民更加满意的教育，对大学生的素质教育和培养取得的成绩是巨大的。但是，随着我国高等教育不断由"精英教育"向"大众化教育"迈进，高校连年扩大招生规模，教育资源相对短缺，教育师资明显不足，教育环节落实不到位，导致大学生素质教育的认识不高、措施不力、效果不佳；同时，随着高校的不断扩招，在校大学生人数增长过快，学生就业压力不断加大，大学生学习的功利意识加重，也使得大学生素质教育的难度加大。另一方面，从高等教育微观上来看，随着改革开放的深入，我国社会经济发展已步入了社会矛盾凸显期，各种利益主体的诉求相互交错，社会矛盾较之以前更为凸显。受其影响，学校在校园文化建设、校风学风建设也呈现出商业氛围，功利思想、现实主义无时无刻不在影响着每一个大学生，本应积极进取、奋发向上的学习氛围受到了干扰；有的老师不能正确理解教育的真谛，把教育教学管理简单化，动辄以罚代教，不尊重学生的人格，不爱护学生的自尊心，更有甚者，也有个别老师把纯洁的师生关系变成金钱关系，不能全身心地投入教育事业，这些都给大学生素质形成和发展带来了严重的负面影响。

四、大学生自身原因是影响大学生素质发展的根本因素

唯物辩证法认为,内因和外因在事物的发展过程中是同时存在、缺一不可的,但二者的地位和作用是不同的。内因是事物存在的基础,是事物发展的源泉和动力,它规定着事物运动和发展的基本趋势,外因是通过内因而作用于事物的存在和发展的。所以,内因是变化的根据和第一位的原因,外因是变化的条件,外因通过内因而起作用。同时,内因和外因在一定的条件下能够相互转化。

从大学生素质形成和发展的动因来看,社会现实生活、家庭氛围、学校教育等对大学生素质的形成发展起着重要作用,但这些作用并不是简单的、单向性的输入,素质形成和发展的根本是外部影响与个体心理相互作用的结果,如果没有主体的内化过程,任何外部刺激都会化为乌有。尤其是大学生具有较强的自主性和道德选择能力,他们会根据时代和形势的发展和需要,主动追求、努力去实现业已认定的素质发展方向。

大学生正处在生理、心理逐步走向成熟但又未完全成熟的人生发展的重要转折时期,处于这个时期的大学生们,往往是观察力敏锐却认识片面,求知欲望强烈而鉴别能力差,感情丰富而理智力弱,民主意识强而组织纪律性差,知识面广而社会公德素养差,向真性强而可塑性大。"他们充满自信和勇气,充满了美好的幻想,却往往被外面的竞争浇熄了斗志,往往被残酷的现实打击的一败涂地,但是他们从未放弃。"[1]现在的大学生大多为"80后"、"90后"独生子女,从小生活在物质相对充裕、备受家长的宠爱乃至溺爱的环境中,处在家庭中的核心地位,有更多的机会直接参与大人们的生活,这使得他们形成了独立自我的个性,比任何一代都更了解社会,甚至有部分人能按社会上的做法来为自己争取有力的砝码;他们自我选择性强,较少对某种价值观简单盲目认同,喜欢自主展示思想,喜欢通过争论和碰撞形成观点,接受新事

---

[1] 余双好等:《当代大学生现状的质性分析——高校辅导员眼中的"80后"大学生》,载《学校党建与思想教育》2009年第5期。

物。他们希望自己的价值能为社会所理解和肯定,能在社会上找到自己的价值坐标,但又因为思想相对简单,还不深刻、不够理性,缺乏成熟的独立思考意识,也缺乏证明自己的勇气和改造自我的毅力,这使得部分学生焦虑情绪严重,成为诱发各种思想问题的隐患,所有这些都严重影响了大学生素质的形成和发展。

第十四章　大学生素质导航的实施

在新的历史时期全面提升大学生的综合素质是一项现实而紧迫的任务。全面提升大学生的综合素质,要按照党的教育方针的要求,按照全面建设小康社会的实际,按照人的全面发展的内涵,遵循教育规律和人才成长规律,努力探索提高大学生素质的途径和方法,着力解决他们在素质发展中的困难和问题,认真做好大学生素质导航工作。

第一节　大学生素质导航的基本原则

一、德育为先的原则

政治思想和道德品质是大学生个人成长的根基,也是大学生素质发展的"方向盘"和"制动器"。实施大学生素质导航,首先必须坚持"德育为先"的原则。"德育为先"就是要求学校在实施大学生素质导航工作时,必须按照党的教育方针的要求,在兼顾各育的同时优先保证德育需要,提高德育质量,争取最佳的德育效果。这是因为,坚持德育为先的原则,首先是全面贯彻党的教育方针的需要。大学生的思想政治教育是与一定阶级的利益、政党的意志和一定社会制度的需要联系在一起的特殊过程。我国宪法规定了中国共产党在国家政治生活中的领导地位,坚持中国共产党的领导是我国社会主义制度的基本原则,各级各类学校都必须坚持党的领导,贯彻党的教育方针。在大学生素质导航工作中,坚持德育为先原则就是坚持党对学校的领导、贯彻党的教育方针的具体体现,是中国特色社会主义教育事业的鲜明标志,也是我国教育为社会主义事业培养合格的建设者和接班人的最重要保证。其

次是提高大学生整体素质的需要。提高大学生整体素质是高等教育培养目标和现代社会发展的必然要求。德育素质既是大学生整体素质的重要方面,在大学生素质结构中居于主导地位,对于大学生的其他素质具有统率、导向、制约、激励和保证作用,德育的发展水平与大学生整体素质发展水平及其发展前景有密切关系。在大学生素质导航中,坚持德育为先原则,既可以调动高校各方面积极性,培养出一支责任心强、素质好、善于教书育人的教师队伍,又可以促进良好教风、学风和校风的形成,坚持育人为本、德育为先的办学方向,促进大学生的整体素质发展。再次是增强大学生思想政治教育工作实效性的需要。坚持德育为先的基本前提是统筹协调好德育与学校其他工作的关系、合理配置德育资源、增强德育的有效性。学校的教育资源是有限的,对教育资源的需求是多向的,德育是其中的需求之一。如何处理德育与学校其他工作的关系,如何分配教育资源,直接关系到德育的效果。坚持德育为先原则,有利于增强德育管理者的责任感,增强德育工作者的自信心和勇气,有利于合理配置德育资源,保证德育工作的需要,从而进一步提高德育的效果。

思想政治素质是大学生的首要素质。正如胡锦涛总书记指出的:"要使大学生成长为中国特色社会主义事业的合格建设者和可靠接班人,不仅要大力提高他们的科学文化素质,更要大力提高他们的思想政治素质,只有真正把这项工作做好了,才能确保党和人民的事业代代相传、长治久安。"[1]坚持育人为本、德育为先,坚持把坚定正确的政治方向放在首位,是高校思想政治教育工作永恒的主题。只有坚持德育为先的原则,才能从根本上解决高等学校"培养什么人,如何培养人"的问题,才能坚定社会主义的办学方向,明确高等教育的培养目标,加强和改进大学生思想政治教育,提高人才培养质量,提升大学生的综合素质,为社会主义建设事业培养合格的建设者和可靠的接班人。

---

[1] 胡锦涛:《进一步加强改进大学生思想政治教育工作》[2005–01–19]. www.xinhuanet.com。

二、全面性的原则

大学生成才素质导航的实施是一个系统工程。在实施中既要有长远规划,又要精心组织,必须坚持全面性原则。

(一)从实施对象上看,实施素质导航要面向全体学生

在大学生群体中,虽然他们的文化程度相同、学习条件相似,但由于每个人的先天素质的不同,社会经历和生活环境的差异,大学生个体之间的素质发展水平呈现着千人千面的特点。因此在大学生素质导航中坚持全面性原则,就是要改变"精英化"教育模式——即只着力于某些素质处于优势的少数"尖子"学生,使他们这些优势素质得以更多的发展;素质导航要始终面向全体学生,在教育和培养目标上要着眼于全体学生整体素质提高基础上倡导学生的多样性发展,使每一位学生都有条件、有可能实现自身整体素质的全面提高。

(二)从实施内容上看,实施素质导航要涵盖人的素质的各个方面

人的素质是一个复杂的有机结构。就单项素质而言,它是相对独立的;就素质结构的整体而言,它又是综合统一的,各素质之间相互联系,相互促进。独立性代表着个体素质发展中丰富多样的个性发展,而统一性则表征着个体素质发展的整体发展程度、状态和水平,素质发展的独立性和统一性共生于个人素质结构的有机整体之中。所以,素质导航的实施中既要注意突出个体在素质发展上的个性,更要注意整体素质水平的协调、均衡的发展,只有在较高整体素质的平台基础上,个人的单项或单方面素质才能得到跨越式的突破和充分的发展。在高校传统的思想政治教育中,往往着重关注学生单项或部分素质的提高,缺乏整体意识和全面意识,造成学生在素质发展上的不全面和教育需求上的供给不足。坚持全面性,就是要从大学生素质形成和发展的整体中发现问题和不足,探索新途径与方法,明确发展方向和目标。

(三)从实施过程上看,实施素质导航要涵盖学校教育的全员、全方位

任何思想政治教育活动都不是单独运转和独立发展的,从学校教育而言,它需要学校的教育、管理和服务等各条战线的教职工立足本职

岗位的全身心投入,每个人都有育人的职责,每门课程都要发挥育人的功能;从教育大环境来讲,它需要学校、家庭、社会多方面的关心、支持和参与。

大学生成才素质导航是一项系统工程,必须要贯彻和落实全员育人、全过程育人的原则。如果仅仅依靠单纯的教学环节或单一的思想政治教育,是难以收到成效的,只有充分发挥教学、管理、服务各个层面的积极作用,发动广大师生的积极参与,才能使大学生素质导航工作得到进一步地加强和改进,才能有效地提升大学生的整体素质,促进大学生全面、自由地发展。

三、主体性的原则

大学生素质导航的实质是促进大学生自由而全面的发展,提高大学生的综合素质,提升大学生的社会竞争力和发展力,其落脚点在于大学生的自主发展。突出主体性原则,就是要以社会发展的要求和大学生自身的需要为出发点,创设相应的教育环境,调动和激发大学生的自觉性、自主性和创造性,以促进大学生的全面发展,其目的是使大学生具有综合性的素质和能力,成为素质导航活动和自我发展的主体。

素质是内在于人的心智结构中的一种身心组织结构的特征或属性,它必须为主体自身激发或掌握,才能真正成为主体自身心智结构中的一部分,从而实现主体自身素质的提升。所以激发受教育者的积极性和主动性,充分发挥学生的主观能动性,让学生在受教育的过程中始终具有主人翁的地位、成为学习的主人,才能使其自身得到个性发展和各方面素质的整体跃升。正如苏联著名教育家苏霍姆林斯基所说:"只有能够激发学生进行自我教育的教育,才是真正的教育。"[1]

党的十七大报告再次提出了"以人为本"的理念,并将其作为科学发展观的核心内容,这表明党和政府在新的历史时期把工作的重心放在了人自身的发展和提高之上,而人自身的发展和提高过程即是人在自觉的活动中表现出来的自主性、能动性和创造性,即人的主体性的彰

---

[1] [苏]苏霍姆林斯基:《给教师的建议》,教育科学出版社1984年版,第341页。

显和解放的过程。为此,马克思指出:"动物只是按照它所属的那个物种的尺度和需要来建造,而人却懂得按照任何一个种的尺度来进行生产,并且懂得怎样处处都把内在的尺度运用到对象上去,因此人也按照美的规律来建造。"①以人为本,是人类生产与生活、生存与发展的基本原则。以人为本,落实在教育活动中就是要坚持主体性的原则,即在教育过程中,始终坚持以学生为主体,重视学生的主体意识、主体价值和主体能力的培育,提高学生的综合素质水平,实现学生的全面发展。

长期以来,在传统的思想政治教育中,往往采用的是"我说你听、我打你通"的简单的上授下受的灌输式教育模式,不太注重教育过程中学生主观能动性的发挥。这种教育模式,把学生作为"知识的容器",忽视了学生主体在教育过程中作为"学"一方的独立性、能动性和创造性,造成了学生在个性发展上的缺失,最终导致教育的实效性和针对性效能降低。素质导航坚持主体性原则,就是要改变传统的教育模式,充分地尊重学生的主体意识,挖掘主体内驱潜力,发挥主体能动性,增强主体性体验,强化学生自主管理和发展能力,促进学生自由而全面发展。

四、内化的原则

内化的概念,最早是由涂尔干(Emile Durkheim)提出来的,原指社会意识向个体意识的转化,即意识形态的诸要素移置于个体意识之内。② 思想政治教育中的内化是指受教育者在教育者的帮助下或在其他社会因素的作用下,接受社会所要求的观点、要求、规范并转化为自己的个体意识,也是个体不仅真正相信、接受和遵守社会的观点、要求、规范,而且自愿将这些要求作为自己的价值准则与行为依据的过程。

内化作为一个过程,主要是由注意、理解和接受三个环节组成。(1)注意。是指个体对外部刺激所产生的心理活动的指向性和集中性。引起人的注意的主观内在因素主要有三个方面:一是个体需要的指向和

---

① 《马克思恩格斯全集》第42卷,人民出版社1979年版,第96—97页。
② 朱智贤:《心理学大词典》,北京师范大学出版社1989年版,第451页。

表现程度(强弱程度);二是特殊情感,是指个体在以往的经验中对思想政治教育所产生的肯定性或否定性情感;三是兴趣,是指积极认识思想政治教育活动的心理倾向。当然引起人的注意还有两个客观外在因素:一是比较强烈的刺激作用;二是富于变化的刺激作用。(2)理解。理解是在注意的基础上对外部刺激的继续认知,一般可分为三个层次:改述、归纳和外推。(3)接受。接受就是个体对外部刺激信息的比较、鉴别、选择,最后摄取,并与自己原有的认知结构融为一体的过程。

　　内化是一种源于精神内部的活动,任何外部的引导、塑造,只有通过受教育者大脑内部的精神活动才能起作用。因此,在大学生素质导航中遵循内化的原则,就需要做到:第一,素质导航的内容要力求贴近学生实际,为学生所理解、所接受。第二,要认真研究学生的个体心理需求,因势利导。大学生素质导航必须要满足个体的需要,必须要与大学生的知、情、意的协调一致,必须了解学生的价值取向。第三,要实施多样化的教育方法。单一的灌输方式难以激发学生思考、共鸣和认同,只有针对社会需要和学生的个体需求,通过分析、讨论、启发、引导,调动大学生的主观能动性,产生情感上的共鸣,才能较好地促使学生接受教育内容。总之,在大学生素质导航中遵循内化的原则,其根本就是要将素质的内涵、意识和规范内化为学生的知、情、信、意、行,固化成大学生的身心品质。只有遵循并充分利用内化规律,通过积极地创设教育条件和教育环境,使之与个体发生相互作用,从而引发个体心智结构朝预设的教育目标和方向发生改变,才能使受教育者的整体素质得以提升。

　　五、理论与实践相结合的原则

　　理论与实践相结合的原则是思想政治教育的普遍性原则之一。这一原则要求在思想政治教育活动中,始终要注意将提高学生的认知水平和实践能力结合起来,使知行二者相互促进、相互激励、相互转换,最终促使学生整体思想政治水平的提高。知行合一的思想,自古就为先

人所提倡,孔子说:"笃信好学,守死善道。"[1]朱熹认为:"知行常相须,如目无足不行,足无目不见。"[2]当代著名的教育家陶行知先生则指出:"行是知之始,知是行之成。"[3]只有做到知与行的相伴而生、相随而行,才能使教育真正发挥其效能,使受教育者才能真正学有所得,学有所悟、学有所成、学以致用。

　　大学生成才素质导航必须坚持理论与实践相结合的原则。这是因为,素质是知识与能力内化基础上的升华,认知水平(知识)是形成素质与能力的基础,理论知识只有与实际运用相结合,才能引发人们心智结构的嬗变,知识才能够转化为人的能力和素质。可以说,知与行这对矛盾的循环反复运动推动着人的素质的提高,人的素质的提高反过来又将促进知识得以更好的掌握,促进能力更好地得以发挥。所以,在素质提升的过程中,认知水平与实践水平的提升是推动素质发展的决定性因素。二者之间也是相辅相成的,具备较高层次的认知水平才能推动较高水平的实践活动,而较高层次的实践活动反过来又提升人的整体的认知水平。二者相伴相随,不可偏废。

　　正因为理论与实践的辩证关系,所以在实施素质导航的过程中,必须坚持理论与实践相结合的原则:在教育活动的设计和教育环境的营造过程中,既要考虑素质类知识的教育,又要考虑到素质实践活动的安排。通过素质类知识的教育使学生的素质认知水平得以提升;通过素质实践活动的实施使学生在一定认知水平基础上得以体验和实践,促使其心智结构发生改变,最终实现整体素质的提升。

第二节　大学生素质导航的途径与方法

一、科学设计内容,规范设置素质"超市"

---

[1] 《论语·泰伯》。
[2] 《朱子语类·卷十四》。
[3] 陶行知:《陶行知全集》第2卷,湖南教育出版社1984年版,第20页。

(一)科学设计素质导航内容,确保大学生素质的整体提升

素质导航是大学生成才导航工程的重要内容之一。它是以提高大学生综合素质为目标,以非专业素质发展为重点,通过建立素质超市、实施素质拓展计划、大力开展素质训练等途径,教育和引导大学生积极投身于社会实践、树立科学的人才观和成才观,不断提高广大青年学生的综合素质和竞争能力,从而促进学生的全面发展。大学生素质导航的内容是否充实、设计是否科学、结构是否合理,直接关系到素质导航的有效实施,关系到大学生综合素质的整体提升。

大学生素质导航的内容主要包括两大部分,一是大学生素质的基本内容。主要包括政治素质、思想素质、道德素质、科学素质、业务素质、人文素质、心理素质、身体素质、审美素质等内容。二是大学生素质导航实施方面的内容。主要包括大学生素质导航规划设计、活动策划、指标分解、实施操作、反馈调整等方面的内容。大学生素质导航内容是一个统一的整体,各项内容之间相互联系、相互影响、相互渗透。同时,各项内容又是相对独立的,在时间上有顺序,逻辑上有先后,共同影响着大学生素质导航的整体运行。

科学设计导航内容,就是在对大学生素质导航内容的各构成要素进行系统整合、使之有机地融为一体的基础上,根据各项内容在素质导航中的地位及作用,合理统筹,有效安排,使各项内容在素质导航中互相支持、配合、协调,共同发展,避免在素质导航实施中各项内容的相互脱节或顾此失彼。科学设计导航内容,既要强调设计的科学性,使素质教育内容形成一个科学的有机整体;又要强调设计的整体性,使大学生的综合素质得到整体性提升。科学设计导航内容,首先,要坚持以马克思主义关于人的全面发展理论为指导。马克思主义关于人的全面发展论述很多,主要包括人的各种能力的充分发展、人的社会关系的全面发展、人的个性的全面发展、人的需要的全面发展等。这些理论都是科学设计素质导航内容的基本指导思想。其次,要注意结合时代要求,确保素质导航内容的与时俱进。从大学生素质发展的历程来看,每一项内容的发展,都是特定时代要求的反映和体现。最后,要注意教育对象的

差异性,确保导航内容的可接受性。要根据不同教育对象在认知水平上的差异来设计导航内容,选择与实施教育内容时也必须要有一定的层次性,既不能将教育内容设计过高也不能过低,既不能过深也不能过浅,确保素质导航内容为大学生所接受。

(二)合理设立素质"超市",搭建大学生素质发展的教育平台

从学校教育的角度分析,一个人的素质可以分为智力因素和非智力因素。智力因素的培养主要是通过学校教学计划的设计和实施来实现的,这就是第一课堂的任务。非智力因素的培养主要是通过参加丰富多彩的课外活动来提高和培养,这就是第二课堂的任务。随着我国高等教育改革的不断深入,第一课堂的开放性不断增强,第二课堂的正规化和课程化特征日趋明显,第一课堂和第二课堂的界限越来越模糊,第一课堂和第二课堂之间的相互依存度明显增强。统筹协调两大课堂,整合教育资源,合理设置素质"超市",为广大学生提供适合自己需要的素质教育平台,是实施大学生素质导航的基本要求。

超市是超级市场的简称,来源于英文 supermarket,原指以顾客自选方式经营食品、家庭日用品为主的大型综合性零售商场,是许多国家特别是经济发达国家主要的商业零售组织形式。在素质导航过程中借用"超市"一词,主要是根据素质教育的特点及其客观规律,强调为大学生的素质发展提供更多的可供大学生自主选择的素质教育内容。合理设置素质"超市",就是要在认真分析和掌握大学生素质发展的实际情况基础上,充分挖掘现有的素质教育资源,合理规划、统筹安排,以丰富多样的教育内容供大学生选择,以灵活便捷的运作方式为大学生素质发展提供方便,以规范有序的管理为大学生素质发展提供保障,以全员参与的导航形式为大学生素质发展提供更大机遇。

大学生素质"超市"的内容包含在课堂教学活动、校园文化活动、党团组织活动、学生社团活动、社会实践活动、实习考察活动、勤工助学活动、社区服务活动之中。合理建立素质超市,首先,要求内容设置的系统化和有序化。素质超市的设置要全面、系统、不同层次、不同需求的素质教育活动都要开展,从而保证学生有比较完整的活动体验。同

时，素质超市的设置要求各种层次、各种需求的素质教育活动不能是混乱无序，而是要有规划。就一个完整的教育周期来看，大学一至四年级的素质教育活动的层次、内容是不同的，在设计时应体现素质教育活动的层次性和有序性，各层次之间要互相衔接，循序渐进。各类素质教育的实施计划、实施步骤、实施方案，要统一安排，使之融为一个整体。其次，要坚持学生自主参与性的原则。学生各方面素质的生成、发展与完善根本上来自于学生自身的需要和自主参与。素质超市的设置必须充分利用各种方式、途径和策略来引发和激励所有学生主动参与到活动中去，使活动成为学生自己的活动，使学生在活动中增强素质。再次，要促进学生之间在教育活动中的有效交往。素质超市的设置不仅能使学生自主选择、自觉参与，接受教育，同时还能让学生在教育活动中增强交流和沟通。素质教育活动中的交往主要为师生交往与生生交往，而生生交往对学生交往意识、交往技能、交往方式、交往能力等的形成与发展具有更为重要的作用。这是因为，学生与学生之间的交往是平等的、随意的、自然的，彼此之间不存在天然的威严、高大、崇敬之感，更有利于交往和沟通。学生与学生之间的有效交往既包括他们彼此之间的合作，也包括他们彼此之间的竞争。竞争使人充满活力、精神振奋、努力进取。合作是人们为了共同利益而进行的协调一致的活动，合作能产生力量、生成智慧，没有合作就没有人类社会的存在和发展。第四，要充分发挥教师的主导作用。素质超市的设置不是放任自流，而是在尊重学生自主选择基础上去强化引导。指导教师必须掌握素质教育活动的策划、开展、进程、方向、目标等问题，把握教学艺术，适时因材施教，引导和激发学生自主学习，在活动过程中不断提升大学生的素质。

二、拓宽教育途径，有效实施素质导航

（一）充分发挥课堂教学主导作用，筑牢大学生素质拓展的主阵地

课堂教学在大学生素质导航中的主导作用是由课堂教学的自身特点所决定的。《中共中央、国务院关于进一步加强和改进大学生思想政治教育的意见》指出："高等学校各门课程都具有育人功能，所有教师都负有育人职责。广大教师要以高度负责的态度，率先垂范、言传身

第十四章　大学生素质导航的实施

教,以良好的思想、道德、品质和人格给大学生以潜移默化的影响。要把思想政治教育融入到大学生专业学习的各个环节,渗透到教学、科研和社会服务各个方面。要深入发掘各类课程的思想政治教育资源,在传授专业知识过程中加强思想政治教育,使学生在学习科学文化知识过程中,自觉加强思想道德修养,提高政治觉悟。"①在课堂教学中,无论是内容的高度整合、课堂的有效组织、循序诱导的方法,还是教师的以身示范,对大学生素质形成和发展都是起主导作用的。

　　加强大学生素质导航,需要结合大学生素质的基本内容开展有针对性的引导,需要将大学生素质的基本内容融汇到课堂教学中去,充分发挥课堂教学的主渠道作用。课堂教学过程涉及面广,构成要素繁多,它既包括教学内容的设计、教学手段的运用、教学方法的探索,又包括学生成绩的考核、教学环节的安排。只有加强课堂教学资源的优化,才能使课堂教学真正成为学生素质教育的主阵地。优化既是反思、沉淀、发现的过程,也是整合、组织、搭配的过程。课堂教学的优化就是要充分发挥教学诸要素的积极作用,增强教学的关联性、综合性和实效性。课堂教学的优化要坚持"把握精髓、优化内容、改进方法、重在入脑"的原则,切实加强教学内容、教学方法、教学过程、考试方法的改革与创新,注意在系统地传授本学科理论知识的基础上,超越学科界限去建立各科知识之间的联系点、共同点、综合点,寻求各学科间、学科和社会之间的知识联系,使教材内容紧跟时代和大学生素质形成和发展的实际,不断增强课堂教学的魅力,从而充分发挥课堂教学在提升大学生综合素质方面的作用。特别是思想政治理论课和哲学社会科学课程,不仅要向学生讲授马克思主义的基础知识、基本理论和基本原理,更要让学生掌握马克思主义的立场、观点和方法,把传授知识和传授真理结合起来,把知识内化与理论武装结合起来,不断提高大学生的思想政治素质。

---

①　教育部思想政治工作司:《加强和改进大学生思想政治教育重要文献选编(1978—2008)》,中国人民大学出版社2008年版,第379页。

教育活动是一种人影响人的社会活动，言传身教是教书育人的基本方法。即以人格培养人格，以灵魂塑造灵魂。大学生素质导航的实效性不仅取决于教师在课堂上所讲授理论和知识的科学性，更重要的是取决于教师自身行为的示范性。因此，首先需要广大教师加强自身修养，树立崇高的理想和坚定的信念，做到言行一致，以身作则。"己所不欲，勿施于人"，只有先把自己培养成为坚定的马克思主义信仰者，自觉维护社会主义事业的教育者，才能为人师表，才能使学生感到可信、感到可亲。其次需要广大教师能以科学的态度严谨治学，认真讲好每一堂课。育人是一项具有鲜明的政治倾向和道德伦理的实践活动。所谓"学高为师，德高为范"，作为人民教师，不仅要有渊博的知识，更要有高尚的道德。一个道德高尚、治学严谨的教师所给予学生的绝不仅仅是知识，对学生影响最为广泛、深刻和持久的是思想道德观念。教师崇高的人格魅力和感召力会使学生产生敬爱感、信赖感，从而建立良好的师生关系，这种良好的师生关系所形成的氛围会进一步提高教育的效果，为大学生素质的形成和发展起到了极大的促进作用。

（二）充分发挥党团组织的重要作用，准确把握大学生素质拓展的方向和着力点

1. 建立健全学生党团组织，充分发挥党团组织的示范作用

大学生素质导航的关键在于"导"。也就是说，大学生素质形成与发展的首要问题是把握方向和着力点。高等学校的学生党团组织是把握大学生素质形成与发展方向和着力点的主要组织者。

首先，高校学生党团组织是理想信念教育的重要阵地。高校党建和思想政治工作的理论和实践充分表明，加强大学生党建工作是完成高校根本任务、提高大学生思想道德素质尤其是政治素质的重要举措和根本途径。大学生各级党团组织处于高校党、团建设的基层，其工作能否落到实处，对大学生党、团建设和高校根本任务的完成至关重要。其次，高校学生党团组织是青春活力的象征。高校党团组织汇集了大学生中的优秀青年学子，他们朝气蓬勃、青春焕发，是祖国的未来，是高校进行思想政治教育的重要前沿阵地，也是高校学生工作的一个亮点，

是创建一流校风学风的生力军。第三高校学生党团组织是大学生共同的家园。班级作为学校最基本的组成单位,班委会、团支部是班级管理的核心,党支部建立在班级,对加强班级建设,加强日常管理,帮助大学生提高自身素质起到了重要的作用,也增强了大学生的集体意识。第四高校学生党团组织是大学生自己的组织。高校学生会是在学校党组织的领导下、在共青团组织的指导帮助下成立的学生自己的群众组织,是党联系青年学生的桥梁和纽带,是学校开展党团组织建设,充分发挥党团组织在思想政治工作中作用的重要载体。它是大学生自我管理的组织,也是大学生活动的组织者,它为每一个大学生的素质形成和发展提供了广阔的舞台。

因此,必须充分发挥党团组织在大学生素质导航中的重要作用,夯实这一重要的教育阵地。首先,要建立和健全各级学生党团组织,整合各级各类学生组织资源,从各类学生组织的性质和特点出发科学地确定它们在政治教育中所承担的职责和使命。其次,要加强教育和指导,充分发挥学生的主动性、积极性和创造性,改变以往对学生组织具体工作包办和干涉过多的做法,不断增强学生组织自身的活力和创造能力,使其真正成为体现自我教育、自我管理、自我服务的政治实践场所。再次,要规范管理,强化培训,不断提高理论水平,增强学生党团组织的战斗力。

2. 不断丰富党团组织活动,增强党团组织的凝聚力和影响力

党团活动是增强党团组织凝聚力的重要形式,也是加强大学生素质形成与发展的重要途径。丰富党团组织活动,首先,要以理论学习为重点,加强党团组织的思想建设。学生党团组织是加强大学生政治理论学习的重要阵地,必须要认真组织广大学生学习马列主义、毛泽东思想、中国特色社会主义理论体系,全面贯彻落实科学发展观,积极宣传和坚决执行党的路线、方针和政策,帮助他们不断提高自身的思想政治素质。

其次,要以自身建设为抓手,加强党团组织的组织建设。学生党团组织建设的重心是加强党团队伍的自身建设,也就是要加强大学生的

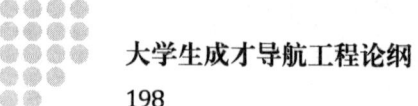

自身建设。作为学生党、团员,不仅在思想上、政治上要有坚定的信念和正确的方向,还要在专业学习、工作、生活等各方面做到勤学进取,全面发展。

再次,要以塑造形象为核心,发挥引领示范作用。大学生的党团活动要根据社会主义高等教育的培养目标,围绕提高大学生素质这个根本,开展形式多样的社会活动。在活动中,党、团员要带头学习、带头实践、率先垂范,为大学生素质的提升示范引路。

(三)大力开展主题教育活动,增强大学生素质导航的主导性

1. 积极开展以社会主义核心价值体系为主题的教育活动

随着改革开放的不断扩大和社会主义市场经济的深入发展,我国经济成分、组织形式、就业方式、利益关系和利益分配的多样化,社会价值观念和道德观念也出现了多元化的情况。为了凝聚社会意志,统一社会思想,化解社会矛盾,理顺社会情绪,在众多的价值体系中,必须要有一种社会认同的核心价值观念和道德体系去规范社会关系和人际关系。这种核心价值观念和道德规范,就是社会主义核心价值体系。正如十七大报告中所指出的,我们必须要"坚持以社会主义核心价值体系引领社会思潮,尊重差异,包容多样,最大限度地形成社会思想共识……要切实把社会主义核心价值体系融入国民教育和精神文明建设全过程,转化为人民的自觉追求。"

社会主义高等学校的培养目标就是要培养社会主义事业的合格建设者和可靠接班人。因此,用社会主义核心价值体系去培养人、塑造人是高校思想政治教育义不容辞的责任和神圣的使命。也就是说,在大学生素质导航工作中,必须要坚持以马克思主义为指导思想、以中国特色社会主义共同理想为核心内容、以爱国主义为核心的民族精神为主旋律、以改革创新为核心的时代精神和社会主义荣辱观为重要内容,坚持不懈地加强大学生的素质教育。

2. 挖掘传统文化中的教育资源,大力开展民族精神教育

中华民族在五千年灿烂文明的历史长河中形成了沉淀丰厚的传统文化资源:"天人合一"的和谐观、"仁智勇"的人格观、"慎独"的自律

观、"诚正格致,修齐治平"的人生观;还有,范仲淹的"先天下之忧而忧,后天下之乐而乐";文天祥的"人生自古谁无死,留取丹心照汗青";岳飞的"以身许国,何时不可为";顾炎武的"天下兴亡,匹夫有责";林则徐的"苟利国家生死以,岂因祸福避趋之……"这些充满着君子理想人格的思想和以社会、民族、国家大义为先的道德准则是国家和民族最宝贵的精神财富,也是中华民族复兴的伟大精神力量。要充分挖掘传统文化中的思想政治教育内容,大力开展民族精神教育,使大学生增强对祖国的热爱,对中华民族的热爱,对中国特色社会主义事业的热爱,从而激发他们为中华民族的伟大复兴去刻苦学习、培养能力、提升素质。

3. 大力加强大学生的形势教育,不断增强其文化鉴赏力和比较鉴别力

随着科学技术革命和经济的全球一体化,人类交往的方式发生了革命性的变化。国家之间、民族之间文化交流和互动日益频繁和深入,不同的文化思潮和不同的价值观念对青年学生的影响越来越深刻。因此,必须要大力加强大学生的形势教育和国情教育,帮助学生正确了解和分析国际国内形势,使其具有相应的国际视野和国际文化背景,增强其对各种外来文化的甄别力和审视力;要帮助大学生从社会问题的分析中,不断增强其运用马克思主义的能力,增强其分析问题、解决问题的能力,增强其对是非的判断力和鉴别力。

(四)充分发挥第二课堂的积极作用,不断增强大学生素质导航的辐射力

1. 大力加强大学生人文素质教育

人文素质是一个国家和民族文化素质的集中体现,人文精神是人文素质的核心内容。一个人文素质低的民族,不可能具备高尚的人文精神,也不可能自立于世界民族之林。加强大学生人文素质教育,就是要通过开设人文素质讲座,营造校园人文环境,引导大学生阅读人文书刊,参加人文素质教育活动等途径,不断陶冶大学生的情操,提升大学生的精神境界,确立大学生的理想信念,坚定大学生的意志品格,丰富

大学生的文化生活,提高大学生的审美能力,建立和谐的人际关系。正如霍姆斯基曾经说的:"美是一种心灵的体操,它使我们的精神正直,心地纯洁,情感和信念端正。"①只有加强大学生的人文素养,提高大学生创造美的能力,才能促成大学生的全面发展。

2. 大力开展大学生各种学术性活动

科学素质包括了三个层面的内容:一是科学知识的习得,二是科学的方法论的掌握,三是探究的兴趣和思考的习惯。学校教育中科学素质的培育主要通过课堂教学活动来实施的。但是,无论学习知识、掌握方法还是养成习惯都是一个不间断的过程,需要课堂教学和课外活动的有机结合。所以,充分利用学生课外活动阵地,培养大学生的科学素质,是大学生素质导航的另一个重要途径。

与课堂教学相比,素质导航主要通过学生的学术性活动为载体来提升学生的科学素质。目前,高校大学生的学术活动内容还是非常丰富的,既有国家级的"挑战杯"和各类专业性比赛,也有省级的学术评比和竞赛,还有行业、协会的学术性活动,还有由学校组织的各种学科性竞赛、读书活动、学术沙龙、学术讲座等。这些活动的开展,有的开拓了学生的视野、有的引发学生的兴趣或思考、有的扩大了学生知识面……无论从哪个角度而言,都有效地提升了学生的科学素质。

素质导航主要侧重的是学生探究兴趣和思考习惯的培养。符号化知识的学习和科学方法的掌握主要是在课堂教学中进行的,任课教师是主要的实施者。学生对知识探究的兴趣和怀疑精神的养成仅靠课堂的学习是远远不够的,它必须覆盖到整个大学生活。开展形式灵活多样的各类学术性活动,是不受学科边界限制的,具有丰富大学生闲暇生活、挖掘大学生潜力、体现大学生意愿、尊重大学生选择等特点,非常适合大学生素质形成和发展的规律和特点,为大学生素质形成和发展提供了最大限度的可能和最广阔的舞台。

3. 大力开展大学生社团活动

---

① [苏]霍姆斯基:《青年美学知识》,中国青年出版社1988年版,第103页。

大学生社团是大学生根据自己的兴趣、爱好和特长自愿组织成立的学生群众组织。由于跨越了班级、年级、专业、学科之间的界限，完全是学生按照自己的意愿自发组织起来的，因此，很受学生的欢迎。一项调查表明，高校中大约有75%左右的学生都参加了各种不同类型的学生社团组织。大学生社团组织一般可分为文学艺术类、体育健身类、科技学术类、公共服务类、理论研究类等几种类型。在学生社团活动中，由于有共同的兴趣和爱好，大家可以自由、民主、平等、坦诚地进行交流，各抒己见，直面问题，不回避矛盾，思想容易产生共鸣，这有利于发展学生的兴趣和特长，增长知识，开发智力，提升素质。应当把大学生社团活动开发成为大学生素质导航的重要载体和途径，大力加强大学生社团组织建设，不断提高社团活动的质量。

学校要高度重视大学生社团组织的建设，要从政策、措施、经费、人员上予以支持。同时，要认真选派素质较好、水平较高的教师参与指导学生社团活动，克服目前大学生社团活动存在的盲目性、无序性、松散性的不足，努力把大学生社团组织建设成为大学生成长成才的重要阵地。

4. 积极鼓励大学生参加社会实践锻炼

实践是马克思主义最本质、最革命的特征之一，它是人的主观世界和客观世界的转换器。一方面，"客观世界通过实践转换为主观世界，实现主观世界与客观世界之间的同化"，即人通过实践活动获得人类社会共有的规定性；另一方面，实践将"人的理想存在转化为现实存在"，[1]即将人的主观世界中的人转化为现实中的人，实现人对自身的超越。人的社会生活在本质上是实践的，对此，马克思指出："思想根本不能实现什么东西。为了实现思想，就要有使用实践力量的人。"[2]正是通过实践活动，人们才能够突破现成的客观世界的束缚，使之朝着正确的方向发展；也正是通过实践活动，人们才得以超越自我，不断地

---

[1] 鲁洁：《道德教育的当代论域》，人民出版社2005年版，第27页。
[2] 《马克思恩格斯全集》第2卷，人民出版社1979年版，第152页。

推动人及社会向着更高的层次迈进。

  大学生社会实践是一种以在校大学生为指向的一种特殊的实践活动,是教育和教学的重要组成部分。大学生社会实践是指高等学校按照教育目标的要求,有目的、有计划、有组织地引导大学生走向社会、了解社会、服务社会,使其通过实践活动增长知识、增长才干,从而提高大学生整体素质的教育活动。这种实践性的教育活动,在西方国家称之为"学习—工作"的教育模式,如今已经成为世界高等教育的一种共同发展趋势。《中共中央国务院关于进一步加强和改进大学生思想政治教育的意见》中也指出:"社会实践是大学生思想政治教育的重要环节,对于促进大学生了解社会、了解国情、增长才干、奉献社会、锻炼毅力、培养品格、增强社会责任感具有不可替代的作用。"[1]必须要大力加强大学生社会实践锻炼,提升大学生的实践能力。

  1)要充分发掘各种资源为学生提供更多的实践机会

  大学生社会实践是北京大学在20世纪80年代初期率先提出和实施的。近二十年来,随着社会和高等教育的发展,社会实践从形式到内容都已经发生了很大的变化。有学者总结现在的大学生社会实践已经从"主题式"的社会实践向"主题式"加"类型式"的社会实践转变,即由原来的上级主管部门统一制定全国各地的实践主题向着既有上级指定又有高校自身"设计具有内在联系的、互不重叠、结构合理的社会实践'类型'"[2]两种方式并存的模式发展。

  从实际情况看,我国目前为大学生提供的社会实践机会和资源与发达国家相比是有很大差距的。在美国有的州通过法案强行规定学生必须参加社会实践活动才能毕业;在德国,法律规定所有企业都必须接纳参加社会实践的大学生并向其支付薪酬;苏联在本科五年教育计划

---

[1] 教育部思想政治工作司:《加强和改进大学生思想政治教育重要文献选编(1978—2008)》,中国人民大学出版社2008年版,第379页。

[2] 李飖:《当代大学生社会实践的发展方向新探》,载《学校党建与思想教育》2008年第3期。

中规定了 24 周的实习时间……。因此,必须突破原有的社会实践观念的束缚,不断拓展社会实践活动的内容及形式。首先在时间上要能够满足学生和教育的需要,保证各类专业的学生都能参加社会实践;同时,还要充分发挥高等学校的智力和专业优势,积极创造条件将社会实践的内容向智力型、技术型拓展,依托专业优势不断拓宽大学生社会实践的教育途径。

2)要积极与用人单位合作建立大学生社会实践基地

社会实践应当面向社会、走出校园,让大学生在社会上接受教育,磨炼意志,增强素质。近些年来,大学生利用闲暇时间走向社会,自发参与的商业促销、家教、小型经营活动的实践活动已经非常普遍。但是,这些由学生自发组织和参与的活动,由于层次较低、商业气氛较浓,加上缺乏系统的组织和严密的管理,其教育性往往不强,甚至有的活动还与专业学习相冲突。因此,必须发挥学校的优势,充分调动学校各个部门的积极性,特别是发挥各个学院的作用,积极与社会、与企业、与用人单位通力合作,建立大学生社会实践基地。建立大学生社会实践基地有利于学生定期有目的、有计划地开展社会实践活动;有利于学生结合专业发挥专业优势服务社会;同时,还有利于学生在理论联系实际的过程中,发现问题,及时整改,不断完善知识结构,培养自己的能力和素质。

3)要将社会实践活动纳入学校教育教学总体规划

大力开展大学生的社会实践活动仅仅靠团学组织、靠思想政治教育战线的单方面努力是远远不够的。要想使大学生社会实践活动真正成为教育的一个组成部分、成为人才培养模式中的重要环节,必须将社会实践纳入学校教育教学的总体规划和教学大纲,与其他课程一样规定相应的学分和学时,并将其贯穿于学校教育和教学的全部过程当中。

加强大学生社会实践的总体规划,首先要求学校要成立相应的专门管理机构,具体负责学校对外的联系以及学校内部各方面的统筹协调,负责大学生社会实践活动的规划和管理、监督和反馈等工作。其次要求学校要建立反应学校特色和优势的社会实践示范点,建立与各专

业相配套的社会实践活动基地,搭建供广大学生根据自己的专业和实际需要、自主选择参与社会实践锻炼的平台。第三要求学校要根据各专业的特点和实际需要,制定相应的学时和学分,保证大学生都有一定的时间走向社会,开展社会实践活动。第四要求学校要定期分析研究大学生社会实践活动的开展情况,及时进行评估和反馈,确保大学生社会实践收到好的效果。

4)结合大学生实际建立多样化多层次的实践体系

目前,在校大学生参加社会实践活动的形式是多种多样:校内有勤工助学活动、各种公益活动,教学科研的辅助工作,学生兼职辅导员、班主任、学长等;校外有暑期三下乡及支教(农、工、医)活动、社区服务活动、志愿者活动、学生自发参与的各种付酬的商业活动,等等。按照层次和内容的划分,有智力型的,如学生助管助研活动等;有体力型的,如劳动型的勤工助学活动等;有智力和体力混合型的,如部分结合专业进行的志愿者活动等。不同的社会实践活动,其组织和实施的方式和方法有所不同,对学生的发展所起到的作用也是不同的。

正因为这些差异和不同,要求在实施大学生素质导航过程中,要根据不同社会实践活动的类型和作用,有效地进行梳理和整合,制定相应的管理制度和章程,建立多样化、层次化的实践教育体系,使大学生能有针对性地选择、参与社会实践活动,从而实现社会实践锻炼效果的最大化。

5. 积极开展大学生的文娱体育活动

2002年8月教育部颁布了新的《全国普通高等学校体育课程教学指导纲要》,将体育课程划分为运动参与、运动技能、身体健康、心理健康、社会适应等五个学习领域。这表明,长期以来的大学体育教育中只注意体育技能的传授和增强学生体质的做法将面临转向,学生体育观念和心理的因素将成为体育课教学中新的内容,大学生体育精神培养也必须要贯穿体育教育活动的全过程。这就要求要深化体育教学改革,改变以学科成绩和达标率为目标的应试型教学模式,建立多样性、娱乐性、灵活性和渐进性的教学模式,使教学内容和方法贴近大学生的

实际,符合学生的实际需要和成长规律,让体育课的学习成为学生主动地感受和践行体育精神的场所。

要大力开展各类丰富多彩的体育活动,不断丰富大学生的精神文化生活。除了体育教学课之外,各类丰富多彩的体育活动已成为学生最重要的体育运动途径和载体。学生参与这些活动,其本身就是一种体育精神的体悟和感受的过程,即便是作为观众观赏,也能从中获得陶冶和感动。所以,这些学生体育活动的举办,是进行体育精神培育的很好途径。通过参加体育活动,真正达到丰富大学生生活,愉悦大学生精神的效果。

要积极探索体育教育与素质拓展训练相结合的新途径。素质拓展训练(Outward Bound)也叫历奇训练,是由西方传入的一种融合体育、心理、品德、交往各种素质培养于一体的体验式教育活动,"通过各种精心设计的、特定的训练项目,在解决问题、接受挑战的过程中,激发个人潜能,增强团队活力、凝聚力和创造力,使参与者达到磨炼意志、陶冶情操、完善人格、锻炼团队的培训目的。"①在素质拓展训练中,采用的是"先行后知"的教育方式,其核心是"经历—体验—成长",因其运动性、趣味性、教育性、交互性等特点,传入我国之后,成为人们特别是青年人非常青睐的一种活动方式。从素质培养的角度来看,素质拓展训练不仅锻炼了学生的身体素质,同时还培养了学生品德、能力、心理等方面的素质。它主要采用领悟和体验的教育手段以及团队参与和游戏般的教育活动形式,更容易让青年大学生乐在其中,主动参与,自觉地接受教育。目前,在一些高校中已经将这种训练模式引入了学校体育教学和体育活动之中,收到了很好的效果,有的甚至将其作为思想政治教育的一种新手段来培养学生的群体意识和交往能力,极大地增强了思想政治教育工作的实效性。对此,我们必须要加强研究,引以为鉴,不断探索大学生素质导航工作的新途径。

---

① 张育阳:《浅谈素质拓展训练与体育教学的结合》,载《广西青年干部学院学报》2007年第1期。

(五)积极开展心理健康教育,不断夯实大学生素质发展的基础

1. 大力开展普及性的心理健康教育

心理健康是大学生成长成才的基础和前提。普及性的心理健康教育是指通过多种教育方式和手段,对有关心理健康的标准、常识性的知识、个体自我心理调适的方法等知识进行普及和传授的过程。普及性的心理健康教育是以培养学生的心理健康认知能力和水平为主要目的,通过对心理健康指标的掌握、心理障碍的自我识别和认定、心理调适方法的了解和运用等教育途径,使学生掌握评估和判断自身心理状态的能力,帮助大学生形成健康身心的教育。普及性的心理健康教育应是大学生心理健康教育的基本方式。因此,首先学校要将心理健康知识课纳入学校通识课程的教学计划,设置相应的学分,采用专题讲座等灵活多样的教育形式,普及心理健康知识,帮助学生增强心理健康。苏联教育家苏霍姆林斯基说过:"没有心理上的修养,体力的、道德的、审美的修养就不可能想象。"①

其次要充分利用校内各种资源建设心理健康知识普及阵地。今天,互联网已经成为青年大学生不可缺少的一种生活方式,是他们交往方式的延伸和信息获取的重要途径。在大学生素质导航工作中,不仅要充分利用传统媒体的资源优势,还要开发互联网等现代媒介等资源,有效地将所有教育资源整合在一起,组建成三维一体的心理健康教育网络,共同推进大学生心理健康知识的普及工作。

第三要以学生组织为依托开展群众性的心理健康知识普及活动。学生组织以其组织优势和在学生中的强大号召力,应当成为群众性心理健康普及教育的主要力量。各级团学组织历来是各类学生活动最主要的组织者,也是高校学生管理中的重要环节,已成为高校大学生心理健康教育的重要阵地。其中,学生社团作为自发性的学生群众组织,以其目标的一致性、兴趣的同质性、交往的平等性、组织的开放性等优势,已经成为越来越多青年大学生砥砺思想、研习学问的场所。将大学生

---

① 苏霍姆林斯基:《给教师的建议》,教育科学出版社2000年版,第88页。

心理健康教育内容渗透到学生社团之中，往往会容易被大学生所接受，容易达到事半功倍的教育效果。

2. 积极开展大学生的心理咨询工作

心理咨询工作是提升大学生心理素质的重要途径，也是大学生思想政治教育的重要内容。针对大学生心理问题呈上升的趋势，目前这一工作亟待加强。

首先，心理咨询方式要不断向信息化、科技化方向拓展。传统的心理咨询方式一般是专业人员与咨询者面对面的方式进行。随着科学技术的发展和信息传播手段的便捷，要逐步探索心理咨询在方式上的拓展，通过建立网络咨询、电话咨询、短信交流等新型的多功能的咨询方式，使之迈向信息化和科技化，更好更快地解决大学生的心理问题。

其次，心理咨询必须要与思想政治教育有效结合。作为一种特殊的思想政治教育活动，应当将心理咨询工作与思想政治教育有机地结合起来。一方面要在信息上共享和整合。在心理咨询的过程中接收到大量的学生信息，要尽量地与大学生思想政治教育工作共享。另一方面要相互推进和补充。心理层面和政治、思想层面都属于意识层面的内容，很多时候都会重合和交叉。因此，在教育内容上、教育方法上、工作原则上往往是需要相互补充和渗透。第三是要相互整合形成合力。思想政治教育比一般的心理咨询模式具有更高的教育标准，除了要解决心理层面的问题之外，还要解决思想层面、价值观念层面、道德层面的问题。只有将思想政治教育与心理健康教育有机结合，才能做到突破就心理问题解决心理问题所固有的局限性，使心理咨询本身得到一种质的飞跃，实现"思想政治教育的主动性对心理咨询的被动性的超越"。

再次，要努力探索和构建适合我国国情和大学生实际的心理咨询理论与模式。开展大学生心理咨询工作，不能简单地借用舶来的心理咨询方面的理论与方法，必须要充分考虑我国的实际国情，结合大学生的特点和实际需要，积极探索适合我国国情和学生特点的具有中国特色的学校心理咨询理论与体系，从而不断地推动大学生心理咨询理论和工作的深入开展。

三、加强测评与反馈,有效调整素质导航方案

素质导航要根据不同时期的社会需求以及大学生的自身需要及时调整。因此,实施大学生素质导航,就需要及时掌握大学生素质导航实施的实际效果,准确把握大学生的素质发展现状和现实需求,有效调整素质导航实施计划。

(一)加强大学生素质测评,及时评价大学生素质导航的效果

素质测评主要是指通过量表、面试、评价、观察评定、业绩考核等多种手段综合测评人才素质的一种活动。素质测评虽然离不开测量与评定,但并不是测量与评定的简单结合,而是一种建立在对个体特征信息"测"与"量"基础上的分析判断。素质测评最为显著的特征就是把被测评者的特征行为与某种标准进行比较,以确定其素质构成、发展与成熟水平。

加强大学生素质导航中的测评,就是要按照素质测评的一般原则和方法,对测评对象进行阶段性的素质测评,建立素质测评档案,以便更好地指导大学生提高自身素质。加强大学生素质导航中的素质测评,首先要突出促进与形成的作用。社会心理学研究发现,自我评价、他人评价与群体评价是衡量一个人素质高低的三个重要参数。通过他人测评、自我测评与群体中互相测评,能使每一个大学生认识社会与工作需要的是什么素质,不需要的是什么素质,什么是良好的素质,什么是低劣的素质;认识到自己素质的优势、短缺以及改进的方向,进而会由此激发与产生改善自身素质、加强自我修养的愿望与行为。其次要突出激励与强化的作用。每个人都有自我尊重与积极上进的愿望,希望自己在测评中取得好成绩、好结果。肯定性评价将会激励人的行为,相反,否定性的评价则会打击人的行为。加强大学生素质导航中的素质测评就是要促使大学生素质的培养朝着社会所要求的方向发展,不断激发个体的内部发展动力,使大学生的素质发展动机始终处于积极向上的激活心态,从而产生动力、压力与活力,激励他们的素质开发行为更加自觉、更加积极地去接受并维护社会的测评标准,促进与提高所

测评的素质水平。第三要突出导向的作用。素质测评实践表明,测评过程中哪种素质的权重或分值越大,哪种素质就备受人们重视;哪种素质的权重小,哪种素质就会被人们轻视;哪种素质不测评,则人们就会逐渐忽视它。因此,通过加强大学生的素质测评,可以进一步修正大学生素质导航的内容,引导大学生根据社会的实际需要和自身素质发展的不同情形,及时地调整素质发展的方向、准确把握素质发展重点、有效提升素质发展效率。

(二)强化素质测评反馈,有效调整大学生素质导航计划

反馈(feedback)又称回馈,是控制论的基本概念。它是指将系统的输出返回到输入端并以某种方式改变输入,进而影响系统功能的过程。换句话说,就是要将输出量通过恰当的检测装置返回到输入端并与输入量进行比较的过程。强化大学生素质测评的反馈工作,就是在加强素质测评的基础上,广泛而系统地搜集大学生的各种素质特性信息,掌握充分的第一手材料,科学、系统地做出分析,准确把握大学生素质导航过程中,哪些因素对大学生的素质发展有利、效果怎样、原因如何;哪些因素对大学生的素质发展不利、问题在哪等情况,并及时地加以记录整理、转达给测评主体或被测对象,以便共同分析探讨,提出修改意见,制定修正方案。

加强大学生素质导航的测评反馈,首先要突出咨询作用。一般来说,对大学生素质测评之后,对于大学生素质导航工作中存在的一些问题,诸如:大学生素质导航的目标制定是否合理科学?素质"超市"设置是否合理?素质导航途径与方式方法选择是否得当?都要能努力作出科学的分析和准确的回答。其次要突出修正与选择作用。在大学生素质测评过程中,通过测评,必须要系统而全面地掌握大学生素质形成的过程,总结大学生素质形成和发展的经验,找到制约大学生素质形成和发展的原因,明确学生素质形成和发展的优劣,在众多的大学生素质导航计划中选择出一个最为有效的方案,抓住大学生素质形成和发展的关键点,进行大学生素质导航方案的优化与开发。第三要突出调节与控制作用。从控制论的角度来看,大学生素质导航工作,实际上是一

个调节与优化大学生思想行为发展的过程。因此,加强大学生素质测评反馈,还需要对大学生思想行为发展进行适时的引导,及时地给予调节与优化,确保大学生素质的形成和发展始终按照社会需要的方向进行。

参考文献:

[1]《马克思恩格斯全集》,人民出版社1979年版。

[2]《马克思恩格斯选集》,人民出版社1972年版。

[3]《列宁选集》,人民出版社1972年版。

[4]《十六大以来重要文献选编(上)》,中央文献出版社2005年版。

[5]《毛泽东选集》第一卷,人民出版社1977年版。

[6]《邓小平文选》第三卷,人民出版社1993年版。

[7]韩庆祥:《马克思人学思想研究》,河南人民出版社1996年版。

[8]鲁洁:《道德教育的当代论域》,人民出版社2005年版。

[9]班华:《现代德育论》,安徽人民出版社2001年版。

[10]陶行知:《陶行知全集》第2卷,湖南教育出版社1984年版。

[11]陈家麟:《学校心理健康教育——原理与操作》,教育科学出版社2002年版。

[12][苏]苏霍姆林斯基:《给教师的建议》,教育科学出版社2000年版。

[13][德]雅斯贝尔斯:《什么是教育》,三联书店1991年版。

[14][德]黑格尔:《小逻辑》,商务印书馆1980年版。

[15]徐柏才:《大学生思想政治教育的探索与研究》,华中师范大学出版社2008年版。

第四篇　职业导航

市场经济条件下和高等教育大众化背景下如何把大学生培养成为社会所需要的合格人才,是学校和大学生都需要认真思考的重大问题。人才是不是合格,取决于其是否具备符合社会需要并能臻于职业成功的综合素质。受传统思想观念的影响,一些大学生在职业价值取向以及职业选择上存在着偏差;一些高校还没有认识到职业素质教育与大学生成长成才相互促进、相辅相成的关系,存在着将职业素质教育与专业教育割裂开来的做法,仍然依循传统的以学科教育、知识教育为中心的惯性,忽视社会需求,不重视大学生的个性发展。因此,深入开展大学生职业导航,帮助大学生树立正确的职业观念,从职业规划、学业规划、职业能力发展三个方面入手,引导大学生树立正确的职业观念,做好职业规划与学业规划,将知识、素质转化为职业发展能力,引导大学生更好地成长和成才,应该成为高校思想政治教育的重要内容。

第十五章 大学生职业导航的内容与意义

高等教育大众化以来,大学生就业面临诸多现实困境。主要表现在两个方面,一个方面是数量的矛盾,即供大于求。高校自1999年扩招以来,大学毕业生数量超常规增长,而社会有效需求在短期内增速有限,人才供给总体上大于人才需求;另一个方面是结构性的矛盾,即有人才找不到工作,有工作又找不到人才。分析其原因,一是高校人才培养与社会需求脱节。由于高校专业设置和培养方式还不能完全适应社会发展需要,大学生实践能力与创新能力不强,而激烈的社会竞争又使得用人单位对人才的要求越来越高。二是大学生就业观念的偏差。许多大学生缺乏对职业的正确认识,就业期望值过高,不愿下基层,不愿去西部等等,这就造成了需要人才的地方没人去,人才饱和的地方又挤独木桥的局面。

加强大学生职业导航,帮助大学生树立正确的职业观念,提升大学生的职业素质,是高校思想政治教育的重要任务。加强大学生职业导航,对于促进学校人才培养质量的提高,满足社会发展对人才的需要,引导大学生找到理想的职业,促进大学生成才都具有重要的意义。

第一节 大学生职业观念的现状分析

一、大学生职业观念的偏差

目前,大学生在职业选择和职业观念上还存在着许多误区,认识上还有一定的偏差。主要表现在:

(一)职业价值观的偏差

职业价值观主要是指"我要干什么"。大学生职业观念的价值取向,大致可以归纳为七种:(1)能推动社会发展和社会进步;(2)助人为乐,为社会服务;(3)实现自身价值,得到人们的高度评价;(4)体面,受人尊敬;(5)能赚钱;(6)工作虽平凡但有固定收入,比较稳定;(7)自己喜欢。

客观上来说,上述七种类型的职业价值观并没有什么好坏之分。每个人的需要不同,选择也会不同。比如,有些人觉得职业价值在于获得更多薪酬,这种职业价值观应该得到尊重。然而,如果这种期望变成了"唯薪论",结果很可能是导致部分大学生不去选择适合自己的职业,而一味追求高工资,从而影响了自己长远的发展。事实上,有不少大学生在职业价值观上表现出急功近利甚至唯利是图的倾向,把获得更多的金钱当做唯一目标,表现出了不顾自身的主客观条件、牺牲个人长远发展、甚至是违背职业道德的现象。

(二)职业定位的偏差

职业定位主要是指"我能干什么",即在了解自我的基础上确定自己的职业方向与目标。职业定位最有效的途径和方法就是了解自我、了解职业,正确评价自己的能力、素质、个性特点、性格、气质、兴趣、缺陷等等,对自己各方面的情况进行摸底,明确自己的优势和劣势,同时了解所要从事职业的工作内容、素质要求、技能要求、经验要求、性格要求、工作环境、工作角色等。

在大学生的职业定位上,许多大学生不能正确评价自己,出现了"眼高手低"或"自卑畏缩"等自我定位的偏差,与此同时,还有些大学生从功利的目的出发,缺乏对于职业目标的正确认识,在职业选择上显得浮躁或不够理性。

(三)职业选择的偏差

职业选择就是在既定职业目标中选取一份符合自己发展愿望的具体工作。职业选择是否合理,将直接影响大学生职业发展的成就和职业满足的程度。

科学的职业选择方法一般有两种：一种是五W系统分析法，即(1)Who am I?（我是谁?）(2)What will I do?（我想做什么?）(3)What can I do?（我会做什么?）(4)What does the situational allow me to do?（环境支持或允许我做什么?）(5)What is the plan of my career and life?（我的职业与生活规划是什么?）一种是SWOT分析法：SWOT是"strength（优势）、weakness（劣势）、opportunity（机遇）、threat（挑战）"四个英文单词第一个字母的组合。① 如果对自我进行详细的五W分析或者SWOT分析，就会比较明确地知道自己的优势和劣势在哪里，并且会评估出自己所感兴趣的职业获得的机会和威胁所在。

但是，由于许多学生在校期间很少能得到科学的职业选择指导，因此，在职业选择上就表现为随意性、依赖性特征十分明显，在双向选择时犹豫不决，或视同儿戏，随时变更协议；或高度依赖学校、家长决策，往往导致丧失了就业机会。

（四）职业道德的偏差

职业道德是所有从业人员在职业活动中应该遵循的行为准则和道德品质。许多大学生由于职业价值观的扭曲或职业定位不清晰，职业道德观念模糊甚至错误，有的过分看重工作待遇，缺乏敬业精神，稍不如意就"跳槽"；还有部分大学生认为只要能够赚到钱，可以不择手段和方法，认为道德是无关紧要的，不讲诚信的行为在他们眼中成为一种"本事"和"经验"。

大学生职业道德教育的缺位和偏差，造成当前不少大学生职业道德观念的缺失和错位。许多高校对大学生职业道德教育也缺乏应有的重视，致使不少大学生职业道德素质低下。

二、大学生职业观念出现偏差的原因

大学生在职业观念方面出现的偏差，是社会环境、就业压力、学校教育、大学生自身素质等因素综合作用的结果。

---

① 杜建刚：《自我SWOT分析的基本途径》，载《企业改革与管理》2004年第3期。

(一) 社会方面的原因

物质利益至上的社会氛围导致职业价值观念错位。改革开放以来,传统的高度集中的计划经济体制逐渐向社会主义市场经济体制转变。在这个转变过程中,社会上出现了许多一夜暴富的现象,许多人对于金钱和财富的欲望大为膨胀。这种物质化、功利化的倾向也渗透到了大学校园,大学里理想高扬的传统逐渐遭到"一切向钱看"等错误观念的侵蚀,这导致了许多大学生在选择职业时,往往不顾实际,过于看重高工资、大城市和社会声望。

高等教育大众化与社会人力资源需求存在一定矛盾。在上世纪90年代中期以前,我国高等教育主要采取精英教育的模式,对大学毕业生实行统一分配。但在高等教育改革后,大学生职业选择直接面向市场。随着高等教育大众化时代的来临,大学毕业生规模成倍的增长,但社会经济发展并没有提供足够的人才需求岗位,再加上高校人才培养与社会人才需求脱节,出现"人找不到工作"与"工作找不到人"的结构性错位。许多不能适应人才市场需求的大学生,在残酷的人才竞争中,职业观念往往出现偏差。

社会关系、就业歧视等造成就业不公。随着我国就业市场化程度的加快,家庭背景和人际关系在很大程度上影响着大学生的就业状况。一方面,由于劳动力市场具有信息不完全和不对称的特征,借助人际关系找工作,有时会更有效率。另一方面,现实社会对人际关系和社会关系一直十分依赖,传统的等级观念、特权思想、不平等意识仍然根深蒂固,一些有深厚社会资源背景的毕业生通常可以获取某种就业便利。此外,在人才市场上,性别歧视、地域歧视以及对社会弱势群体的歧视等问题也比较常见。社会就业公平竞争规则的失衡,也导致了许多大学生职业观念的偏差。[①]

(二) 高校方面的原因

高校对现代职业教育的认识不到位。进入高等教育大众化时代

[①] 冯菊香:《大学生就业不公平探究》,载《探索与争鸣》2006年第8期。

后，与传统的职业教育游离于其他类型教育之外不同，现代职业教育涵盖基础教育、高等教育、成人教育、继续教育等所有类型的教育；现代职业教育不是机械地将职业教育与科学教育、专业教育、技术教育割裂开来，而是将它们结合在一起，是一种大职业教育观；现代职业教育的目的是要使学习者能按照自己的需要进行不同类型、不同层次、不同形式的灵活多样的学习。发达国家高等教育发展的历史表明，随着社会经济的发展，高等学校的教学、研究、服务功能越来越具有现代职业教育的内涵。但我国高校对于职业教育的理念多停留在帮助学生就业找工作的层面，对社会发展需求、大学生个体发展需求等方面的考量存在不足，高校职业教育往往出现错位。

高校职业教育资源严重不足。在精英教育时代，大学生在职业选择面前很少有自由选择的机会，其职业教育基本上是由社会完成的。受这种传统思维惯性的影响，高校职业教育功能缺失，高校职业教育资源也严重匮乏。随着高校毕业生就业市场化，特别是高等教育大众化后招生规模的急剧扩大，许多高校办学资源和正常教学秩序都难以得到保证，职业教育资源相对学生需求、社会需求更加严重不足。职业教育资源的不足，导致了大学生职业教育的缺位。

高校职业教育工作缺乏系统性。随着大学生就业问题的凸显和社会舆论的关注，大学生职业教育工作得到进一步加强。但仍有许多高校把职业教育仅仅理解为一种帮学生找工作的片面认识上，缺乏快速反应机制来应对市场人才需求变化，缺乏对大学生个体发展需求的分析与跟踪，缺乏对大学生职业教育的评估与矫正机制等等。这让许多大学生得不到科学、系统、持续的职业教育与职业指导。

高校思想政治教育缺乏针对性。目前，大学生思想政治教育主要是对学生进行理想教育、爱国主义教育、道德教育、政治理论教育等，没有对学生进行比较系统的职业观和职业教育，这使得许多学生对职业和职业的选择性缺乏基本的常识，在做职业选择时往往缺乏科学的判断。

第十五章 大学生职业导航的内容与意义

(三)大学生自身的原因

自我认识不清,职业目标不明确。一般来讲,当职业与个人的理想、爱好、个性特点、专业特长最接近时,个人的主观能动性容易得到激发。大学生在选择自己的职业时,应该充分考虑到最大程度地发挥自己的专长,做到人职匹配。但调查显示,有许多大学生不清楚自己的个人状况,更不了解人职匹配的基本理论,有很多大学生甚至连自己的兴趣、爱好、性格、气质、能力、素质等个人状况都说不清楚。

学习不主动,能力素质多短板。大学学习方式与大学前学习方式的最大不同在于主动性。大多数学生上大学前都处于家长、老师"要我学"的状态,而大学则必须是进入"我要学"的状态。但许多大学生没有及时转变学习方式,不懂得主动学习去发展延伸自己的兴趣、爱好、特长,只是满足于应付考试的学习,不注意社会实践能力的锻炼和创新能力的培养,不注重道德品行的修炼,导致综合素质不强,能力短板较多,个人能力与职业要求差距较大,职业竞争力不强。

缺乏职业规划,职业选择不理性。许多大学生对个人职业生涯缺乏了解,不懂得合理地进行职业规划,有的大学生虽然有较为明确的职业目标,但不懂得进行相应的学业规划,能动地设计学习重点和培养特长,导致他们在选择职业时比较盲目,容易受各种消极因素的干扰。调查显示,许多大学生之所以选择目前的职业,有的是出于家长的要求,有的是出于老师的建议,真正出于个人兴趣的人不多。这也是许多大学生毕业后频繁跳槽的重要原因。[1]

总之,大学生职业观念的偏差不是简单的大学生"眼高手低"的问题,还有其更加深层次的社会原因。比如社会价值观念多元化中职业价值观念的畸形,市场经济条件下人才竞争的空前激烈,高等教育大众化条件下高校职业教育的落后等等。要纠正大学生职业观念的偏差,从社会管理的角度需要从社会人力资源建设布局、高校职业教育规划等宏观方面进行考量,从高校思想政治教育的角度则需要加强大学生

---

[1] 孙军:《学子不愿从基层干起》,载《中国教育报》2003-11-26:B5。

的职业导航工作,引导大学生全面成长成才。

第二节 大学生职业导航的内涵与意义

一、大学生职业导航的内涵

大学生职业导航不同于一般的职业指导。职业指导是指帮助求职者了解社会就业形势与当前就业状况,了解社会人才需求和有关人事与劳动政策法规,认识自己的职业志趣、职业能力与个性特点的过程;是运用职业评价分析、调查访谈、心理测量等方法和手段、依据市场人才需求,按照求职者个人条件与求职意愿以及用人单位要求,提供咨询、指导和帮助,实现人职合理匹配的过程。[①] 职业指导虽然与学校教育有着必然联系,但学校并非职业指导的唯一领域,职业指导的领域应该是包括学校在内的整个社会。

与职业指导相比,大学生职业导航更注重育人,更注重在职业指导中加强大学生的思想政治教育,更注重培养符合中国特色社会主义事业需要的合格建设者和可靠接班人。这就要求大学生职业导航不仅仅是停留在解决大学生在求职过程中的具体困难,帮助其顺利就业,更重要的是激发大学生服务国家与社会需要的主观能动性,培养其自主择业、合理就业、能够创业的综合素质和能力。

大学生职业导航是指通过对大学生进行形势与政策教育、理想信念教育、人生价值与人生理想教育,帮助大学生正确地认识自身的条件与相关的环境,特别是结合国家发展和社会发展需要,科学地规划学习、生活和职业选择,并为大学生提供职业咨询与就业指导,从而实现人与职业的优化组合。同时还要从大学生个性、职业兴趣、职业目标等入手,引导大学生进行职业生涯规划,不断塑造自己的品质特征,不断提高自己的能力素质,不断培养专业奉献精神,为实现人生价值与成就事业奠定基础。具体来说,大学生职业导航的内容,应该包括职业观念

---

① 柳君芳:《职业指导的概念与基本内涵》,载《北京成人教育》2000 年第 1 期。

教育、职业素质培养、职业道德培养和职业心理辅导、就业形势政策教育和择业技巧指导等。

大学生的职业导航要贯穿于学生大学四年的整个学习过程,并且要从大学新生进校时就开始抓起,分阶段、有重点地开展教育和指导。

二、大学生职业导航的内容

(一)教育大学生树立正确的职业观念。职业观念是个人对职业的基本认识和态度,是人生观的重要组成部分。大学生职业观念教育主要包括社会主义市场经济条件下的职业本质、职业价值、职业规范、职业理想、职业道德等内容。

对大学生进行职业观念教育,首先要教育学生正确处理社会发展和个人发展的关系,结合社会需求和个人素质,正确选择和对待职业,树立正确积极的职业观念。其次是通过职业观念教育,帮助学生树立科学的成才意识,引导学生形成正确的价值观和自我评价体系,克服"等、靠、要"的就业态度,树立起竞争就业、自主就业的意识,实现从"精英学子"到"普通员工"、从等待就业向自主择业和创业等一系列就业观念的转变。第三是要按照社会主义核心价值体系的要求来引领大学生职业价值观教育和职业道德教育,帮助大学生树立积极、健康、科学的职业价值观和职业道德观。

(二)引导大学生确立积极健康的职业心理。职业心理辅导是运用心理咨询的技术和手段,帮助大学生提高对职业目标、职业定位、职业选择、职业规划等方面的自我认知,是启发大学生自助、自主自我调节的过程。

大学生在职业选择时容易产生心理危机,甚至发生心理障碍,职业心理辅导就要及时地提供心理咨询服务,消除大学生在择业过程中的心理障碍,减轻心理压力,以健康的心理状态去迎接挑战,参与竞争;特别是要注重运用思想政治教育方法,教育学生树立正确的人生观和价值观,帮助其完善内在品质与素质,从而增强其心理抗压能力。同时还要运用心理学基本理论,采取心理测量技术,对学生进行个体性评价,帮助学生认识自己的职业适应性,确定职业适应范围,避免从众和盲目，客观地认识自己的素质状况，评价自身的素质优势，合理地选择职业。

（三）帮助大学生正确把握就业形势与就业政策。帮助大学生正确认识就业形势，把握就业政策，对大学生职业选择、职业发展具有重要的意义。通过就业形势与政策的解读，大学生可以了解到社会整体的就业状况、国家劳动人事制度、国家和地方就业政策、行业发展前景等，可以帮助他们克服择业"误区"，较快树立专业意识和职业意识，顺利实现角色转型。

对大学生不仅要进行就业形势与政策的教育，还要帮助学生掌握国家有关毕业生就业的方针政策，掌握学校有关毕业生就业方面的规定，把握自己面临的就业形势与前景，明确自己在就业过程中的权利和义务。要使大学生懂得，就业不仅是国家和学校应该考虑的问题，更是自己的事情，要懂得在就业过程中最具核心竞争力的是自己的能力与素质，这有利于帮助大学生将就业压力转化为在整个大学阶段的学习动力。

（四）指导大学生进行科学的职业生涯规划设计。大学生以一名"准职业人"的身份进入大学校园后，就要开始设计和规划自己的职业生涯。大学生要根据自己所学专业的情况、自己身心的特点和社会的需求，科学制订大学学习生活计划，进而制订科学的职业发展计划。

通过职业生涯规划的辅导和有关素质测评系统的应用与分析，帮助大学生发现和了解自己的性格、兴趣和专长，帮助他们结合自己所学的专业，制定出符合个人成长与发展的目标；让学生懂得社会对人才素质与能力的要求，应该具备哪些能力与素质才能适应人才市场的需要；帮助学生探讨培养自身能力与素质的途径与方法，使学生进一步明确学习方向，保持学习动力，合理全面地发展自己的综合素质，为今后的职业发展打下坚实的基础。

（五）指导大学生掌握必要的求职技巧。就我国目前大学毕业生就业的情况来看，求职压力很大，求职竞争激烈，因此在求职过程中掌握一定的求职技巧显得尤为重要。如用最快捷的方式获得最有效信息

第十五章 大学生职业导航的内容与意义

的技巧;在可能会出现冲突的情况下作出正确的职业选择的技巧;获得面试机会、控制面试流程的技巧;巧妙运用法律知识维护自己正当权益的技巧,等等,加强对大学生的这些技巧的指导,有利于提高学生的就业能力。

（六）培养大学生创新创业的精神和素质。创业已经成为许多大学毕业生的就业选择,因此,学校要加强对学生创新和创业的教育。就创新创业教育的目标而言,它需要培养学生的创新意识、创业精神、创业能力以及敢于挑战、敢于直面挫折的心理素质等。大学生创新创业能否成功,它既依赖于大学生自身的能力素质,也与学校的创新创业氛围、校园文化氛围、职业教育的水平等因素息息相关。在职业导航中开展创新创业教育,培养学生的创新意识和创业技能,是大学生职业导航需要进一步探索的重要内容。

三、大学生职业导航的意义

大学生职业导航不仅要帮助大学生正确认识自身特点,准确定位,实现个体与职业的匹配,寻找到适合自身发展需要的职业,还要引导大学生科学地规划职业生涯和人生发展,促进个体自我价值和社会价值的最大化。因此,对大学生进行职业导航,不仅是大学生思想政治教育的重要内容,也是大学生顺利地成长成才的重要保证。

（一）对大学生进行职业导航有利于学生明确人生未来的奋斗目标。大学生职业导航引导学生选择符合自己的兴趣、爱好、特长,又适合自己个性特点,同时又能够满足自身发展的职业岗位,从而真正激发其创造、成功的欲望与激情。学生在经过自己认真选择的职业岗位上工作,利用自己的特长和优势努力创造业绩,取得成功,实现人生理想,这会让学生产生一种发自内心的满足感,激励他们在自己的工作岗位上展示自己的人生价值,为社会作出应有的贡献。

（二）对大学生进行职业导航有利于学生的个性发展和综合素质的提高。大学生职业导航是以素质教育为基础的,是终身教育的一种形式。它要求教师尊重学生的个性,承认学生个人的兴趣和志向的多样性和差异性,创造性地开展教育活动,充分挖掘其潜能,使每一个学生都能自主地、生动活泼地学习。这有利于促进学生的全面发展,培养创新精神,促使学生更加理智地认识自己、认识社会,使自己的人格不断完善,在谋求自身发展的同时与社会发展要求相协调,最终实现个人价值。

(三)对大学生进行职业导航有利于学生认清形势合理规划大学生活。大学生职业导航要求指导大学生要做到知己、知彼、抉择、目标、行动五者的统一。其中知己、知彼是抉择、目标和行动的基础。知己、知彼的实质是学生对于自身的客观认识和对环境的判断。在这一过程中,运用五W和SWOT分析方法,帮助学生了解自己的优势和劣势,并且比较清楚地认识到外界的机会与挑战。这些都有助于学生准确找到定位,并根据自身的特点,规划自己的大学学习与生活,扬长避短,有针对性地挖掘其个体潜力,不断地努力提高自己的能力和素质。

(四)对大学生进行职业导航有利于提升学生的职业素质,提高就业创业的能力。大学生职业导航强调从学生进入大学时就开始抓起,这可以尽早地引发学生对于职业与未来的思考:"大学毕业后我想干什么、我能干什么?""现在社会需要什么样的人才?""现在的就业形势怎么样?"这一思考过程就是学生不断关注社会就业形势、关注用人单位人才标准的过程,这不仅有利于学生清醒地认识社会发展趋势,促使学生用社会的职业标准与职业要求来指导自己的学习生活,而且还能帮助学生更新就业观念,进行合理的就业定位,着力提升自身的职业素质。

(五)对大学生进行职业导航有利于学生与职位的"匹配",提高大学生就业满意度。大学生职业导航要求学生要做到全面发展,努力提高自己的能力与素质,密切关注社会的需求与职业要求的变化,以职业的要求来规范自己,来规划自己的学业与大学生活,实现学业与职业的无缝对接。这促使大学生在不断关注用人标准的前提下,结合个人的职业理想,不断完善个人素质,并适时调整自己的职业目标,使之更趋实际,并在动态发展中实现个人与职业的匹配,实现自身利益与社会利

益的最优组合,从而提高学生的就业满意度。

第三节　大学生职业导航的原则与步骤

一、大学生职业导航的基本原则

(一)全面性原则

大学生思想政治教育要求的全员、全方位、全过程的全面性原则,在大学生职业导航中同样适用。全面性主要包括导航对象、导航人员和导航过程三个方面。导航对象的全面性:职业导航的对象必须面向全体学生,针对不同年级、不同专业学生的实际情况,分阶段、有重点地进行。对低年级学生的职业导航可以从职业观念、职业规划和能力素质准备等方面着手,而对高年级学生则应该更多地侧重于提高综合素质、指导就业技巧和加强职业道德教育等方面进行。导航人员的全面性:大学生职业导航是一项系统工程,不仅是职业指导教师的事,更需要思想政治教育工作者、全体教师、社会各企事业单位、学生家长的密切配合,才能有效地发挥其应有的作用。导航过程的全面性:大学生职业导航应从大学新生进校时开始抓起,帮助学生确立目标,明确方向,规划职业,增强素质,同时要加强对学生的职业指导,把职业教育和指导贯穿于大学四年生活的全过程。

(二)教育性原则

大学生职业导航与就业指导的不同之处在于,职业导航不仅要指导学生如何求职择业,更重要的是要指导学生如何做人,如何做事,激发学生奋发向上的内在动力。因此,职业导航必须从培养具有素质全面和综合职业能力的合格人才出发,循序渐进地对学生进行职业理想教育,使学生形成正确的人生观、价值观、职业观和良好的职业道德。

(三)服务性原则

大学生职业导航应树立为学生服务的思想。职业导航不是由教育者确定学生应奋斗的目标,而是应该遵循学生自主性的原则,即由教育者帮助学生分析自己的需要、个性特征和外界环境,培养学生的自主能

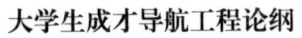

力,包括自我认识能力、自我判断能力、自我决策能力等,让学生自己去规划、选择和开拓人生的道路。

(四)发展性原则

职业在不断地发展演变,学生的生理、心理也在不断地发展变化。因此,要用发展的观点对学生进行职业导航,教会学生学会挖掘自身的潜力,适应专业和职业需要,及时就业,适时"转业"。同时,大学生职业导航还要注重培养学生创新能力和创业精神,教会学生善于在原有职业的基础上,积极开拓新的领域,努力提升工作的质量,做出新的业绩。

(五)实践性原则

高校开展与推进大学生职业导航,关键是要取得成效。成效是职业导航的生命,否则就失去了存在的价值。职业导航能否取得成效必须要紧密结合学生的实际,结合社会发展的实际,接受实践的检验,要能够解决学生的具体问题。而解决这些问题的方法和途径,就是将职业导航与思想政治教育、学生第二课堂、教学科研、实习实践等相结合。[1]

二、大学生职业导航的步骤

纵观国内外高校职业规划与职业教育的情况和做法,大学生职业导航应该采取有重点、分阶段的全程化教育步骤,把职业导航的内容有重点地归属于大学的各个阶段,通过阶段式的教育,让大学生在校期间全程化地参与职业规划与学业规划,不断强化学生的职业意识,增强学生的职业素质。针对不同时期大学生的特点和实际,职业导航可以从以下三个阶段实施:

(一)新生入学教育阶段

在这一阶段要结合新生入学教育,在进行专业教育的同时,对学生进行就业政策解读、职业观念引导、职业目标选择、职业规划指导,尤其

---

[1] 吴增军:《试论高校职业指导的原则、内容与策略》,载《苏州市职业大学学报》2006年第1期。

是职业规划必须落到实处。可以邀请人事和劳动与社会保障部门工作人员介绍我国人事政策和社会保障政策,让学生了解我国的职业发展状况;可以邀请各专业优秀校友为新生作职业发展报告,介绍本专业所从事职业的范围、本质、价值等,帮助新生树立专业意识,进而初步形成职业理想;可以邀请职业指导教师为学生系统讲授社会职业概况,帮助学生理性认识社会职业分层,树立科学的职业观念;可以开展职业兴趣和性格测验,帮助新生了解自己的心理特征,了解不同职业对从业者心理素质的要求,了解自己的就业意向和兴趣,从而树立初步的职业目标,作出初步的职业规划。同时,还可以开设《社会职业》、《职业生涯规划》等公共课程,帮助学生更好地认识职业发展状况,开始规划自己的职业发展。

(二)在校中期教育阶段

在校中期教育阶段的职业导航是建立在新生教育阶段职业导航的基础之上的。这一阶段的主要任务是督促学生按照其大学学习规划和职业规划来进行职业素质培养和职业技能训练。大学生的职业生涯规划涉及的求职能力,主要是在这一期间培养的。学校不仅要为大学生提供求职能力的基本训练途径,还要对其进行监督、评估、反馈、调整,使其职业规划落到实处,求职能力得到有效提升。在校中期教育阶段可以开设《职业素质提升》、《求职技能》等公共选修课和必修课,邀请就业指导教师对学生进行系统的讲授,并组织模拟招聘锻炼学生的求职技能,让学生在毕业走向职场前就具备了较好的职业素质。

(三)毕业生教育阶段

毕业生教育阶段的职业导航是大学生职业导航的最后阶段。这一阶段的主要任务是指导毕业生整合以前学习的相关知识,为走向工作岗位做好知识储备;对毕业生进行形势政策的教育,开设《就业指导》、《就业政策解读》等选修课程,使他们认清形势,把握机遇;还要对毕业生进行理想信念教育,引导他们正确处理好国家需要、社会需要和个人理想之间的关系;同时还要对毕业生进行择业观的教

育，帮助他们转变就业观念，先就业、后择业，先立足、后发展。也可以在毕业生当中开展择业心理状态的相关测量，心理测量的主要内容是职业能力测验或一般能力倾向测验，通过能力测验给学生提供科学择业的客观依据。[1]

---

[1] 李进、朱丽娜：《试论我国大学生职业指导的内容与形式》，载《经济与社会发展》2006年第3期。

第十六章　大学生职业生涯规划与学业规划

开展大学生的职业导航,要从国家、社会和学生的需要出发,通过一定的教育载体和方法途径,鼓励和引导大学生提高自身的综合素质,自主发展、全面发展、重点发展,为其今后的职业发展奠定良好的基础。近年来,随着社会对就业与民生的关注,职业生涯规划理论被引入我国,并得到广泛的运用和实践。实践证明,职业生涯规划理论有利于提升大学生的职业能力和综合素质,有利于促进大学生顺利就业,是开展大学生职业导航的重要切入点。

第一节　大学生职业生涯规划概述

一、职业生涯规划的相关概念

现代社会的社会生产高度发达,新产业、新行业不断产生,新职业、新工种不断出现,社会分工已经使得传统的"三百六十行"的词汇失去了语境。随着社会的变迁,老行当、老职业在逐渐消失,一批人丧失了工作机会,而新行当、新职业又需要大量有相应技能的人员,如何让尽量少的人丧失工作,又让新行当能找得到更多符合其要求的员工,在社会生产日益追求效益的今天,这显得尤为重要。大学生作为未来社会建设的主力军,应认清形势,把握未来,更新观念,树立起与时代发展相适应的职业意识和职业观念。

大学生职业生涯规划涉及职业、职业生涯、职业生涯规划等概念,要引导大学生做好职业生涯规划,做好大学生职业导航工作,需要全面把握这些概念的内涵。

（一）职业

围绕职业的概念，学者们主要从社会学和经济学两种角度进行了阐释。从社会学的角度界定职业的概念，主要强调职业满足个人物质需求、维持个体生命与生活的功能，突出工作与报酬的交互性。如日本社会学家尾高邦雄认为，职业是某种社会分工或社会角色的实现，因此职业包括工作、工作的场所和地位。美国学者泰勒认为，"职业"是一套成为模式并与特殊工作经验有关的人群关系，这种成为模式的工作关系的结合，促进职业结构的发展和职业意识的形成。我国学者姚裕群认为，"职业"是指人们从事相对稳定的有收入的专门类别的工作。

从经济学的角度界定"职业"的概念，主要强调职业是作为个人生存的活动。如美国社会学家塞尔兹认为，"职业"是一个人为了不断取得个人收入而连续从事的具有市场价值的特殊活动；美国著名哲学家、教育学家杜威认为，"职业"是人们从中可以得到利益的一种"生活活动"；日本劳动问题专家保谷六郎对职业内涵有所拓展，认为"职业"是有劳动能力的人为了生活所得而发挥个人能力向社会作贡献的连续活动。

综上所述，职业的合理界定应包括从事职业的主体、职业的个体与社会功能、职业的时限以及职业的性质等要素。由此可以得出，职业是指具备劳动能力的个体，运用自身的知识、技能与态度，从事社会生产服务，为社会创造物质财富与精神财富，并获取合理的个人报酬，以满足自身的物质与精神需求的持续性活动。

（二）职业生涯

从一个人出生到死亡的整个人生历程中，存在着不同的生命周期空间，有社会生命周期、生物生命周期和职业生涯周期。在人的生命总时间中，最重要的、有决定作用的是职业生涯周期，它是人生存和发展的前提条件。从任职前的职业教育培训、寻求职业，到就业从业、职业转换、逐步晋升，直到完全脱离职业工作，职业生涯周期占据了人一生的大部分时间，它对社会、个人、家庭都有着十分重要的意义。

职业生涯的基本含义主要包括四个方面：一是指个体的行为经历，

而非群体或组织的行为经历,是一个个体的概念;二是指一个人一生中的职业经历或历程,是一个职业的概念;三是指职业生涯期,职业生涯期起始于最初工作之前的专门职业学习和训练,终止于完全结束或退出职业工作,而实际的职业生涯期在不同个体之间的差别很大,有长有短,是一个时间的概念;四是指个人的具体职业内容和职业发展和变化。职业生涯不仅表示职业工作的时间长短,而且内含着职业变更与发展的经历和过程,包括从事何种职业,职业发展的阶段,职业的转换、晋升等具体内容,是一个发展和动态的概念。

(三)职业生涯规划

职业生涯规划是指个人和组织相结合,在对一个人职业生涯的主客观条件进行测定、分析、总结研究的基础上,确定其最佳的职业奋斗目标,并为实现这一目标作出行之有效的安排。

职业生涯规划一般包括自我剖析、目标设定、目标实现策略、反馈与调整等四个方面的内容。自我剖析就是全面、深入、客观地分析和了解自己;目标设定是指在自我剖析的基础上,确立明确的职业目标;目标实现策略是指通过各种积极的具体行动和措施去争取职业目标的实现;反馈和调整是指在实施职业生涯目标的过程中根据实际情况的发展变化及时自觉地总结经验和教训,修正对自我的认知和对职业目标的调整。

二、大学生职业生涯规划的特点

大学生职业生涯规划是指大学生通过自我评估和对环境因素的分析,结合职业理想与职业生涯的预期,科学地规划大学学习、生活和工作,全面提高综合素质与就业竞争力,实现人才培养与市场需求的无缝对接,实现合理的人职匹配。大学生职业生涯规划的实施主体是学生本人,实施大学生职业生涯规划的主导则应该是思想政治教育工作者。

大学生职业生涯规划有五个方面的特点:一是差异性。不同的学生有不同的特点与个性,自然应当有不同的规划方案。个人是职业生涯规划的主体,在规划过程中要充分发挥大学生的主体能动性,尊重其个性特长,做到因人而异。二是指向性。职业生涯规划通过设定个人

职业发展目标,确定实现路径,有计划、分阶段地实现个人目标,目标确定后,学生的行为始终会指向这个目标。三是动态性。随着环境的变化和个体的自我调整,学生的职业发展方向、实现路径等内容要不断地进行调整完善,所以职业生涯规划是一个不断反馈、不断调整、不断修正的过程。四是操作性。职业生涯规划是一套解决学生个体能力与职业发展需求之间矛盾的操作方案,必须结合个体特点,确定行动方向、行动时间、操作方法,使之具有可行性和易操作性。五是长期性。职业生涯规划不同于就业指导,它关系到一个人一生的发展,具有很强的相关性与连续性,这就要求学生进行生涯规划必须着眼长远,规划时间维度要长而且要分阶段,内容层次要广但必须有梯度。

三、大学生职业生涯规划存在的问题

目前,我国不少高等院校都成立了大学生就业指导中心,并开设了相关的职业指导课程,这不仅为大学生提供了丰富的就业信息,而且还帮助大学生进行职业生涯规划,它对于促进大学生顺利就业和提升大学生的综合素质起到了重要的作用。但是,作为新生事物,大学生职业生涯规划还存在着许多的问题,主要表现在两个方面:

(一)大学生职业生涯规划的意识与实践不到位

大学生普遍缺乏职业生涯规划意识,没有针对个人的具体情况制订科学合理的职业生涯规划,在就业过程中也缺乏对个人职业生涯的设计。2005年《职业》杂志与搜狐教育频道进行的"大学生就业职业指导现状调查"[①]中,51.4%的人对自己的职业发展只有模糊的想法和愿望,还有17.6%的人根本不知道自己能选择什么样的职业,只有17.6%的人有3—5年的职业规划,有近一半的大学生没有进行过职业生涯规划。调查发现大学生非常不重视职业生涯规划,他们普遍认为在大学阶段就进行职业生涯规划还为时过早,错误地认为职业生涯规划是走进社会后自然而然就会做的一件事。

大学生职业目标模糊。近几年,不少毕业生在职业选择中一味强

---

① 《大学生就业职业指导现状调查报告》,载《中国大学生就业》2006年第1期。

调大单位、大城市和高收入,甚至为了这些不惜放弃个人的专业特长,不顾个人的性格和职业兴趣;有的大学生缺乏自信,对自己的优势认识不够,制定的目标偏低,难以起到激励作用,不利于自己的发展;还有些学生存有"这山望着那山高"的心理,职业目标不确定。盲目的攀高追求与选择不仅会影响个人目前的就业,同时也会对以后的职业发展产生不利的影响。更为严重的是许多学生目标缺失,没有发展方向,以至于丧失了努力学习和工作的动力。

大学生自我认知不足。在就业制度与就业市场不完善的情况下,有的大学生只看到自身的长处,自以为是,好高骛远;有的大学生只看到自身的不足,心灰意冷,信心不足。在新浪网、北森测评网与《中国大学生就业》杂志共同实施的"大学生职业生涯规划"问卷调查显示,仅有12%的人了解自己的个性、兴趣和能力;18%的人清楚自己职业发展面临的优势和劣势。

大学生自主执行和调整规划的能力缺乏。虽然不少大学生对职业生涯规划有所了解,有的学生也有了初步制订职业生涯规划的意识,也制订了自己的职业生涯规划,但没有把自己的行动与规划统一起来,认真按规划执行,做到自我激励和自觉行动,并为实现这些目标而努力,而是简单作个规划了事,把制订的职业生涯规划束之高阁。有的学生虽然也参加实习实践,但只是把它作为一种经历,而没有与自己未来的职业联系起来,缺乏在职业目标中的全面系统实践,与职业目标提出的能力素质要求相距甚远。

(二)高校职业生涯规划工作开展的深度不够、专业性不强

随着大学生就业形势日趋严峻,职业生涯规划理念的广泛传播,大学生的职业生涯规划受到高校的普遍重视,但目前这项工作仍然十分滞后。主要表现为:第一,很多高校没有给大学生开设职业生涯规划课程,大学生对职业生涯规划了解不全面,认识肤浅,不知道怎么作职业生涯规划;第二,一些高校在学生大四的时候才开展职业生涯规划指导工作,把职业生涯规划教育当做就业的"急救药";第三,职业生涯规划指导老师过于单一,缺乏专业背景,更缺乏思想政治教育的意识。讲课

的老师往往是高校就业指导中心的老师、各学院分管学生工作的干部或企业的相关人员,这些讲课人员要么职业生涯规划的专业知识和技能缺乏,要么对大学生职业生涯规划的特点了解不够,因而讲座的内容一般局限于宣传国家的宏观政策和分析国家的就业形势,或者从企业职业生涯规划的角度来分析,很少从大学生的角度讲授如何作好学生的职业生涯规划。在帮助大学生进行自我认识的测评时,测评题目选择的专业化程度不高,选题不科学,不符合职业心理测试的要求;有的测试工具是直接从西方引进的,由于中西方文化背景的差异,使得测试的内容和测试的标准不完全符合学生的实际。

目前,大学生职业生涯规划的研究在我国尚处于起步阶段,大学生职业生涯规划在我国高校的应用并不十分理想。大多是单纯从学生就业指导和职业辅导的角度出发,研究学生素质既定前提下的人职匹配问题;开展大学生职业生涯规划的实践大多集中在学生毕业前夕的求职阶段,忽视职业生涯规划对学生个体素质的促进提升作用;还有的片面强调职业生涯的技术指导,忽视思想政治教育内容与方法的结合,使得职业生涯规划指导丧失了灵魂,缺乏活力,学生的主观能动性没有得到充分发挥。

四、大学生职业生涯规划与思想政治教育的有机结合

大学生职业生涯规划存在的问题,很多可以归结为思想政治教育的缺失,包括自我认识、职业价值观念、职业定位、个人价值等等。大学生的职业生涯规划主要是侧重于个人的发展,这种阶段性的预判和行动计划,学生并不能从社会全局、整个人生的角度去深入地思考问题,而思想政治教育如果对大学生进行必要的教育,就能够帮助学生真正从思想、道德的层面树立远大的理想、坚定自身的信念。从这个意义上讲,思想政治教育与职业生涯规划可以有机结合,功能互补。职业生涯规划可以成为思想政治教育的有效载体,而思想政治教育通过渗透到职业生涯规划之中,可以增强思想政治教育的实效性。

(一)做好职业生涯规划量表,帮助学生正确认识自我。目前职业生涯规划设计出了许多评估量表,这种测量方式以其强大的认知功能

评估学生的兴趣、性格、知识和能力结构,从中找出优势和不足,通过深入、理性、科学的分析,学生可以制订符合自己兴趣与特长的生涯发展目标和行动计划。这种对自身全面认知的过程,实质上就是对自身了解和反思的过程,它有助于帮助大学生转变思想观念,消除就业恐惧心理,从而把自身的要求、社会的需要、未来的发展有机统一起来,增强学习的目的性和主动性,促使学生获得更加强大的发展动力。

(二)强化职业生涯规划的交往教育,培养学生的集体主义观念和团队精神。职业生涯规划中开展职业生涯设计、生涯人物访谈、职业体验、角色扮演等活动,可以启发学生朝着正确的方向和社会规范的要求发展。职业生涯规划以问题、讨论、实践等交往的形式出现,教师与学生、学生与学生互相沟通和协商,教师可以倾听学生的心声,发现和掌握他们的思想动态,及时做好思想纠偏工作;学生能切实感受到学校和老师的关爱,在民主的气氛中大胆地提出看法和建议,让他们感受到一种主人翁的责任感,提高他们自主学习的积极性;在职业生涯规划的交往活动中,学生会逐步体会到发展人际关系的重要性,学会尊重、包容、谅解他人,从而能够培养良好的心理素质和健康的心理状态,培养集体主义观念和团队精神,为将来更好地与同事团结合作、融洽相处、度过最困难的职业适应期打下良好的基础。

(三)在职业生涯规划中融入理想信念教育,帮助大学生确立正确的世界观、人生观与价值观。科学的世界观、人生观、价值观是一个人成长成才的基础,正确的理想信念是一个人成长成才的精神支柱。职业生涯规划作为一个人发展的蓝图和前进的目标,能给大学生巨大的精神推动力,从而起到一种目标导向的作用。学生未来职业生涯的设计过程,也是思想政治教育纵深化的过程。可以利用职业生涯规划的导向功能,把大学生引向树立正确的"三观"、完善知识结构、提升自身素质、关注社会发展上来。

(四)将职业生涯规划目标与思想政治教育目标有机结合,做到分阶段、分步骤贯彻落实。由于职业生涯规划是以未来的职业发展为目标和指向的,这就决定了职业生涯规划有着明确的目的性和一定的功

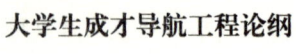

利性。因此,要把思想政治教育中的政治理论教育、职业道德教育、形势政策教育、诚实守信教育、爱国主义教育、心理健康教育、行为规范教育等内容融入到职业生涯规划的阶段性目标中去。如在低年级可以开展理想信念教育、专业思想教育、政治理论教育,不断提高学生的认识能力和思想觉悟,提高他们分析问题和把握事物本质的能力,引导他们制订科学的大学学业规划。在二、三年级,可以对学生进行中国特色社会主义理论体系的教育、爱国主义教育、职业道德教育,帮助学生树立为中国特色社会主义建功立业的人生目标和信念,刻苦学习,不断提高他们的综合素质,并不断调整和修正自己的职业生涯规划。在四年级,可以对学生进行形势政策教育、诚实守信教育、心理健康教育,要求他们了解与职业相关的政策、法规及职业选择的途径,转变就业观念,正确处理好国家需要和个人发展之间的关系,并学会面对挫折,保持积极健康的心理状态。通过这些教育,引导学生认真制订并不断修正自己的职业生涯规划,顺利完成从学校到社会的转变,从学生生涯到职业生涯的转变。

大学生职业生涯规划在我国目前还处在研究探索阶段,高水平且有丰富理论基础和实践能力的师资队伍严重缺乏,从国外引进的职业生涯规划理论与工具大多存在水土不服的问题。要实现职业生涯规划和思想政治教育的有机结合,目前还没有十分成功的做法和经验。因此,大学生思想政治教育的内容和方法需要进一步的丰富和完善,思想政治教育工作者的水平和能力也有待于进一步的提高,所有这些都还有待于作进一步的探索和研究。

第二节 大学生的职业生涯规划

一、大学生职业生涯规划的理论借鉴

国外关于职业生涯规划的研究起步较早,提出了很多的理论和观点,这对于我们做好大学生的职业生涯规划和开展职业导航具有重要的借鉴意义。

(一)人职匹配理论

1. 人格类型与职业类型匹配理论

人格类型与职业类型匹配理论是由美国著名的职业指导专家约翰·霍兰德(John Holand)创立的。霍兰德于1959年首次提出职业选择的理论,并对人格类型和其相应的职业环境进行了划分。经过几十年的研究,他和他的团队形成了一套系统的职业指导理论与模式。其主要内容包括人格与职业类型的划分、职业分类、类型鉴定表等。霍兰德在1971年提出了具有广泛社会影响的职业性向理论。他认为,每个人的人格都能主要地划分为某种类型,具有某种类型人格的人,便会对相应的职业类型中的工作或学习发生兴趣,包括价值观、动机和需要等构成的职业性向是决定一个人选择何种职业的一个重要因素。霍兰德基于自己对职业性向测试的研究,归纳了六种基本的职业性向:

第一种是实际性向。具有这种性向的人喜欢有规律的具体劳动和需要某种技能的工作。这种类型的人往往缺乏社交能力,这类职业包括机械工、电工、农民、森林工人、农场主等。

第二种是调研性向。具有这种性向的人喜欢智力、抽象的、独立定向的工作,他们会被吸引去从事那些较多认知活动(思考、组织、理解等)的职业,而不是那些以感知活动(感觉、反映或人际沟通以及情感等)为主要内容的职业。这种人格往往缺乏领导能力,这类职业有:生物学家、化学家以及大学教授等。

第三种是社会性向。具有这种性向的人会被吸引去从事那些包含着大量人际交往内容的职业,而不是那些包含着大量智力活动或体力活动的职业,如心理咨询医生、外交工作者以及社会工作者等等。

第四种是常规性向。具有这种性向的人会被吸引从事系统且有条理的职业,具有良好的控制能力,相当保守,一般按常规办事。在这些职业中,雇员个人的需要往往要服从于组织的需要。这类职业的例子有:办公室职员、会计、银行职员等等。

第五种是企业性向。具有这种性向的人性格外向,喜欢冒险活动,好担任领导角色,喜欢从事那些包含着大量以影响他人为目的的语言活动职业。如管理人员、政治家、律师以及公共关系管理者等。

第六种是艺术性向。具有这种性向的人会被吸引去那些包含着大量自我表现、艺术创造、情感表达以及个性化活动的职业。如艺术家、广告制作者以及音乐家等等。

霍兰德的职业性向理论的实质在于工作者的职业性向与职业类型相适应。霍兰德认为,同一类型的工作者与同一类型的职业互相结合,便达到适应状态,这样工作者找到了适宜的职业岗位,其才能与积极性才能得以发挥。然而上述的人格类型与职业关系也并非绝对的一一对应。霍兰德在研究中发现,尽管大多数人的人格类型可以主要划分为某一类型,但个人又有着广泛的适应能力,其人格类型在某种程度上相近于另外两种人格类型,则也能适应另外两种职业类型的工作。也就是说,某些类型之间存在着较多的相关性,同时每一类型又有种极为相斥的职业环境类型。比如,人的职业性向中很可能是同时包含着社会性向、实际性向和调研性向这三种性向的。霍兰德认为,这些性向越相似或相容性越强,则一个人在选择职业时所面临的内在冲突和犹豫就会越少。为了帮助描述这种情况,霍兰德用一个正六边形描述了六种人格类型的相应职业,如图 16-1 所示:

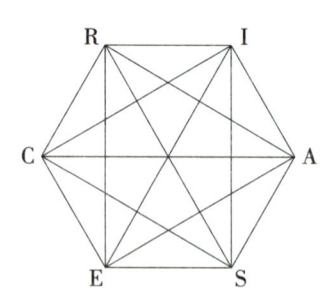

图 16-1 职业性向理论示意图

R(Realistic)——实际型　I(Investigative)——研究型　S(Social)——社会型
E(Enterprise)——开拓型　A(Artistic)——艺术型　C(Conventional)——常规型

从上图可以看到,六个角各代表一个职业性向。根据霍兰德的研究,图中的某两种性向是相邻的话,那么他或她将会很容易选定一种职

业。然而,如果此人的性向是相互对立的(比如同时具有实际性向和社会性向的话),那么他或她在进行职业选择时将会面临较多的犹豫不决的情况,这是因为他或她的多种兴趣将驱使他们在多种不同的职业之间去进行选择。

2. 人格特性与职业因素匹配理论

这种理论是由美国职业指导专家弗兰克·帕森斯创立的,继而由威廉逊·佩特森发展成型。这是在西方国家最为古老而且应用范围最广的一种理论,在职业指导中一直处于主导地位,对世界各国影响较大。这种理论是建立在差异心理学基础上的,认为所有的人在发展与成长方面都存在着差异,强调人与人之间存在着个别差异,每一个人都具有不同于别人的个性特点,即特性。这种特性与某种职业因素存在着相关。人的特性又可以运用科学手段客观地测量的,职业因素也是可以分析的,职业指导就是要解决人的特性与职业因素相适应的问题,达到合理匹配。这种理论通过职业指导者测量与评价被指导者的生理、心理特性以及分析职业对人的要求来帮助被指导者进行分析比较,使之在清楚地了解自己和职业因素的基础上作出明智的职业选择。

人格特性与职业因素匹配理论的核心是人与职业的匹配,其理论前提是:第一,每个人都有一系列独特的特性,它们是可以客观而有效地进行测量的;第二,为了取得成功,不同职业需要具备不同特性的人员;第三,选择一种职业是一个相当易行的过程,而且人职匹配是可能的;第四,个人特性与工作要求之间配合得愈紧密,职业成功的可能性愈大。

人格特性与职业因素理论易于操作。根据此理论,可以把职业选择与职业指导过程分为三个步骤:个人分析、职业分析、人职匹配。个人在了解自己的个人特点和职业要求的基础上,借助于职业指导者的帮助,来选择一项既适合自己特点,又有可能获得的职业。

(二) 职业锚理论

"职业锚"是由美国著名组织行为学家埃德加·施恩(Edgar Schein)教授首次提出的。施恩关于个体差异模型的理论揭示:在一个

人的职业变化中有很大的一致性,无论怎么变换职业类型,但有些内在的职业决策的原因没有变,这就是个人的职业锚(Career anchor)。他认为,职业规划实际上是一个持续不断的过程。在这一过程中,每个人都在根据自己的天资、能力、动机、需要、态度和价值观等慢慢地形成较为明晰的与职业有关的自我概念。随着人对自己越来越了解,这个人就会越来越明显地形成一个占主要地位的职业锚。施恩对"职业锚"的定义是:"指当一个人不得不作出选择的时候,他或她无论如何都不会放弃的职业中的那种至关重要的东西或价值观。"

职业锚实际上是自我意向的一个习得部分。个人进入早期工作情境后,由习得的实际工作经验所决定,与在经验中自省的动机、需要、价值观、才干相符合,达到自我满足和补偿的一种稳定的职业定位。它实际上就是人们选择和发展自己的职业时所围绕的中心,它反映出了个人的职业价值观和潜在才能。一个人对自己的天资和能力、动机和需要以及态度和价值观有了清楚的了解之后,就会意识到自己的职业锚到底是什么。施恩指出,要想对职业锚提前进行预测是很困难的,这是因为一个人的职业锚是在不断发生着变化的,它实际上是一个不断探索过程所产生的动态结果。施恩将职业锚分为八种锚位:

技术或职能型:追求在技术或职能领域的成长和技能的不断提高,以及应用这种技术或职能的机会。他们对自己专业水平比较自信,喜欢面对来自专业领域的挑战。

管理型:追求并致力于工作晋升,倾心于全面管理,愿意独自负责一个部分,希望跨部门整合其他人的努力成果,并将集体的成功与否视为自己的责任。

自主与独立型:希望随心所欲安排自己的工作方式、工作习惯和生活方式。追求能施展个人能力的工作环境,不愿意放弃自由与独立。

安全与稳定型:追求工作中的安全与稳定感。对工作比较满意并因而感到放松,对工作忠诚,关心财务安全。

创业型:希望使用自己的能力去创建属于自己的事业,而且愿意去冒风险,并克服面临的障碍。他们可能正在别人的公司工作,但同时他们在学习并评估将来的机会,随时准备走出去创建自己的事业。

服务型:追求他们认可的核心价值,例如,帮助他人,改善人们的安全,通过新的产品消除疾病。他们矢志追寻这种机会,即使是变换工作单位和工作职位。

挑战型:喜欢解决看上去无法解决的问题,战胜强硬的对手,克服无法克服的困难障碍等。工作或职业就是允许他们去战胜各种不可能。新奇、变化和克服困难是他们的终极目标。

生活型:喜欢把将个人的需要、家庭的需要和职业的需要整合为一个整体。希望有提供足够的弹性让他们实现这一目标的职业环境。

(三)职业发展阶段理论

职业生涯阶段的划分是职业生涯规划的一个重要内容,它是指个人职业生涯中具有各种不同特征的时期。我们可以把这些不同的时期分为连续的几个阶段,每个阶段都有自己的特征和相应的职业发展任务,因此在不同的职业生涯发展阶段有不同的职业方式和内容。对于职业生涯阶段的划分,不同的专家学者有不同的见解,有的提出三阶段论,有的提出四阶段论,也有提出五阶段、六阶段论的,如:

职业生涯发展理论专家金兹伯格将人生职业生涯划分为三个阶段,即幻想期(11岁以前)、尝试期(11—18岁)和实现期(18岁以后)。从金兹伯格的三个阶段划分来看,他着重研究的是一个人的早期生涯发展。

美国学者利文森将职业生涯发展划分为六个阶段,即拔根期(12—22岁)、成年期(22—29岁)、过渡期(29—32岁)、安定期(32—39岁)、潜伏的中年危机期(39—43岁)和成熟期(43—59岁)。

在众多的分类方法中,最有代表性的是由美国著名的职业管理专家萨帕(Donald. E. Super)提出的五分法。萨帕经过二十多年的大量实验研究,提出了人一生完整的职业发展阶段模式,这是他对职业发展研究的最主要贡献,也是其理论最有影响的部分。萨帕的职业发展理论从人的终生发展角度出发,把整个人生分为成长阶段、探索阶段、立业与发展阶段、维持阶段和衰退阶段,并介绍了各个阶段的发展特点,见

表 16-1。

表 16-1 不同职业发展阶段的特点

职业发展阶段	对工作方面的需求	情感方面的需求
成长阶段(1—15岁)	希望尝试不同行为方式,并开始思考自己的能力及工作要求	希望获得他人的认同并逐渐形成独立的自我概念
职业探索阶段(15—25岁)	要求从事多种不同的工作,希望自己独立探索	进行试探性的职业选择,在比较中逐渐选定自己的职业
立业与发展阶段(25—45岁)	希望干具有挑战性的工作,希望在某一领域发展自己的专业知识和技能;希望在工作中有创造性,希望未来一段时间内迈向更高的层次与领域	希望面对各种竞争,敢于面对成败,能处理工作和人际关系矛盾,希望独立自主
职业维持阶段(45—60岁)	希望更新技能,在培训和辅导青年员工中发展自己的技能	具有中年人较为成熟的思想感情,对工作、家庭和周围的看法有所改变,自我陶醉以及竞争性减弱
职业衰退阶段(60岁以后)	计划好退休,从掌控转向咨询和指导性工作,寻找接班人,寻找组织外的活动	希望把咨询看做对他人的帮助,希望接受和享受组织外的活动

从表中的阶段划分,我们可以看出,大学生一般都处于职业探索阶段。而探索阶段又包括三个时期:第一,尝试期(1—17岁左右),个人对需要、兴趣、能力、价值观以及就业机会等因素都有所考虑,并进行择业的尝试性选择。这一时期的主要任务是确立职业兴趣。第二,过渡期(18—21岁),个人进入劳动力市场或专门的教育培训机构,更多地考虑现实并试图补充对自我认知的看法,该时期的发展任务是明确职业发展方向。第三,实验和初步承诺期(22—24岁),基本上已经发现了一个大体上合适的职业,开始从事第一份工作并试图把它作为可能的终身职业。在这个时期,承诺仍是暂时的,如果第一份工作不合适,个人会重新进行选择,确定并实现新的职业倾向。这一时期主要是实现一种职业倾向,发展现实的职业认知,了解更多的职业机会。

二、引导大学生做好职业生涯规划的步骤

严格地说,大学生的职业生涯规划是从高考结束后的选择专业就开始了,选择某一专业是学生进行职业生涯规划的源头与开端,它为大学的职业生涯规划设定了界限与区域,专业的选择对于大学生职业生涯规划的开展具有重要意义。调查发现,学生选择专业具有普遍的盲目性,而专业选择对大学生职业生涯规划具有很强的约束力。因此,帮助大学生做好职业生涯规划工作,需要从多种向度,全方位地进行教育和引导。

(一)引导大学生从人生规划的坐标中认识职业生涯规划

职业生涯规划是人力资源管理中的概念。目前大学生对于职业生涯规划的认知程度不高,很多学生甚至没有听说过职业生涯规划。在引导大学生进行职业生涯规划的时候,要教育他们站在人生规划的高度,结合自己的学习生活工作实践,领悟人生规划与职业生涯规划的相互关系,将职业生涯规划的理念以及人生规划的理念内化为自己的思想观念,并努力应用到自己的学习生活行动中去,成为指导学习、生活的规范。学生可以通过网络、书籍、报刊、电视、学校就业指导部门以及各种职业讲座等各种渠道获得关于职业生涯规划的知识,但更重要的是要学习政治理论、历史、哲学、文学、艺术等各门知识,思考人生的发展方向。

(二)引导大学生从人格理想的坐标中树立职业理想

职业理想是指人们对未来职业表现出来的一种强烈的追求和向往,是人们对未来职业生涯的构想和规划。职业理想在人们职业生涯规划过程中起着调节和指南的作用。人格理想是指一个人之所以成为人,如何成为一个高尚的人的追求和向往,它标志着人的成熟与完善。一个人选择什么样的职业,以及为什么选择某种职业,通常都是以其职业理想为出发点的。大学生树立职业理想的过程,便是头脑中进行职业生涯规划的过程,一旦在头脑中有了自己认为理想的职业,就会依据职业理想的目标,去规划自己的学习和实践,并为获得自己认为理想的职业而去做各种准备。同样的道理,一个人一旦确立了正确的人格理想,则会影响和确立他应有的思想内容与行为规范,包括其职业理想与职业选择,从而为其职业成功提供可靠的保障。

(三)引导大学生站在社会全局的高度进行自我评估与环境分析

大学生进行职业生涯规划的关键步骤就是进行自我评估和环境分析。学生通过自我评估和环境分析,才能懂得奋斗的方向和正确的职业目标选择。自我评估是大学生运用相应的测评体系对自己的兴趣、特长、性格、学识、技能、智商、情商以及管理、协调、活动能力等的测评。它的实质就是通过自我分析,认识自己、了解自己,找出自己的优势与不足。通过自我评估,不断解决自己存在的问题,提高自己的综合能力。但是,人是社会的人,人的任何选择都会受到社会环境的制约。在对自我和环境进行评估分析的时候,要把是否符合社会发展需要和公共利益作为认识、评估自己的重要依据,为正确认识自己提供一面最清晰的镜子。站在社会全局的高度,正确认识自己,正确分析周围环境,无疑会得到一个现在的自我更加真实、未来的前途更加光明的认识。

(四)引导大学生确立分阶段的职业生涯目标

在对个人进行全面的分析以及对环境有了较为深刻的认识后,大学生要结合个人的职业理想来确定自己的职业生涯目标。职业生涯目标可以通过很多方式来影响个人的行为和表现:它可以刺激向更高的水平努力;给更高水平的努力确定方向;提高朝着目标努力的坚韧性;有助于形成实现目标的战略;并向个体提供积极的反馈。职业生涯目标的确立应尽可能地遵循以下原则:利益整合原则、时间梯度原则、可行有效原则、动态创新原则。在大学生职业生涯规划目标的分解过程中,同时将思想政治教育的目标也进行分解。比如大一阶段,引导学生适应大学生活,激发成才欲望,树立正确的人生目标,规划大学生活;大二阶段,巩固学生成才意识,培养学生专业兴趣、职业精神和社会责任感;大三阶段,锻炼学生各种职业能力,提升学生的综合素质,进一步提高其适应社会的能力;大四阶段,教育学生树立正确的择业观念,培养学生的诚信意识,树立报效祖国的宏伟志愿。

（五）引导大学生自主制订分阶段的行动计划

制订分阶段的行动计划是为了实现职业生涯规划中的分阶段目标。制订阶段性行动计划的目的在于提高与理想职业相匹配的能力，提高自身适应社会发展需要的能力。阶段性计划的内容可包括：如何提高综合能力、如何增强素质、如何培养特长、如何完善人格、如何改正缺点、如何提高成绩、如何弥补差距等等。在制订阶段性行动计划时应当广泛听取各方面的意见，尤其是同学和辅导员的建议，使其具有针对性和可操作性。

（六）引导大学生加强职业生涯规划的自我评估与修正

要实现职业生涯规划，就须不断地对职业生涯规划进行评估与修正，及时发现问题，纠正职业目标与分阶段目标、思想政治教育目标之间的偏差。要引导大学生在职业生涯规划过程中将预期目标与现实状况进行比较，筛选出有效、可行的执行措施和合理适度的目标，及时对自己的职业生涯规划进行调整。影响职业生涯规划的因素很多，有的因素是可以预测的，而有的因素又难以预测。在此情况下，制定职业生涯规划时，由于对自身及外界的环境还不十分了解，最初确定的职业生涯目标往往都是模糊或抽象的，有时甚至是错误的。经过一段时间的学习生活，学生要有意识地反思自己的行为，检验自己的目标，自觉地总结经验教训，及时地修正自己的职业生涯规划。其修正的内容包括职业的重新选择、职业生涯路线的选择、人生目标的修正、实施措施与计划的变更等等。

三、引导大学生作好职业生涯规划的方法

引导大学生进行科学的职业生涯规划，应本着个性化、分类指导的原则。根据每个学生自身的特点，在教育他们努力学习专业知识的同时，广泛开展社会实践活动，为他们作好职业生涯规划搭建良好的服务和实践平台，从而不断地提高学生的能力和素质。

（一）建立职业生涯规划的资源共享平台

职业生涯教育的目的是为了使更多的学生使用职业生涯的理论来规划自己的人生。为此，学校应该成立专门的机构，加强宣传教育，不

断提高大学生对于学业规划与职业生涯规划的认识;同时,还要利用互联网,建立专门的网站和数据库,提供职业生涯规划及学业规划相关的各种资料,设置网上个性化的问卷调查、咨询和生涯指导,帮助指导学生作好职业生涯规划。

(二)开设职业生涯规划的专题讲座

学校应根据情况,在不同的时期,开展一系列与职业生涯规划相关的活动。可以邀请有关专家开展讲座,给学生展示不同行业、不同职业的市场定位、发展前景、该行业的经营管理战略思想、从事该行业所应具备的职业素质等,使学生尽早地对该行业的发展情况和发展前景有一个较为清醒的认识,尽早地了解社会不同职业的不同特点,做好职业准备。可以开设职业生涯规划专题讲座,帮助学生掌握职业定位、谋职技巧、择业心态自我调控的方法,帮助学生作好职业的规划和定位。同时,还可以直接邀请企业的成功人士或专家来校介绍其企业发展情况、经营思想、用人理念、企业文化等,这有利于开阔学生们的眼界,更好地做好职业生涯规划工作。

(三)成立职业生涯规划的大学生社团组织

目前在很多学校,都有学校组织或学生自发组织的各种学生社团。学校可以充分利用学生社团这一组织,有效地开展大学生职业生涯规划的教育与实践。首先,可以委派相关的就业指导人员或思想政治教育者参与组织社团的各种活动,由他们根据实际和需要对社团成员进行职业生涯规划知识的传授,指导他们进行职业生涯规划。其次,引导社团成员与职业生涯规划的指导老师进行交流,一起探讨职业生涯规划中的问题,共同分析优劣,提出改进方案。由于这种形式直接与实践相关联,直接与个体打交道,往往能收到好的效果。这样既体现了学生的主体地位,又有利于调动学生参与职业生涯规划的积极性。

(四)建立多方合作的大学生职业实践平台

学校一定要结合学生所学的专业,切实为大学生安排各类实践活动,特别是要安排学生到基层去实习和见习,这样不仅能提高学生自身的职业素质,而且可以通过实践了解不同行业的具体情况和不同岗位

的不同要求，使学生对职业能力和职业兴趣有更清醒的认识，这也有利于学生及时评估和调整自己预定的职业生涯规划，对自己所缺乏的知识和能力及时进行补充和提高。学校建立实践平台，需要注意以下几点：

第一，学校要尽量扩大与社会人才机构、人才需求单位、政府等有关部门的合作，尽可能使不同专业的学生都能得到专业的实战训练。

第二，学校和用人单位应本着互利互惠的原则进行交流和合作，建立起对学生、对学校、对用人单位都有利的三方共赢机制。

第三，要尽可能地做到多种实践活动相结合。学校除了安排学生到不同行业进行社会实践外，还可以采用参观访问、模拟面试、参观招聘会等方式培养学生的职业实践能力，以帮助学生全方位地了解自己，更好地做好职业生涯规划工作。

第三节　大学生的学业规划

一、大学生学业规划的基本内涵

美国哈佛大学三十年前曾对当时的在校学生做过一份调查，发现没有作学业规划的人数占27%，学业规划模糊的人占60%，有短期学业规划的人数占10%，长期学业规划清晰的人数占3%。三十年后追踪调查结果表明：第一类人几乎都生活在社会的最底层，长期在失败的阴影里挣扎；第二类人基本上都生活在社会的中下层，他们没有多大的理想和抱负，整日只知为生存而疲于奔命；第三类人大多进入了白领阶层，他们生活在社会的中上层；只有第四类人为了实现既定目标，几十年如一日，努力拼搏，积极进取，百折不挠，最终成了百万富翁、行业领袖或精英人物。[①] 可见，大学生学业规划对于大学生的成人成才、事业发展等方面都具有十分重要的意义。

[①] 李强、刘晓文：《大学生学业规划研究》，载《教书育人》2006年第20期，第12页。

学业是指大学生在大学期间以学习专业知识、打好专业基础所进行的一切活动。学业有广义和狭义之分。广义上的学业,它不仅包括专业知识的学习,还包括在学好专业知识基础上的提高思想、政治、道德等素质和能力所进行的一切学习活动。狭义上的学业,主要是指学习专业知识提高专业技能所进行的一切学习活动。

大学生的学业规划主要是围绕大学生在大学期间"学什么,怎么学,如何学好"等问题展开的,其目的是要求学生要科学地规划大学四年的学习活动,做到学习目的明确,学习目标清晰,学习重点突出,学习内容合理,学习安排有序,学习方法得当,从而达到以最小的求学成本(时间、精力和资金)来获得最大的学习效益。

从大学生人生发展的整体规划来看,大学生的学业规划和职业规划是辩证统一互不可缺的。学业规划是学生在专业选择的基础上,制订详细具体的学习计划,而职业规划则是结合专业选择和专业发展远景对职业发展的规划和设计。因此,学业规划是职业规划的基础,职业规划是学业规划的提高和升华。

二、大学生学业规划的基本内容

大学生学业规划的内容是多方面的。从狭义的学业角度分析,大学生学业规划的主要内容突出表现在以下几个方面。

1. 专业知识学习规划

学习是大学生的天职。专业知识学习规划是大学生学业规划内容的基础。上大学后,学生都要进入相应的专业学习,如何规划好专业知识的学习是大学生遇到的首要问题。"专业"是根据不同学科性质和内容设置的知识门类。通过专业知识的学习,大学生能接受到某一个领域专门知识比较系统的训练,获得从事于某一种职业必备的知识基础和技能。因此,学好专业知识是大学生的第一要务。做好专业知识学习规划是大学生学好专业知识的前提和基础。专业知识学习规划包括学习计划的制订,学习时间的安排,学习内容的选择,学习方法的确定,学习过程的评估反馈,学习目标的完成等方面。有无学习规划或学习规划是否科学合理是衡量大学生有效学习的重要标准,也是大学生

能否学好专业知识的重要保障。

2. 专业能力提升规划

专业能力提升规划是大学生学业规划内容的提升。因为，知识并不能简单地与能力画等号，知识与能力是辩证统一的关系。知识是能力的基础，能力是知识的体现。只有把知识转化为能力，知识才能够发挥其应有的作用。因此，大学生应把专业知识学习与培养科学的思维方式和锻炼较强的实践能力统一起来，这样才能在学习、择业、从业过程中立于不败之地。大学生的专业能力主要包括知识拓展能力、专业运用能力和创新能力等。知识拓展能力就是要求大学生要学会学习，善于学习，培养终身学习的能力；专业运用能力要求大学生要在融会贯通专业知识的基础上，善于提高运用知识分析问题和解决问题的能力；创新能力要求大学生要具有创新的意识、创新的思维、创新的方法，善于发现问题，创造新的业绩和发现新的事物的能力。大学生要在学好专业知识的基础上，不断地培养和提升自己的专业能力。

3. 专业素质拓展规划

专业素质拓展规划是大学生学业规划内容的拓展。知识、能力、素质是大学生社会化的三大要素。知识是素质形成和提高的基础，能力是素质的一种外在表现，没有相应的知识武装和能力展示，不可能内化和升华为更高的心理品格即素质。知识和能力往往只解决如何做事，而提高素质可以解决如何做人，能够使知识和能力更好地得以发挥。专业素质与思想道德素质、文化素质、身心素质是大学生综合素质拓展的四个主要方面，四者相辅相成、不可分割，其中思想道德素质是综合素质的灵魂和根本，文化素质、专业素质和身心素质是基础。大学生在加强思想道德素质、文化素质、身心素质训练的同时，也必须要注重专业素质的拓展。因此，大学生的学业规划，还需要对自我发展进行更为完整的规划，注重结合专业学习和发展，不断加强素质能力的拓展。

4. 知识结构优化规划

知识结构优化规划是大学生学业规划内容的科学化。人的精力和时间是有限的，而知识的海洋是浩瀚无边的，一个人不可能掌握人类全

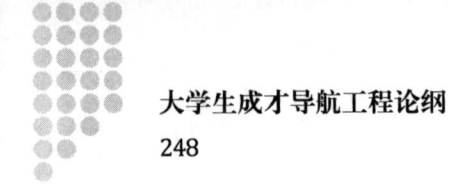

部的知识。因此,强化大学生专业知识结构的优化,特别是加强跨学科知识的整合,提高知识的渗透能力尤为重要。加强知识结构优化的规划,必须要坚持广博性与精深性、有所学有所不学、理论与实践、积累与调节相统一的原则,培养宽厚扎实的基础知识、广博精深的专业知识,构建合理的知识结构。大学生要在掌握宽厚的基础知识和精深的专业知识基础上,采取适合自己的科学方法,拓宽专业知识面,了解并掌握与本专业相关、相近的若干专业知识和技术。这样才能建立和完善自己的知识结构,为顺利就业成才打下良好的基础。

三、大学生学业规划的方法

(一)引导大学生确立适合自己的学习方式

确立正确的学习方式是大学生进入大学后的第一件事情,也是进行科学的学业规划的基础。大学的学习方式的特点在于要自主学习、自主管理、自主规划。因此,选择适合自己的学习方式是学生学好专业的前提和基础。为此,大学生首先要分析自己的兴趣爱好,认定自己想学什么。兴趣是事业成功的基础,兴趣与成功几率有着明显的正相关性。学生要学会培养、发展自己的兴趣,择己所爱,选择自己喜欢的专业方向和研究领域进行奋斗和学习。其次,要分析自己的能力、特长,确定自己能学什么。能力是人的综合素质在现实行动中的表现,是正确驾驭某种活动的实际本领、能量和熟练水平。这就需要学生结合自己的兴趣爱好,在认定自己想学什么的基础上,确定已经具备的能力和应该培养的能力。再次,要分析未来,确定社会需要你学什么。这需要学生着眼未来,立足于社会不断发展变化的需求,避免盲目跟风,选择社会需要又最适合发挥自身优势的专业方向和研究领域。要把自己的兴趣爱好、能力特长、社会需要紧密结合起来,从而确立适合自己的学习方式。

(二)引导大学生坚持梯度有序、张弛有度的规划原则

制订学业规划,不仅要结合大学生自身的实际,还要结合大学学习不同的特点。一是要引导大学生在正确认识自己的生理、心理、学业基础、智力、情商的基础上,确立起适合自己的学习目标,做到既不盲目超

前,也不妄自菲薄,同时建立起相应的目标调整和检验机制,使他们在推进学业规划的过程中做到张弛有度。二是要引导大学生依据专业学习特点规划学习的广度与重点,按照先通识、后专业,先专业基础、后专业细化,先重理论、后重应用等顺序,引导大学生依序扩展知识广度、梯度优化素质结构。三是要根据大学生大学学习不同阶段的特点,以学年或学期为阶段对学生制定的目标进行检验,帮助检查、评估其学业规划完的程度和实际发挥的效果,并根据实际效果对下一阶段的目标进行修正,变更实施措施与计划。四是要引导大学生制定自己的"时间表"来推进学业规划。大学生学业规划的有效推进,不仅要看所制定的目标体系是否合理,而且科学地安排时间以保证目标实施和计划的顺利进行尤为重要。为了能够促进阶段性目标的完成,应当引导学生树立起科学的"时间管理理念",制定一份相对详细和完善的时间表,明确学习的内容与学习进度,不断推进阶段性目标的落实。

(三)引导大学生在实现学业目标中获得自信心和成就感

自信心和成就感是大学生学业规划能否持续有效实施的关键。从这个意义上讲,实施学业规划,要注重大学生"自我有效感"的培养和提升,让学生在实现学业规划目标的过程中对目标的有效性不断产生新的期待。这就要求要引导大学生十分认真和科学地制定符合自身的规划目标,让他们在实现既定目标的过程中获得更强的自信心与成就感,从而更加有意识地进行自我调整,以积极的态度去实现新的目标。

第十七章　大学生就业能力的培养与就业创业

随着经济全球化和科技进步的加快,社会对劳动者需求的规格发生了较大的变化。劳动者长期为社会提供服务的可能性,视其智力含量、能力水平或专业级别以及新市场研究和开拓的范围而不同。更重要的是,社会对其职业能力的要求,如创造性、主动性和灵活性,独立而负责任地采取行动的意识和能力,以及不断寻求改进与人合作的意识和能力等,要求逐步提高,并已经成为劳动者实现就业的关键因素。

对于大学毕业生来说,仅有学历已经不能满足用人单位的要求。用人单位要求应聘者不仅要掌握基本的专业知识,同时要具备综合的能力和素质;不仅要考核其专业知识和技能,而且还考核其综合运用知识的能力、对环境的适应能力、对文化的整合能力和实际操作能力等综合素质和综合能力。从某种意义上说,能力比知识更重要,大学生只有将合理的知识结构转化和提升为适应社会需要的各种能力,特别是增强就业能力,才能在就业和职业竞争中立于不败之地。

第一节　大学生就业能力的构成

一、大学生就业能力的内涵

就业能力是一个内涵十分丰富的概念,众多学者从就业能力的构成、要素、维度等不同角度给出了不同的定义。

从就业能力的构成角度看,归纳起来主要有四种观点:第一种认为就业能力主要包括智力能力、社会和人际交往能力、规划和创业能力、

多元技术技能等。第二种认为就业能力主要包括基本胜任力、沟通能力、适应能力、群体效果、影响能力。第三种认为就业能力主要包括基础技能、个体管理技能、团队工作技能。第四种认为主要包括思维能力、社会适应能力、自主能力、社会实践能力和应聘能力。从就业能力的组合要素来看,认为主要有五个要素:就业动机及良好的个人素质,人际关系技巧,掌握丰富的科学知识,有效的工作方法,敏锐的、广阔的视野。

一般来说,就业能力是一种与职业相关的综合能力,它包括知识、技能、态度、个性、心理承受能力和社会适应能力等。对于大学生而言,这种能力不是独立于个体拥有能力以外的一种特殊能力,而是现有能力的综合。具体来说,主要包括三个大的方面:一是功能性能力,即与大学生将要从事的具体工作相关的能力;二是迁移性能力,即一旦掌握这种能力就可以应用到不同的场合、跨越不同领域去谋求个人发展的能力;三是适应性能力,即大学生走上工作岗位后能够较快适应工作并取得成功的能力。就业能力具有动态性的特点,不同阶段、不同的发展时期会对学生的就业能力提出不同的要求。这也要求学生要不断地拓展和提升自身所拥有的就业能力。

二、大学生就业能力的构成

大学生就业能力首先表现为学生内在的就业素质。就业素质主要由就业意识、就业心理品质和就业知识结构三个子系统构成(见图 17-1)。

(一)就业意识包括就业需要、动机、兴趣、理想、价值取向、世界观六个因素。就业需要是就业意识的诱因和原动力;就业动机是就业意识的前提和基础;就业兴趣和就业理想处于就业意识的较高层次;就业价值取向和世界观是就业意识的最高层面。

(二)就业心理品质包括独立性、坚韧性、适应性、合作性、创造性等五个因素。这五种个性心理品质的核心是意志特征、情感特征和创造性特征。因此,抓住了意志、情感和创造性,就抓住了大学生就业心理品质的关键。

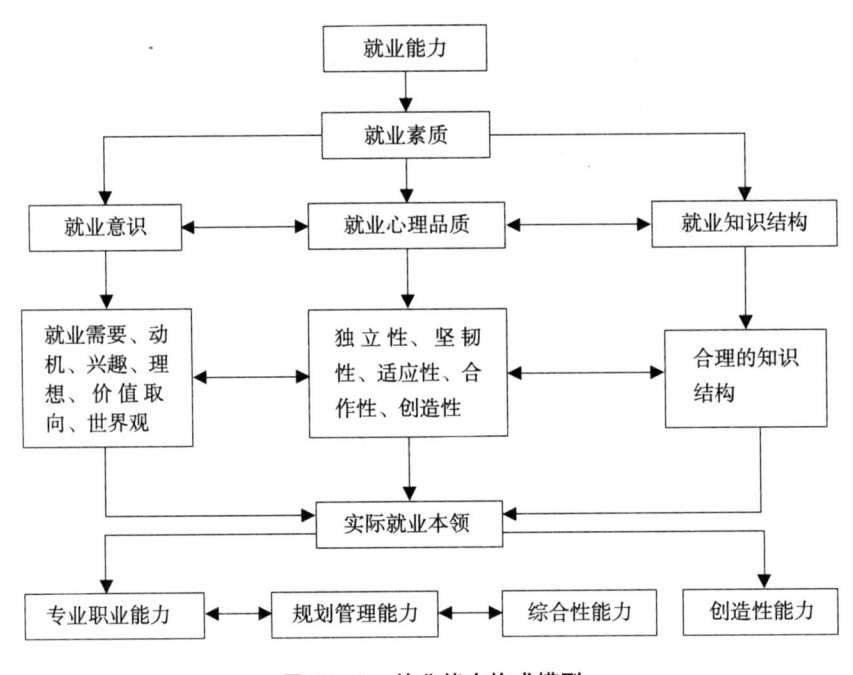

图 17-1 就业能力构成模型

（三）就业知识结构包括专业职业知识、规划管理知识、综合性知识和创造性知识四个方面。在就业知识的构成中,规划管理知识、综合性知识是一种较高层次的、具有重要价值的知识,而创造性知识处于就业知识结构的最高层次。

大学生内在的就业素质通过内化、整合和迁移而呈现为实际的就业本领即就业能力。大学生就业能力主要包括专业职业能力、规划管理能力、综合性能力和创造性能力。就业内在素质各要素及就业能力各要素之间相互制约、相互影响、相互促进,共同影响着大学生就业能力的形成和发挥。

（一）专业职业能力是大学生从事某一特定社会职业所必须具备的能力,也是维持生存、谋求发展的基本能力。具备了一定的专业职业能力才有可能从事该专业、职业的社会实践活动,而专业职业能力的高低则直接影响着社会实践活动的效率和成败。

（二）规划管理能力既是现代社会的一种十分重要的社会职业要求，也是一种谋求理想社会职业的重要能力。规划管理能力是一种人、财、物、时间、空间的合理组合、科学运筹和优化配置的心理能量的显示，在较高的层次上决定着社会实践活动的效率和成败，因此是一种较高层次的就业能力。

（三）综合性能力包括发现机会、把握机会、利用机会、创造机会的能力，收集信息、处理加工信息、综合利用信息的能力，适应变化、利用变化、驾驭变化的能力，非常规的决策能力，交往、公关、社会活动能力等等。它是一种社会环境和社会关系的综合开发和运筹的能力，在更高的层次上影响着社会实践活动的效率和成败。

（四）创造性能力主要包括创造性认识能力、创造性思维能力和创造性行为能力，是人在认识和实践过程中表现出来的、产生新的精神或物质成果的思维和行为能力的总和。它在最高层次上决定和影响着社会实践活动的效率和成败，同时，创造性能力的高低将决定和影响就业者人生成就的高低和发展的程度。

大学生就业能力的构成模型反映了大学生就业能力构成的主要因素、基本结构及其相互关系，是实施大学生就业能力培养的重要理论依据。

第二节　引导大学生提升就业能力

大学生就业能力的构成模型为高校加强大学生思想政治教育和就业指导、提升大学生就业能力提供了指南。要引导大学生提升就业能力，必须引导大学生确立正确的就业意识，健全知识结构，提升综合素质，做好增强专业能力、职业能力、创新能力、求职能力和适应能力等方面的工作。

一、增强大学生的专业能力

专业是指高等学校根据社会分工需要而划分的知识门类，是按照社会对不同领域和岗位的专门人才的需要来设置的。专业能力是大学

生在专业教育和专业学习过程中形成的、运用所学专业知识和专业理论解决实际问题的能力,它包括专业知识结构、专业学习能力、专业技术能力等要素。专业能力是大学生综合能力的基本要素,是大学生职业能力、创新能力和可持续发展能力的重要基础,也是用人单位衡量人才的重要标准。

增强大学生的专业能力,重点要在优化大学生专业知识结构、增强专业学习能力、提高专业技术能力三个方面下工夫。一是要优化大学生的专业知识结构。专业知识结构是指通过学习和消化专业知识后在学生头脑中的内在状况,即知识经过学生的输入、储存、加工而在头脑中内化形成的由智力联系起来的多要素、多系列、多层次的专业知识综合体。专业知识结构在专业知识运用过程中发挥着转换器一样的载体作用,合理的专业知识结构有利于同化原有知识、概念而形成新观点、新概念。

二是要增强大学生的专业学习能力。专业学习能力是大学生在专业教育和专业学习过程中形成的完成专业学习任务的能力,是大学生能否在大学期间和就业后持续有效学习的重要标志,是大学生增强专业能力、综合能力、可持续发展能力的基础。大学生专业学习能力的培养需要认真分析学习状况、有效把握学习环境、统筹安排学习任务、运筹管理学习时间、制订完善学习计划、优化选择学习方法、评估反馈学习活动、调节控制学习过程等多重环节的艰苦训练。

三是要提高大学生的专业技术能力。专业技术能力是指大学生在专业教育和专业学习过程中形成的运用所学知识解决专业技术问题的能力,是大学生形成专业能力、职业能力、创新能力的基础。专业技术能力的形成具有很强的实践性,需要在专业实习、实践中不断摸索、逐步提高、持续发展。

二、发展大学生的职业能力

职业是社会根据经济与社会发展需要进行社会分工而形成的专门性工作领域。职业能力是大学生在专业能力的基础上,实现成功就业和从事职业工作所必需的能力。它包括职业意识、职业素养、职业技能

等要素。职业能力是大学生可持续发展能力的集中体现。因此,职业能力是大学生就业竞争能力的重要要素。

发展大学生的职业能力,需要从职业意识、职业素养、职业技能三个方面加强教育:一是要增强大学生的职业意识。增强职业意识是增强大学生职业能力的前提,需要实施全程的职业意识教育。大学生职业意识的教育要从新生入学教育开始抓起,职业意识的产生始于学业生涯规划,职业意识的形成始于职业生涯设计,职业意识的增强始于职业岗位实习。职业意识强不强,职业方向明不明,直接影响到大学生职业能力的储备和就业竞争能力的提升,甚至直接影响到就业的成败。

二是要提高大学生的职业素质。提高职业素质是增强大学生职业能力的核心,需要实施全面的职业素质教育。大学生职业素质的培育始于专业引导,职业素质的形成始于素质教育,职业素质的完善始于素质拓展。增强大学生的职业素质,身心健康素质是前提,科学文化素质是基础,思想道德素质是核心,专业创新素质是关键。是否具有良好的工作态度、是否事事都愿意做并且做好、是否具有亲和力、是否具有奉献精神和责任心、是否有较好的情商、是否具有良好的团队精神和协作能力、是否对单位忠诚和具有团队归属感、是否能够带着激情去工作等因素是选聘人才的重要标准。

三是要强化大学生的职业技能。增强职业技能是增强大学生职业能力的保证,需要实施系统的职业技能教育。大学生的职业技能是建立在专业技能的基础之上的,它主要包括运筹决策能力、组织管理能力、协调沟通能力、职业发展能力等。增强运筹决策能力是增强大学生职业技能的前提,良好的运筹决策能力既可以使大学生作出比较合理的选择,也可以使大学生获得较大的成功。增强组织管理能力是增强大学生职业能力的基础,随着经济全球化、知识经济化、全球信息化、学习终身化、国家创新化、组织团队化的不断推进,社会分工越来越强调综合与系统、团结与协作,需要大学毕业生具有较强的组织管理能力。增强沟通协调能力是增强大学生职业能力的重点,现代社会的进步和科学技术的发展,要求每个社会成员都必须具备较强的沟通协调能力,

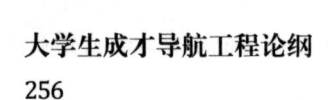

运用自己良好的沟通协调能力与外界接触，能够做到合作无间、同心同德地去完成组织交给的任务。增强职业发展能力是增强大学生职业技能的根本，良好的职业发展能力是大学生实现可持续发展的保证。

三、培养大学生的创新能力

创新是指从旧的系统或未形成系统的形态中创造出新的适应发展需要的系统形态，简言之是推陈出新。创新能力是一个人产生新认识、新思想和创造新事物的核心能力，它主要包括智力性能力、非智力性能力、求异性能力等等。在我国致力于提高自主创新能力、建设创新型国家的新时期，大学生创新能力的培养已经成为高校人才培养质量的关键，大学生的创新能力已经成为其实现成功就业、可持续发展的核心竞争能力，是大学生就业竞争能力的核心要素。

培养大学生的创新能力，需要加强对大学生智力、情商、特质三个方面的培养。一是要努力提高大学生的智力水平。增强智力性能力是增强大学生创新能力的基础。智力性能力包括观察能力、注意能力、想象能力、思维能力、记忆能力等五个要素，而由此产生出大学生创新能力培养的创新认识、创新思维、创新灵感、创新技能、创新方法等五个要素。当前，大学生在创新认识、创新思维、创新技能、创新方法等方面都比较薄弱，因此，创新灵感也较难产生。需要学校大力加强对大学生创新知识教育、创新思维培养、创新灵感激发、创新技能训练、创新方法指导等方面的工作。

二是要努力发展大学生的情商。情商即非智力性能力。增强情商是增强大学生创新能力的核心。非智力性能力包括动机、兴趣、情感、意志、性格等五个要素，而由此产生出大学生创新能力培养的创新意识、创新动力、创新精神、创新毅力、创新人格等五个要素。当前，大学生在创新意识、创新动力、创新精神、创新毅力、创新人格等方面都比较缺乏，需要学校大力加强对大学生创新意识强化、创新动力激励、创新精神培养、创新毅力锻炼、创新人格塑造等方面的工作。

三是要努力培养大学生的创新特质。创新特质即求异性能力是增强大学生创新能力的关键。创新特质的内涵包括对事物对问题的质疑

精神、独立精神、批判精神和科学精神等等。现代社会是一个分工高度发达的社会，在这样一个社会中，就业就是要找到适合于自身的分工位置，实现自身特长与社会需求在分工结构中的有机结合。而分工的一个重要特性就是工作性质的差异性，这种差异性客观上要求大学生的知识结构、能力结构、素质结构具有差异性或个性特点，具有对事物对问题的质疑精神和独立思考精神，这种差异性也体现在大学生具有"人无我有，人有我特，人特我优"等创新特质。大学生拥有了这种创新特质，才会在就业过程中和就业后保持可持续发展能力和核心竞争能力。

四、强化大学生的求职能力

求职能力是大学生在就业过程中赢得用人单位青睐所必需的各种能力的总和，它包括自荐能力、表达能力、交往能力等。大学生的就业过程既是一个求职应聘过程，也是一个形象展示过程。大学生的求职能力主要体现在两个方面：一是对自己在大学期间乃至二十多年成长过程中所形成的知识结构、综合能力、综合素质作一个全面回顾，形成个性化的求职材料；二是在就业过程中充分展示自己的知识、能力、素质，赢得用人单位欢迎并实现成功就业。用人单位主要凭借大学毕业生在求职应聘过程中所表现出来的求职能力和综合实力来作出是否录用的决定。因此，求职能力也是大学生能够实现成功就业的一种重要能力。

强化大学生的求职能力，需要从增强信息搜集、自我表达、沟通交往能力等方面来做好工作。一是要增强自荐能力。增强自荐能力是增强大学生求职能力的基础。自荐能力是建立在大学生对用人单位情况的全面了解和招聘信息内涵准确把握的基础之上，它既体现在大学生对求职材料的精心策划，又体现在大学生在求职过程中自我形象的展示水平。正如商品的内外包装决定了它能否在激烈的市场竞争中站稳脚跟一样，大学生也要凭借自己的实力向用人单位大方而又巧妙地推销自己，让自荐能力的发挥收到恰到好处的效果。

二是要增强大学生的表达能力。增强表达能力是增强大学生求职

能力的关键。求职者的表达能力既包括口头表达能力、文字表达能力、数字表达能力、图示表达能力等，又包括汉语表达能力和外语表达能力。大学生在校期间要高度重视表达能力的培养，尤其要重视文笔和口才等表达能力训练。敢于动笔是练好文笔的基础，善于思考是练好文笔的关键。敢于开口是练好口才的基础，善于谈话是练好口才的关键。

三是要增强大学生的社会交往能力。增强社会交往能力是增强大学生求职能力的保证。社会交往能力是求职者实践经验的结晶，在教科书上是学不到的。衣着的得体、神情的自信、态度的诚恳是求职者展示社会交往能力的要点。社会交往能力还包括合理展现自我的能力，即求职者是否能够按照招聘单位认可的成功标准，塑造自我形象，使用该单位文化认可的语言，并予以适度发挥。增强社会交往能力需要注意交往时大胆参与、与他人心理相融、诚实守信以及人格平等。

五、提高大学生的适应能力

适应能力是大学生在就业后提高工作质量、走向成功所必需的各种能力的总和，主要包括应变能力、心理调适能力、经受挫折能力、独立行为能力等。适应能力也是大学生综合能力的客观反映，与大学生个体的思想观念、行为习惯、智能水平、身体素质、心理素质等密切相关。一个适应能力比较强的人能够很快适应新的环境，即使是在比较困难的情况下也能够变不利因素为有利因素，遇到问题也能及时看到问题的症结所在，并能及时协调自己的能力和所学的知识，迅速释放出自己的潜能，制定出可操作的方案，取得成功。因此，适应能力是大学生就业竞争能力的支撑要素。

提高大学生的适应能力，需要培养他们在应变、调适、抗压、独立性等方面下工夫。一是要增强大学生的应变能力。增强应变能力是增强大学生适应能力的前提。能否在最短时间内认同用人单位文化是检验大学生应变能力强弱的重要标志。每个用人单位的文化都是该单位生存和发展的精神支柱，大学生就业后只有认同所在单位文化，才能与所在单位共同成长。因此，大学生在求职前要着重对用人单位的文化有

一定的了解,并看自己是否认同该单位的文化;如果想加入这个单位,就要使自己的价值观与单位倡导的价值观相吻合,以便进入单位后,自觉地把自己融入到这个团队中,以单位文化来约束自己的行为,为单位尽职尽责。

二是要增强大学生心理调适能力。增强心理调适能力是增强大学生适应能力的基础。心理调适能力与适应能力相互依存、相互作用、相互促进、紧密相关。心理素质、就业期望值和就业心理准备是影响大学生心理调适能力的三大因素。有效的心理素质教育对于增强大学生心理调适能力具有重要的基础作用,积极调整就业期望值对于增强大学生心理调适能力具有重要的缓冲作用,做好比较充分的就业心理准备对于增强大学生心理调适能力具有重要的保障作用。因此,大学生需要从增强心理素质、调整就业期望值、做好充分的就业心理准备三个方面来有效增强自己的心理调适能力和适应能力。

三是要增强大学生的抗挫折能力。增强抗挫折能力是增强大学生适应能力的重点。人生挫折在所难免,能否正确对待挫折与能否适应新环境密切相关。现在多数大学生的家庭条件比较优越,成长环境比较和谐,人生经历比较顺利,没有经历过比较复杂的人生挫折。而就业市场竞争十分激烈,社会职场的竞争更加十分激烈,许多大学生就业后都会面临程度不同、大大小小的人生挫折考验。实践表明,大学生就业后的抗挫折能力与适应能力成正比关系。因此,大学生在校期间就需要有效地开展抗挫折能力的锻炼,这样,才能有效增强大学生就业后的适应能力。

四是要增强大学生的独立性。增强独立性是增强大学生适应能力的保证。大学生的独立行为能力是衡量其是否真正实现了个体社会化的重要标志,也是衡量其是否真正具有较强适应能力的重要标志。这里的独立行为能力包括独立学习能力、独立生活能力、独立工作能力、独立交往能力等。用人单位往往十分注重考察大学毕业生的独立行为能力,以此判断大学毕业生的适应能力。因此,增强大学生的独立行为能力是增强大学生适应能力、可持续发展能力和提升就业质量的重要支撑。

第三节　提升大学生就业能力的途径

一、开展形式多样的就业教育

就业工作是高校的一项重要工作,大学生就业率也是衡量高校办学水平和人才培养质量的重要指标。学校要加强对大学生的就业教育和就业指导,要根据学科专业的不同特点,大学四年的不同阶段,发挥自身优势,开展一些内容丰富、有针对性的教育活动。比如,对于一年级新生,需要解决的问题是中学生向大学生的角色转变,大学新生在实现了"考上大学"的目标之后,会面临短暂的"目标缺失",此时在学习动力、学习目标方面会出现短暂的茫然,同时由于学习环境、学习方法的转变,会造成一定的不适应,此时就业教育的首要任务就是:更新观念、确定目标,要把就业教育与学生人生理想教育、价值观教育与职业观教育联系在一起,对新生进行世界观、人生观、价值观教育。此外,还可在新生入学阶段,邀请本专业的毕业生与新生进行专业课程学习介绍、就业去向等相关方面的交流,使新生消除心中的困惑和疑虑。鼓励他们根据自身的特长和爱好,制定大学四年的奋斗目标,初步进行职业生涯规划的设计,使他们对职业生涯规划有个大概的了解,以更好地规划大学生活,及早地了解如何根据规划来培养专业兴趣、塑造个人性格、开发个人能力等。

二、利用学生社团广泛开展就业指导

有专家指出,大学校园正在发生的一个变化是,班组的影响和凝聚力正在逐渐减少,学生社团的影响力在逐渐增大。大学生社团在学生和学校之间搭建了一个很好的平台,学生走向社会后需要具备的许多能力,如人际交往能力、表达和倾听的能力、团队合作能力、创新能力等都能在社团活动中得到培养。社团组织作为学生自己的组织,对学生有很强的亲和力,社团组织对培养学生的各种能力具有重要的作用。学校要将学生社团纳入学生就业能力的开发体系中。通过学生社团开展各种各样的活动来培养学生的各种能力和素质;同时可以将就业指

第十七章　大学生就业能力的培养与就业创业

导工作渗透到学生社团的日常活动中；通过开展模拟招聘、专题讲座、就业策划、职业规划等活动，来增强大学生的就业能力。

三、充分发挥网络在就业指导中的作用

网络传播具有开放性、时效性、参与性强等特点。大学生通过网络可以在第一时间接受信息，开展网上交流，发布信息，建立个人主页，投递个人简历，进行网上求职等，深受大学生的欢迎。高校应充分利用网络的优势对大学生进行就业指导，构建规范化、科学化、法制化的高校毕业生就业网络，实现对大学生全方位、立体式的就业指导和服务。

高校要高度重视毕业生就业网站的建设，组织由就业指导教师、就业工作管理干部、学生政工干部、学生代表等专门队伍来从事网站建设，努力搭建内容丰富、信息量大、贴近实际、服务学生的就业指导和服务的平台。网站建设的内容要贴近学生的实际和结合毕业生的需要，主要开设学校专业介绍、毕业生生源信息、就业政策咨询、就业技巧指导、就业需求信息、用人单位招聘信息、网上求职介绍、个人求职信息等栏目，满足毕业生求职的需要，为学生的就业提供指导和服务。学校就业网站的建设，除直接为学生就业提供指导外，还可以增设职业生涯规划、就业心理测试、职业测评、能力测试等内容，使学生通过网站来测试自己的各种能力，更加全面地评价自己，提升他们的就业能力。在网站上还可以进行就业指导课的教学、设置个性化辅导、BBS 讨论板块、博客圈等，邀请就业指导教师、心理辅导教师利用 BBS、博客、电子邮件等形式直接对学生就业进行各种指导。此外高校要进一步研究网上"视频"系统的开发，开设网上模拟面试指导，实现用人单位与学生远程可视面试，这样可以更直接、更形象、更方便地为学生服务。高校网络化就业指导是一项系统工程，需要学校和社会之间不懈的努力和有序的配合，使就业指导随着信息化技术和科技的不断发展而不断更新，以满足广大毕业生的就业指导需要。

四、加强就业技能的培训与指导

在"公平竞争，择优录用"的原则指导下，用人单位主要是通过自荐、面试、笔试等方式来招聘录用人才。因此，指导大学生掌握一定的

求职方法与技巧对保证求职的成功具有重要意义。当然,我们强调求职过程中掌握一些技巧非常必要,但绝不能陷入"应聘技巧至上论"。就业竞争是学生综合素质的整体体现,而不仅仅是求职技巧游戏。就业指导技巧主要包括三个方面:第一,自荐技巧。在招聘过程中,自荐是首要的环节,自荐的方式很多,主要是递送自荐材料。自荐技巧指导是帮助大学生和用人单位进行有效的沟通,使大学生能真实地介绍自己,充分地展示自己的特长,使用人单位在自荐的过程中感觉到学生的能力和潜力。第二,面试技巧。一般情况下,面试是招聘录用人才过程中必需的环节,用人单位一般都是通过面试来直接考察求职者的情况。在面试过程中,掌握一定的技巧,是实现面试成功的保证,也是作为求职者应有的训练。指导大学生面试技巧,不仅对帮助大学生就业有利,而且能使大学生学到更多的人际交往的知识。第三,求职礼仪指导。礼仪是给人的第一印象,是求职者的文明修养和内在气质的外在表现。求职礼仪指导可以从衣着得体、热情适度、表达得当等方面给予指导,指导大学生懂得应有的文明、礼貌和修养。

五、大力开展就业实习活动

高校要大力开展大学生的专业实习实践活动,特别是就业实习活动。就业实习就是要引导大学生主动深入社会、深入基层,通过实习、见习、考察、调查等形式进一步了解所学专业的性质、发展前景和工作领域,帮助他们更好地认清所学专业的发展趋势及将来所从事工作的领域。目前,大学生开展就业实习一般有两种途径:一是通过学校和社会共建的实习基地;二是学生通过社会关系介绍到单位进行实习。无论是通过哪种途径参加就业实习活动,学校都应该及时地进行跟踪指导,对学生在实习过程中遇到的问题和困难提供具体的指导和帮助。通过就业实习活动,学生可以从中发现问题,找出差距,明确今后努力的方向,调整和完善自己的职业目标,提升自己的就业能力。学校应从大学三年级开始就要有计划、有步骤、有重点地组织学生开展就业实习及参观人才市场、观摩供需会等活动,帮助学生更好地调整自己的专业知识结构,培养和发展与自己理想职业相适应的各种能力,形成社会要

求与自我目标的协调能力,使学生更好地具备适应社会需要的各种素质。

六、及时进行就业心理危机干预

随着就业竞争的日趋激烈,大学生的就业心理问题近年来呈上升趋势,各种心理障碍和心理疾病增多,极大地影响大学生顺利走向社会。所以,高校要针对大学生心理发展特点和就业中暴露出来的心理问题,及时地进行就业心理教育与疏导,就显得十分重要。要教育大学生面对现实,一切从实际出发,处理好理想与现实的关系,帮助他们树立既有远大理想又要有艰苦奋斗的心理准备,正视社会,适应社会;要教育大学生正确对待挫折,面对挫折既要充分自信又能正确认识自我,调整自己的心理状态,保持积极乐观的态度,提高他们抗挫折的能力。

第四节 鼓励大学生自主创业

鼓励大学生自主创业,既是我国建设创新型国家的需要,也是应对严峻的就业形势、缓解毕业生就业压力的需要。因此,高校要转变传统的教育思想和教育观念,树立现代教育思想,改革人才培养模式,培养具有创新意识、创造精神和创业能力的个体和群体。所以,探索大学生创业教育,对转变大学生就业观念,提高他们的综合素质和就业竞争力,拓宽就业渠道,都具有十分重要的现实意义。

一、开展大学生创业教育的重要意义

中共中央、国务院《关于深化教育改革、全面推进素质教育的决定》要求:"高等教育要培养大学生创新能力、实践能力和创业精神,普遍提高大学生的人文素养和科学素质。"这对高校人才培养规格提出了更高的要求。因此,加强大学生的创新创业教育,不断增强他们的创新能力,意义非常深远。

一是社会需求和社会发展的需要。一方面,21世纪是知识经济的时代,知识经济是以现代高科技为主导的经济,其本质是创新。21世纪知识经济的快速发展将导致新的高科技行业的不断涌现。这一特

点,要求大学生要勇于担负起科教兴国和建设创新型国家的历史责任。另一方面,我国在工业化还没有全面完成的情况下,经济体制改革和产业结构调整中出现的许多矛盾和问题,如不及时解决,不仅会影响经济的发展,而且会影响社会的稳定。因此,我国比以往任何时候都需要更多的创业者来创造新的工作岗位,减轻就业压力。从这个意义上来说,大学生不是遇到了就业难的困境,而是面临千载难逢的创业机会,所需要的只是勇敢的创业精神和良好的创业能力。

二是高等教育改革与发展的需要。随着国家对高等教育的投入增加和高等教育逐步大众化的趋势,大学生面临的就业压力会越来越大。在这种情况下,如果学校不能培养出大批有创新素质和创业能力的优秀毕业生,大量毕业生找不到工作,大学毕业即失业,则高等教育很难有健康的发展。因此,这迫切要求高校要大胆进行改革,朝着有利于培养学生的创新创业能力的方向发展。

三是缓解我国就业压力的需要。由于我国人口众多又正处于社会主义初级阶段,劳动力过剩、就业难在我国是一个非常突出的问题,而且短时间内很难解决。面对这种形势,受过高等教育并具备一定创业能力的大学毕业生,选择自主创业,这样既可以为自己寻找出路,同时也可以为社会创造更多的就业机会,带动社会劳动力就业。

因此,加强大学生的创业教育,培养大学生的创业能力是促进大学生成功就业的一条有效途径,也是实施科教兴国战略、提高我国自主创新能力、建设创新型国家的重要措施。只有高度重视加强对大学生的创业教育,并采取行之有效的措施,改革人才培养模式,才能使我国高校毕业生就业走上健康的发展之路。

二、实施大学生创业教育的主要内容

大学生创业教育的主要目的是要培养大学生的创业意识、创业素质、创新精神和创业能力,是对知识、问题主动思考的质疑态度和批判精神,以及具有运用科学知识发现问题、分析问题和解决问题的能力,使他们在条件适当时能够抓住机遇大胆进行创业实践,并能创业成功。大学生创业教育的着眼点是要培养大学生的创业心理品质和社会责任

感,落脚点是要开展创业实践和社会实践。

对大学生实施创业教育的主要内容:

首先是要激发学生的自主创业意识——使大学生"想创业"。创业意识是激发人们进行创业实践活动的欲望,是心理上的一种内在的动力机制。创业意识的形成,源自于人的强烈的创业需求。现在的大学毕业生大都是上世纪80年代以后出生的独生子女,所接受的教育一直是应试教育、"呵护"式教育,普遍存在着严重的"等"、"靠"思想,缺乏积极主动的择业、创业意识。究其原因,主要还是现有的教育体制和人才培养模式造成的。我国现行的教育体制基本上是管理型、封闭型的,实行的是不完全的学分制,大部分学生与社会接触的机会不多。在这种教育环境下,学生创新意识不强,普遍缺乏一种创新精神和冒险精神,正如科学大师钱学森反问的那样:"为什么我们的学校总是培养不出杰出人才?"所以,应通过改革教育体制和人才培养模式,从基础教育领域开始真正变应试教育为素质教育。在大学阶段,从培养方式方法上鼓励学生具有敢于独立开辟人生道路、自主创造人生价值的精神以及不怕失败、不畏挫折、敢于竞争、坚忍不拔的坚强意志。

其次是要磨炼学生的创业心理品质——使大学生"敢创业"。什么因素对创业成功更具有决定性意义,是机遇、知识、资金还是品德、心理素质,或者其他因素? 这是一个有颇多争议的问题。根据欧盟的调查,欧洲人普遍在心理上过于惧怕创办自己的企业及承担风险。在过去三年里,只有4.5%的欧盟公民在从事新的创业活动,包括成立新的企业公司和二次创业,远远低于美国13%这一比例。这充分说明,一个人从事什么样的工作,在很大程度上受制于个性心理品质,如独立性、批判性、开创性、适应性、合作性等。高校开展创业教育的关键是要改变学生被动接受知识为教会学生主动学习知识,培养学生的质疑精神、批判精神和独立思考问题的能力。支持学生学会自主学习、自我发展、自主创业,从而培养学生具有创业的胆量、勇气和开拓精神,使学生敢于创业。

第三是要打牢学生的创业知识基础——使大学生"会创业"。合

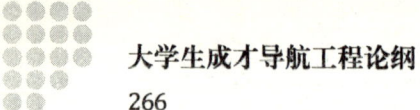

理的创业知识结构是大学生创业的基础,这要求学校要设置适宜学生开展创业活动的课程体系。在课程内容设置上,既要有一定的理论深度,又要有较强的实用性和可操作性,大力培养学生的实际动手能力;不仅要开设诸如法律、财会、工商、税务、经济管理、市场营销等方面的课程,还要开设针对性强的专业课程。通过课程设计和规划,使学生在课堂上尽可能多地接受除专业知识以外的其他学科的知识,为今后的创业构建科学合理的知识平台。

第四是要培养学生的自主创业能力——使大学生"能创业"。创业能力即大学生在创业实践活动中的自我生存、自我发展的能力,它包括专业职业能力、经营管理能力、社交沟通能力、与人合作能力、风险承受能力等。这些能力,有的可以通过课堂教学来获得知识,再由知识转化为能力;而大部分必须鼓励学生积极开展创业实践活动,通过创业实践活动来提升创业能力。创业实践过程既是学习的过程,也是传授知识和技能、培养创业能力的过程。要通过开展多种形式的创业实践活动,培养学生的动手能力和实践能力,为将来的创业做好知识、技术、能力的储备和创业心理品质的准备,增强大学生对未来创业环境的适应力。

第五是要优化创业的社会环境——使大学生"好创业"。要在大学校园里营造有利于培养学生个性、激发学生创业欲望的环境和氛围,在导向上和舆论上将创业教育上升为为自己创造财富、为社会分忧、为国家作贡献的高度,崇尚创业,鼓励创业,以自主创业为荣,让创业明星成为大学生心目中的榜样。学校要为学生创业提供实践锻炼的环境和条件,如上海交通大学每年投入八千多万元建立了若干个实践中心和创新基地,全天候向学校各专业学生开放,以培养学生的动手能力;学校还实施"科技英才计划",设立学生"科技创新基金",对学生的创业、创新活动进行指导、咨询和评价。学校要举办大学生创业计划大赛,并创造条件,尽可能地将竞赛中选拔出来的成果向应用端延伸,使学生成果走向产业化。同时,各级政府还应加大对大学生创业的扶持力度,从政策、资金、项目上给予更多的倾斜,使其创业活动走上良性发展的

轨道。

创业教育是以培养全面发展的人为核心价值的一种新型教育理念,还需要在实践中不断的探索。学校要大力加强对大学生创业教育的研究,要从教育体制、教学课程、教育方法、思想政治教育的内容等方面进行改革,从根本上促进大学生核心竞争力的提高,从而达到培养社会主义合格建设者和可靠接班人的根本目标。

参考文献:

[1] 孟万金:《职业规划:自我实现的教育生涯》,华东师范大学出版社2004年版。

[2] 刘冰、张心平:《职业生涯管理》,山东人民出版社2004年版。

[3] 张再生:《职业生涯开发与管理》,南开大学出版社2003年版。

[4] 姚本先、王道阳:《大学生生涯辅导概论》,安徽人民出版社2005年版。

[5] 龙立荣:《职业生涯管理的结构及其关系研究》,华中师范大学出版社2002年版。

[6] 谢守成编:《大学生职业生涯发展与规划》,华中师范大学出版社2009年版。

[7] [美]埃德加·施恩:《职业锚:发现你的真正价值》,中国财政经济出版社2004年版。

[8] [美]帕特丽夏·威奈尔特等编,郭瑞卿译:《就业能力——从理论到实践》,中国劳动社会保障出版社2004年版。

[9] 单和盛:《论高校职业指导在人力资源开发中的作用》,载《内蒙古农业大学学报》(社会科学版)2003年第4期。

[10] 黎钰林:《高校职业指导工作研究》,载《湘潭师范学院学报》(社会科学版)2006年第3期。

[11] 徐柏才:《大学生思想政治教育的探索与研究》,华中师范大学出版社2008年版。

结束语　为增强大学生思想政治教育的实效性而努力探索

　　实效性是大学生思想政治教育体现时代性、把握规律性、富有创造性的具体表现，是大学生思想政治教育的着眼点和着力点，也是衡量大学生思想政治教育效果的重要尺度，直接关系到"培养什么人"和"如何培养人"的问题。《中共中央国务院关于进一步加强和改进大学生思想政治教育的意见》明确指出，要"努力提高思想政治教育的针对性、实效性和吸引力、感染力，培养德智体美全面发展的社会主义合格建设者和可靠接班人"。2005年1月，胡锦涛在全国加强和改进大学生思想政治教育工作会议上的讲话中强调指出，进一步加强和改进大学生思想政治教育工作，既要认真坚持我们党在长期实践中积累起来的宝贵经验和被实践证明是正确的、行之有效的重要原则，又要解放思想、实事求是、与时俱进，根据时代发展的要求，不断在观念、内容、方法和体制机制等方面改进创新，不断总结和创造新经验，增强大学生思想政治教育工作的实效性。

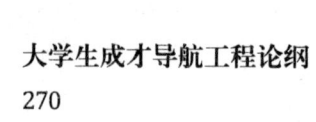

一、实效性是加强和改进大学生
思想政治教育的关键所在

深刻认识加强和改进大学生思想政治教育的战略意义,是加强和改进大学生思想政治教育的重要认识前提;准确把握大学生思想政治教育的主要任务,是加强和改进大学生思想政治教育的基本要求;不断增强大学生思想政治教育的实效性,是加强和改进大学生思想政治教育的根本目的;敏锐把握并全面阐释大学生思想政治教育的新境遇,及时提出大学生思想政治教育创新和发展的具体思路、实际举措,不断增强大学生思想政治教育的针对性和实效性,是大学生思想政治教育的关键所在。

过去,大学生思想政治教育往往只注重方向性和政治性,缺乏针对性、时代性和层次性,存在着用政治目标取代生活目标,用社会价值取代个体价值的现象;注重追求思想政治教育目标,视终极目标为起点,忽视思想政治教育的基本属性和要求,导致终极目标找不到基础性的支撑点;强调思想政治教育能够产生即时的、显性的功能,忽视或轻视思想政治教育的长期效应;习惯于用既定的品德标准去衡量不断发展变化的受教育者,用固定的道德标准去约束规范受教育者,忽视用新的实践去重新检讨、调整既定的品德标准,忽视受教育者的主体需求。这种模式最终只会导致对思想政治教育对象的判断失真,甚至产生对立;导致大学生思想政治教育在一定的程度上演变成了"假、大、空"的说教,阻碍了思想政治教育实效性的增强,也阻碍了大学生思想政治素质的提高。

由于人是社会的人,人的生存和发展都离不开特定的社会发展背景,社会是个体生存和发展的前提、基础和条件;社会又是由个体的人组成,"全部人类历史的第一个前提无疑是有生命个人的存在",[1]

---

[1] 《马克思恩格斯选集》第3卷,人民出版社1995年版,第67页。

结束语　为增强大学生思想政治教育的实效性而努力探索

社会依靠个体的存在而存在，社会的本质是人。同时，个体的发展需要存在理想性需要和现实性需要之分。因此，大学生思想政治教育就应该从关注个体需要入手，从关注个体价值的实现和现实性需要入手，注重社会价值和个体价值、理想性需要与现实性需要的和谐发展。

早在1980年4月29日，教育部、团中央颁发的《关于加强高等学校学生思想政治工作的意见》，就在深刻分析高校学生特点的基础上，阐述了加强高等学校学生思想政治工作的重要意义，提出了加强大学生思想政治工作的一系列指导性意见，要求不断增强大学生思想政治教育的实效性。该"意见"明确指出："学校的思想政治工作必须紧密结合为'四化'培养人才这个中心来进行，决不能把思想政治工作和教学、科学研究工作对立起来或割裂开来。"大学生的思想政治教育工作，要从实际出发，正确地分析学生的特点。"既要运用过去行之有效的做法，又要注意总结新的经验。要精雕细刻，潜移默化，讲求实效，防止和克服形式主义。"要"善于启发学生发扬优点，克服弱点，教育他们做解放思想的促进派，做安定团结的促进派，做四个现代化的促进派。"并强调"要区别不同专业、不同年级、不同类型学生的情况，因人制宜，一把钥匙开一把锁"。

1987年5月29日，中共中央颁布的《关于改进和加强高等学校思想政治工作的决定》，进一步从历史与现实、国际与国内等多重视角，全面概括了大学生思想政治教育的新境遇，明确指出："在改革和开放的条件下，不可能把青年学生封闭在'温室'里，他们不可能不接触腐朽的丑恶的东西。这就增加了思想政治教育的复杂性和艰巨性。要使我们培养的学生……从根本上提高思想政治素质，必须认真研究新时期的新情况和青年学生的特点，切实改进思想政治教育的内容、形势和工作方法，把思想政治工作提高到新的水平。"

1994年8月31日中共中央颁发的《关于进一步加强和改进学校德育工作的若干意见》，更加系统地分析了学校德育面临的新情况、新要求和新课题，指出："新形势对学校德育工作提出了更高的要求：在

经济体制发生重大变化,以公有制和按劳分配为主体,其他多种经济成分和分配方式并存的条件下,如何坚持社会主义意识形态的主导地位,用马克思列宁主义、毛泽东思想和邓小平建设有中国特色社会主义理论教育青少年;在进一步扩大对外开放,学习国外先进科学技术和管理经验的条件下,如何教育青少年正确认识我国国情,继承和发扬中华民族优秀文化传统和中国共产党领导下的革命斗争传统,树立民族自尊、自信、自强、自立的精神;在新旧体制转换过程中还存在各种矛盾,社会生活中还有需要克服的消极现象的情况下,如何引导学生逐步树立正确的世界观、人生观和价值观,培养良好的道德品质;在人民生活水平有了较大改善和提高的情况下,如何培养学生具有自力更生、艰苦奋斗的精神和坚强的意志品质;在科学技术迅速发展,社会主义市场经济体制逐步建立的情况下,如何指导学生在观念、能力、心理素质方面尽快适应新的要求。这些都是德育工作需要研究和解决的新课题。"并明确指出:"面对新的形势和要求,学校德育工作还很不适应。必须解放思想,实事求是,有紧迫感。"要求思想政治工作者经常能深入到学生中去,通过谈心、咨询等活动,指导他们处理好在学习、成才、择业、交友、健康、生活等方面遇到的矛盾和问题。"要以邓小平同志建设有中国特色社会主义理论为指导,全面贯彻党的教育方针,坚持社会主义办学方向,落实《中国教育改革和发展纲要》,加大改进工作的力度,完善德育体系、积极推进教育教学改革,克服忽视德育工作的倾向,努力培养有理想、有道德、有文化、有纪律的献身有中国特色社会主义事业的建设者和接班人。"

1999年9月29日颁布的《中共中央关于加强和改进思想政治工作的若干意见》,再一次强调:思想政治工作,是经济工作和其他一切工作的生命线。高度重视思想政治工作,是我们党的优良传统和政治优势。进一步分析了"我国正处在改革的攻坚阶段和发展的关键时期,社会情况发生了复杂而深刻的变化,经济成分和经济利益多样化、社会生活方式多样化、社会组织形式多样化、就业岗位和就业方式多样化日趋明显,给思想政治工作带来大量新情况、新问题。"并明确指出:

结束语　为增强大学生思想政治教育的实效性而努力探索

"思想政治工作要立足于团结一切可以团结的力量，调动一切积极因素，化消极因素为积极因素，把干部群众的积极性引导好、保护好、发挥好。要坚持从社会主义初级阶段的实际出发，从广大干部群众的思想实际出发，把先进性要求同广泛性要求结合起来，区分层次，有的放矢，注重实际效果。"

2004年8月26日，中共中央、国务院颁发了《关于进一步加强和改进大学生思想政治教育的意见》。这是我国第一次由中共中央、国务院联合颁发的关于加强和改进大学生思想政治教育工作的文件。这个文件高屋建瓴、全面系统、影响重大、意义非凡，它在充分肯定"大学生是十分宝贵的人才资源，是民族的希望，是祖国的未来"的基础上，认真分析了国际国内形势的深刻变化，给大学生思想政治教育带来的有利条件和严峻挑战，认为，"国际敌对势力与我争夺下一代的斗争更加尖锐复杂，大学生面临着大量西方文化思潮和价值观念的冲击，某些腐朽没落的生活方式对大学生的影响不可低估。随着对外开放不断扩大，社会主义市场经济的深入发展，我国社会经济成分、组织形式、就业方式、利益关系和分配方式日益多样化，人们思想活动的独立性、选择性、多变性和差异性日益增强。这有利于大学生树立自强意识、创新意识、成才意识、创业意识，同时也带来一些不容忽视的负面影响。一些大学生不同程度地存在政治信仰迷茫、理想信念模糊、价值取向扭曲、诚信意识淡薄、社会责任感缺乏、艰苦奋斗精神淡化、团结协作观念较差、心理素质欠佳等问题。"同时也指出，"面对新形势、新情况，大学生思想政治教育工作还不够适应，存在不少薄弱环节。一些地方、部门和学校的领导对大学生思想政治教育工作重视不够，办法不多"，必须要"解放思想、实事求是、与时俱进，坚持以人为本，贴近实际、贴近生活、贴近学生，努力提高思想政治教育的针对性、实效性和吸引力、感染力，培养德智体美全面发展的社会主义合格建设者和可靠接班人"，要按照"坚持教书与育人相结合"、"坚持教育与自我教育相结合"、"坚持政治理论教育与社会实践相结合"、"坚持解决思想问题与解决实际问题相结合"、"坚持教育与管理相结合"、"坚持继承优良传统与改革创新

相结合"①六个基本原则,积极探索新形势下大学生思想政治教育的新途径、新办法,努力体现时代性,把握规律性,富于创造性,增强实效性。

　　这个过程表明,改革开放以来,我们党始终注意分析和把握时代特点和大学生的思想实际,结合建设中国特色社会主义的需要,强调要不断加强和改进大学生的思想政治教育工作,不断解放思想、改革创新,努力增强大学生思想政治教育的实效性。实效性是大学生思想政治教育的生命力所在,也是关键所在。

二、成才导航工程是增强大学生思想政治教育实效性的有益探索

　　长期以来,为加强和改进大学生思想政治教育工作,进一步提高大学生思想政治教育的针对性和实效性,广大教育工作者,特别是思想政治教育工作者作了大量的探索和深入的研究,取得了可喜的成绩。大学生成才导航工程正是在这样的背景和条件下,根据党的教育方针和中央的一系列文件精神,根据大学生在大学阶段学习生活的特点和需要,根据人才成长的规律,为增强大学生思想政治教育实效性作了有益探索。这种探索,不是对大学生思想政治教育某个方面的探索,而是对大学生思想政治教育目标体系、内容结构、方法途径、体制机制等方面的整体性探索。

(一)成才导航工程是对大学生思想政治教育整体规划的有益探索

　　中共中央、国务院颁发的《关于进一步加强和改进大学生思想政治教育的意见》指出:"学校教育要坚持育人为本、德育为先,把人才培养作为根本任务,把思想政治教育摆在首要位置。"这是对为什么要坚持思想政治教育首位意识的说明,也从根本上阐释了学校教育的目的

---

①　参见教育部思想政治教育司:《加强和改进大学生思想政治教育重要文献选编(1978—2008)》,中国人民大学出版社2008年版,第376—378页。

结束语 为增强大学生思想政治教育的实效性而努力探索

和任务。在这样的意义上理解思想政治教育首位意识的内涵，不在于思想政治教育较之于其他各育位高一筹，而真正含义在于，德资于才的先导和基础作用。在大学生思想政治教育中，德智体美各育都具有共同承担着培养大学生思想政治品质和品德的功能。思想政治教育是渗透于各育之中的始基要素，是贯穿于学校教育教学全过程的教育。换句话说，其他各育正因为具有或被赋予思想政治教育或德育功能才能真正实现其目的，才能真正培养人的全面发展。因此，要求"德智体美、德育为先"，既是教育本身元意义的要求，也是当代教育发展的内在需要。我们只有从人的生活的元意义上、以人的全面发展为目标来理解教育、尤其是思想政治教育，才能从整体上把握我们的教育目标、规划和设计我们的教育目的、有效实现我们的教育目标。

大学生对个人的发展是极为关注的，但对如何自由而全面地发展并不十分清楚，往往不能很好地处理德育与智育、智商与情商、个人与社会的关系，不能摆正德智体美的位置。我们强调"德智体美"，就是要求必须处理好德育与智育的关系。因为，德育与智育并不矛盾，而是相互促进的；有德无才或有才无德都是不可取的，大凡有为的人都是德才兼备、知识人品同在的。我们强调"德育为先"，就是强调了德育是方向、是保障、是影响学生一生一世做人的大问题。大学生的任务不仅是学习科学文化知识，而且要培养高尚的思想品德；不仅要学会做事，更要学会做人。

大学生成才导航工程正是从大学生的生活意义出发，立足一个整体的角度，对大学生在校期间的自由而全面的发展作了一个整体的规划和引导，也是对实现高等学校人才培养目标和要求作了一个统一的安排和设计。成才导航工程在分析大学学习生活特点与大学历史使命的基础上，首先提出了大学生成才目标导航，从厘清大学生成才目标的特点、主要内容和应该遵循的原则入手，对大学生成才目标中存在的问题及其原因进行了分析，并从基本要求、具体策略、主要途径和方法等方面对大学生成才目标进行了引导，帮助大学生从进入大学开始就能明确目标，把握方向。同时，大学生成才导航工程还从高等学校人才培养目标的战略高度,对大学生自由而全面发展提出了大学生理想导航、素质导航和职业导航,在帮助大学生弄清理想导航、素质导航和职业导航的基本内涵、内容和特点基础上,对大学生政治思想、道德品质、专业学习、素质拓展、职业发展等进行了全方位、全过程的指导;同时,也对教育的各个方面、各种渠道、各条战线、各支队伍等方面都提出了育人的要求、明确了育人的责任,是对全员育人的总动员和总规划。

大学生成才导航工程既是贯彻大学生活始终的引导性工程,也是包含了德智体美全面发展要求的指引性工程;既是对高等学校人才培养目标的整体规划,也是对高等学校人才培养实践的统筹安排;既从理论上回答了高等学校应该"培养什么样的人"的问题,也在实践中探索了高等学校"如何培养人"的问题。它是加强和改进大学生思想政治教育工作的理论思考,也是增强大学生思想政治教育实效性的实践探索。

(二)成才导航工程是对大学生思想政治教育内容结构的有益探索

思想政治教育内容结构是指思想政治教育内容的构成要素及其相互关系。确立科学、合理的内容结构并将诸要素有机地融为一体,是确保大学生思想政治教育取得实效性的重要条件。理论研究认为,思想政治教育内容主要包括政治教育、思想教育、道德教育、法纪教育和心理教育等五大要素。但是,这五大要素仅是思想政治教育内容中最基本的构成要素,每一基本要素又包含若干具体内容,也就是具体构成要素。在大学生思想政治教育中,只注重基本构成要素的给予是不够的,还必须实现基本构成要素向具体构成要素的转换。这是因为,思想政治教育内容的具体要素是由思想政治教育目标的层次性和教育对象的特殊性决定的。思想政治教育目标包括长远目标和具体目标,从表现形态来看,基本构成要素是依据长远目标确立的,具体构成要素则是根据具体目标、具体教育对象而对基本构成要素进行分解、组织、加工,以直接作用于教育对象的具体内容。思想政治教育内容是一个随着环境变化而发展的动态结构系统。增强思想政治教育的有效性,既有赖于

结束语　为增强大学生思想政治教育的实效性而努力探索

基本构成要素的科学确立,也有赖于基本构成要素向具体构成要素的有效转换;要求在保证基本内容和层次结构稳定的前提下,根据社会要求和教育对象思想发展变化的实际而不断发展、更新和充实具体构成要素。

　　大学生成才导航工程就是以大学生思想政治教育的政治教育、理想教育、道德教育、法纪教育和心理教育五大基本要素为基础,坚持"以学生为本"的原则,从大学生成长成才需求实际出发,根据时代发展的需要,把大学生思想政治教育内容的基本要素具体化,从而使教育内容延伸到大学生认知与情感、学习方法与计划、专业思想与教育、人生理想与志向、民族意识与精神、诚信意识与培养、行为规范与养成、自主管理与教育、素质实训与拓展、创新与创业、职业测试与规划、心理咨询与健康等方面的具体要素。大学生成才导航工程的内容体系,是从帮助大学生了解大学阶段学习生活特点出发,结合大学生自身成长成才需要而构建的,既包括了对大学生成才目标的要求、策略、途径和方法进行引导;也包括了对大学生理想需要、内容和实施策略的引导;同时,还包括了对大学生应具备的素质和如何进行素质提升的引导以及对大学生职业定位与学业设计、职业发展与职业规划、就业与创业等方面的引导。

　　总之,大学生成才导航工程不仅考虑了大学生思想政治教育内容每一个具体要素的设计,更重要的是把各具体要素作为一个整体加以分析和构建,使各内容要素在体系结构中地位明确、层次分明、关系清晰、结构合理,避免随意性和片面性;既体现了科学性与主体性相结合、整体性与层次性相结合的原则,也体现了现实性与理想性相结合、社会本位与个人本位相结合的客观要求。

　　(三)成才导航工程是对大学生思想政治教育方法途径的有益探索

　　当代大学生是在经济全球化、信息网络化和各种思潮不断涌现的时代背景下生活的,是伴随着改革开放和建立社会主义市场经济体制的条件下成长起来的。受成长环境的影响,他们的学习、生活模式发生

了变化,他们的世界观、人生观、价值观也受到了种种冲击。大学生正处于青年时期,是走向成熟的关键时期。这一时期,他们的生理发展已接近成熟,但心理尚未成熟,存在着独立性与依赖性、强烈求知欲与识别力低等互相矛盾的心理。加强和改进大学生思想政治教育,就需要针对大学生的心理矛盾,不断激发他们的内在需要。只有创新教育途径与方法,想办法激发学生的内在需要,并使之不断得到满足,学生的学习积极性才能提高,教育效果才有可能达到。这就需要根据大学生现有的认知水平,通过加强思想政治教育工作环境建设,选择适当的信息传播方式,不断引起大学生的注意,进而逐步改变他们的认知,促使他们接受教育;就需要针对不同层次、类别的学生开展各种各样的活动,制订长、中、短期不同目标计划,创新多途径的思想政治教育形式。

大学生成才导航工程在改变传统思想政治教育的"居高临下"、动辄指责、单向灌输等方式方法的基础上,注重以学生为本、以学生为主体,不断加强大学生自主选择、自主发展、自主控制能力的培养;在帮助大学生从入校起确立目标、树立理想、拓展素质、规划职业的同时,注重从学生被动接受教育中引导、启发其主动参与,使之成为成长成才的主人。大学生成才导航工程还根据学生的不同年级、不同兴趣爱好、不同性格特征、不同群体等差异,采取分门别类地引导和指导,做到贴近学生、贴近生活、贴近实际,注重分阶段、有重点、全过程地指导和帮助大学生成才。它要求在掌握大学生思想状况、认知水平、心理倾向、业务能力等基础上,将"显性教育"与"隐性教育"有机结合起来,通过课内课外教育、校内校外教育多种渠道和灌输、沟通、交流、互动、座谈、实践、体验等多种方法来开展的大学生思想政治教育工作。它要求既注重充分利用传统的教育方法途径,也注重开发网络等现代教育资源;既注重传授学生以知识、技能,更注重传授学生以方法,"授之以渔",培养学生的各种能力;既注重把握大学生成长成才的方向,又强调有效辨别和解决大学生成长成才中主次、轻重、缓急等各方面问题,不断改进大学生思想政治教育的方法途径,切实提高思想政治教育的针对性和实效性。

(四)成才导航工程是对大学生思想政治教育体制机制的有益探索

思想政治教育机制是指思想政治教育运行过程中各构成要素由于某种机理形成的因果联系和运转方式。大学生思想政治教育是一个系统工程,必须有科学有效的体制机制作支撑,有全局的视角和战略的高度,统筹协调、合理规划;必须明确高等学校各门课程都具有育人功能,所有教师都负有育人职责。帮助大学生成长成才,增强大学生思想政治教育实效性是学校教育教学活动和教师工作的主要价值取向,必须注重思想政治教育真正融入到大学生专业学习的各个环节,渗透到教学、科研和社会服务等各个方面;必须明确教书育人不是思想政治教育工作者的"私务",而是所有教职员工的"公责"。因此,在决策体制上,既需要有高校内部的教育者和管理者组成的实施系统参与,也需要有校外专家代表、用人单位代表和毕业生代表组成的检验系统的参与,还需要有作为教育对象和服务对象的学生代表组成的受益系统参与。在教育机制上,大力推进隐性课程建设和强化实践教学,增强学生思想政治教育的实效性。在管理机制上,推进信息化建设,努力使学生工作回归教育。在队伍建设机制上,创新辅导员队伍建设模式,为实现辅导员"专业化、职业化、专家化"铺平道路。在考核评价机制上,坚持过程监控和目标管理相结合,构建科学发展观视野下的思想政治教育目标模式。

大学生成才导航工程提出的四大导航就是要求在学校党委的统一领导下,建立一个由多个部门参加,形成上下配合、整体联动的大学生思想政治教育工作体制机制。在构建这个体制机制过程中,既强调了务虚与务实的关系、继承与创新的关系,也注重了如何处理好长期目标与短期目标的关系。在务虚与务实的关系中,不仅注重搭建大学生思想政治教育研究平台、召开大学生思想政治教育研讨会等务虚性工作的指导,而且注重对大学生学业进程设计、职业生涯设计、就业指导培训等务实性工作的导航。在继承与创新关系中,既继承了理论灌输、班团会、演讲会、报告会、榜样教育等方面的大学生思想政治教育优良传

统,也在职业测试、心理健康教育、创新创业实践等方面进行了大胆探索。在长、短期目标关系中,既有一学期的学业进度计划、阶段性的主题教育活动等短期目标的指导,也有大学四年专业学习、素质拓展、就业技能等中期目标的引导,更有对今后人生理想与志向、生涯规划等长期发展目标的导航。大学生成才导航是对大学生政治思想、人生目标、素质发展、生活技能等全方位的导航,它既强调了全员育人的责任,也对教育者提出了更高的要求,特别是为思想政治教育工作的专业化、职业化建设指明了方向。

三、时代的发展,要求不断增强大学生思想政治教育的实效性

形势在变化,时代在发展,中国特色社会主义实践在深入。新的形势和新的情况总是要求我们与时俱进,大胆探索、不断创新。大学生思想政治教育工作是解决大学生在成长成才中思想问题的工作。人的思想是活的,是不断发展变化的,大学生思想政治教育工作也必须准确把握大学生思想的新特点、新情况和新要求,必须顺应时代发展的潮流,把握时代发展的脉搏,不断改革、创新和发展,不断探索增强大学生思想政治教育实效性的新途径、新方法和新举措。当前,增强大学生思想政治教育工作的实效性需要在四个方面下工夫:

(一)坚持中国特色社会主义理论体系,要求大学生切实做到真懂、真信、真用

"中国特色社会主义理论体系,就是包括邓小平理论、'三个代表'重要思想以及科学发展观等重大战略思想在内的科学理论体系。"[1]其中,邓小平理论是中国特色社会主义理论体系的开拓和奠基之作,"三个代表"重要思想是中国特色社会主义理论体系的进一步发展,科学

---

[1] 胡锦涛:《高举中国特色社会主义伟大旗帜 为夺取全面建设小康社会新胜利而奋斗》,《人民日报》2007-10-25。

发展观等重大战略思想是中国特色社会主义理论体系的最新理论成果。它们之间既一脉相承又与时俱进，围绕建设中国特色社会主义这一共同主题，科学地回答了不同时期不同阶段所面临的新矛盾和新问题，是一个相互衔接、相互贯通的科学理论体系。正如恩格斯所说："我们的理论不是教条，而是对包含着一连串互相衔接的阶段的发展过程的阐明。"①中国特色社会主义理论体系是马克思主义中国化的最新成果，是从中国社会主义革命和建设实践中提炼的理论，是不断发展的开放的理论体系，是能够深入回答社会特别是青年学生普遍关心的热点难点问题、能够解决大学生思想问题和实际问题、管用的理论体系。

　　当前，受国际国内形势的影响，一些大学生不同程度地存在政治信仰迷茫、理想信念模糊、价值取向扭曲、诚信意识淡薄、社会责任感缺乏、艰苦奋斗精神淡化、团结协作观念较差、心理素质欠佳等问题。这些问题的出现，归根到底就是缺乏对马克思主义的真正理解和有效运用，不能用马克思主义基本原理去辩证分析和解决现实生活中的问题，不会用中国特色社会主义理论体系去分析新形势、新情况、新任务、新问题。这不仅是马克思主义普及化程度不高的明显表征，也是对马克思主义中国化最新成果掌握不够、运用不够的现实表现。因此，加强和改进大学生思想政治教育，就需要用中国特色社会主义理论体系来指导大学生思想政治教育，用马克思主义的原理和方法去解决大学生思想政治教育工作中的实际问题，用马克思主义中国化的理论成果去武装大学生头脑、凝聚大学生精神、激发大学生斗志、坚定大学生毅力；需要不断解决马克思主义的普及化、大众化的问题，不断解决大学生对中国特色社会主义理论体系真正做到真懂、真信、真用的问题，使他们对现实社会有科学、清醒的认识和理解，在此基础上形成科学发展的共识，让科学的认知指导和引领大学生成长成才的行动。

　　加强马克思主义对大学生思想政治教育的指导，坚持中国特色社

---

① 《马克思恩格斯选集》第4卷，人民出版社1995年版，第680页。

会主义理论体系,需要不断创新大学生思想政治教育的方式方法,探索大学生思想政治教育的新思路、新途径、新举措,使大学生在真正理解马克思主义理论的基础上,信仰马克思主义,坚信中国特色社会主义理论体系,自觉运用马克思主义理论去分析问题、解决问题。具体来讲,就是要通过不断加强和改进大学生思想政治教育,使大学生不仅懂得马克思主义的基本观点,而且要懂得马克思主义的精神实质,从整体上把握中国特色社会主义理论体系的丰富内涵、精神实质和基本要求,使之真正进入大学生头脑;要使大学生在真学真懂的基础上,从思想深处、灵魂深处信仰马克思主义、社会主义。坚信马克思主义的科学性,坚持马克思主义的指导地位,敢于同一切非马克思主义的思潮作斗争。坚定社会主义信念,坚信社会主义代替资本主义是历史发展的必然趋势,坚信共产主义是人类最理想的社会制度,始终坚定为社会主义、共产主义而奋斗的信念;要使大学生在真学、真懂、真信的基础上,坚持理论联系实际,自觉应用马克思主义的立场、观点、方法来观察形势、分析问题、指导成长。

(二)建立社会主义核心价值体系,要求大学生真正做到入耳、入脑、入行

党的十七大报告指出:"要巩固马克思主义指导地位,坚持不懈地用马克思主义中国化最新成果武装全党、教育人民,用中国特色社会主义共同理想凝聚力量,用以爱国主义为核心的民族精神和以改革创新为核心的时代精神鼓舞斗志,用社会主义荣辱观引领风尚,巩固全党全国各族人民团结奋斗的共同思想基础。"并进一步强调,要"切实把社会主义核心价值体系融入国民教育和精神文明建设全过程,转化为人民的自觉追求。"①这为高校思想政治教育工作指明了方向,也对不断增强大学生思想政治教育实效性提出了要求。

社会主义核心价值体系主要包括马克思主义指导思想、中国特色

---

① 胡锦涛:《高举中国特色社会主义伟大旗帜 为夺取全面建设小康社会新胜利而奋斗》,《人民日报》2007-10-25。

社会主义共同理想、以爱国主义为核心的民族精神和以改革创新为核心的时代精神、社会主义荣辱观四个方面的基本内容。其中，马克思主义指导思想是灵魂，提供的是认识世界、改造世界的强大思想武器，是建设中国特色社会主义的理论基础和行动指南；中国特色社会主义共同理想是主题，是对国家、民族未来美好发展前景的追求；以爱国主义为核心的民族精神和以改革创新为核心的时代精神是精髓，是实现共同理想的动力；社会主义荣辱观是基础，为全体社会成员判断行为得失、作出道德选择提供价值标准。它们互相影响、互相作用，形成一个统一的整体，提供了建设中国特色社会主义所需要的价值取向，是团结动员全党全国各族人民为建设富强、民主、文明、和谐的社会主义现代化国家而奋斗的共同思想基础。中国特色社会主义核心价值体系是从人类文明进步中、从我党领导人民在长期实践中形成的丰富思想文化成果中提炼和概括出来的精华；它是社会主义思想道德建设的指导方针，是激励全民族奋发向上的精神力量和维系全民族团结奋斗的精神纽带，也是当代大学生健康成长为社会主义合格建设者和接班人的行动指南。

当前，在对外开放不断扩大、社会主义市场经济深入发展的过程中，我国社会经济成分、组织形式、就业方式、利益关系和分配方式日益多样化，人们思想活动的独立性、选择性、多变性和差异性日益增强。大学生的世界观、人生观和价值观受到了较大影响。有的大学生把个人利益摆在比较突出的位置，认为个人利益高于一切，"人不为己、天诛地灭"，对社会需要、社会贡献和自己承担的责任意识淡漠，集体主义意识和无私奉献的精神缺乏；有的认为"有钱能使鬼推磨"、"今朝有酒今朝醉"，形成了拜金主义、享乐主义；有的则漠视道德准则，有失于道德底线，考试作弊、抄袭和剽窃别人的学术成果、借贷不还等缺失诚信意识现象时有发生。

加强和改进大学生思想政治教育，建设社会主义核心价值体系，必须要坚持以社会主义核心价值体系为指引，进一步探索把社会主义核心价值体系教育与课堂教学有机结合起来、把社会主义核心价值体系教育与校园文化建设有机结合、把社会主义核心价值体系教育与大学生社会实践活动有机结合、把社会主义核心价值体系教育与大学生日常思想教育和管理有机结合、把社会主义核心价值体系教育与师德建设有机结合的途径与方法,切实将社会主义核心价值体系教育融入大学生思想政治教育的全过程。通过主渠道教育和以弘扬社会主义核心价值体系为主要内容的专题讲座、报告,努力使社会主义核心价值体系教育入耳、入脑;通过建设优良的校风、教风、学风,开展健康向上的校园文化活动,使学生接受先进文化的熏陶和文明风尚的感染,在良好的校园人文环境中陶冶情操,促进大学生健康成长;通过社会实践和公益活动,使学生在社会实践中体验价值,锻炼意志,升华认识;通过大学生自我教育、积极参与,引导大学生在日常学习生活中自觉实践社会主义核心价值体系,提高自身思想政治素质;通过教师潜移默化地影响和教育学生、激励学生更加自觉地加强思想道德修养,努力把自己培养成为德智体美全面发展的社会主义合格建设者和可靠接班人。

(三)**全面建设小康社会,要求大学生真正懂得真干、会干、实干**

党的十六大报告明确提出了"全面建设小康社会"的宏伟目标,党的十七大报告在此基础上又进一步提出了新的更高要求,强调要"增强发展协调性,努力实现经济又好又快发展","扩大社会主义民主,更好保障人民权益和社会公平正义。公民政治参与有序扩大","加强文化建设,明显提高全民族文明素质","加快发展社会事业,全面改善人民生活","建设生态文明,基本形成节约能源资源和保护生态环境的产业结构,增长方式,消费模式。"①进一步明确了党要把发展作为执政兴国的"第一要务",以发展解决存在的问题,以发展满足人民的需求,以发展巩固党的执政地位。

全面建设小康社会,需要调动一切积极因素,团结一切力量,需要人人参与,人人投身于建设之中。"高等教育的任务是培养具有创新

---

① 胡锦涛:《高举中国特色社会主义伟大旗帜 为夺取全面建设小康社会新胜利而奋斗》,《人民日报》2007-10-25。

精神和实践能力的高级专门人才,发展科学技术文化,促进社会主义现代化建设。"①当代大学生是全面建设小康社会的主力军和生力军,承担着社会主义建设的历史使命和时代重任。大学生思想政治教育工作必须围绕高等教育的任务和全面建设小康社会的宏伟目标,教育引导大学生树立远大理想,发愤图强,为全面建设小康社会掌握真干、会干、实干的本领。真干,就是要求大学生树立坚定不移地走中国特色社会主义道路的信念,高举中国特色社会主义的伟大旗帜,全心全意地为人民谋利益,真心实意地为全面建设小康社会增砖添瓦,排除一切干扰和阻力,不动摇、不懈怠、不折腾,按照科学发展观的要求,努力工作、大胆创新,在建设中国特色社会主义的过程中贡献力量、奉献青春、实现人生的价值。会干,就是要求大学生刻苦学习专业知识,具有扎实的理论基础、合理的知识结构、做好本职工作的能力素质和宽广的时代视野,不仅能干事、会干事,还能干成事、干好事,让人们满意,让党放心。实干,就是要求大学生具有脚踏实地、埋头苦干、不畏艰险、知难奋进的工作作风和精神,从自身做起、从点滴做起、从小事做起、从身边做起,一步一个脚印地踏实工作,在平凡的工作岗位做出不平凡的业绩。在新的要求、新的任务面前,大学生思想政治教育要紧跟形势,围绕党的中心任务,不断探索增强大学生思想政治教育实效性的方法途径,努力培养踏实肯干、真干会干的社会主义事业合格建设者和可靠接班人。

(四)解决大学生成长需求中的矛盾,要求大学生必须学会自信、自律、自强

马克思认为,人的需要可分为生存需要、享受需要和发展需要三个不同的层次。发展需要是充分发挥自己的聪明才智、实现自我价值的欲望和追求;发展需要是要充分挖掘、发挥人的潜能,施展人的才能的需要,是最高层次的需要。当前,国际国内形势正在发生深刻变化,高校大学生正面临着前所未有的机遇与挑战,大学生作为建设祖国未来的接班人,他们迫切希望发展自我,完善自我。大学生自我发展的需要

---

① 《中华人民共和国高等教育法》,1999年5月25日发布。

成为他们的主要需要,在追求和满足自我发展需要的过程中,他们会遇到各种矛盾和困惑,思想政治教育要不断地为他们释疑解惑,使他们顺利地成长成才。

首先是大学生思想政治需求中产生的矛盾。当前,社会选拔人才的标准是德才兼备,品德、知识、能力和业绩是衡量人才的主要标准。其中思想政治素质是社会选拔人才的首要标准,它在一定程度上反映出大学生的理想信念,特别是世界观、人生观、价值观的状况。这种人才观不断影响着当代大学生,激励他们在政治上积极要求进步,积极要求担任社会工作职务或参与社会实践锻炼,渴望提高自身的综合素质和能力。但是,在大学生不断追求思想政治进步的过程中,部分大学生也常常会为了功利而考虑申请入党或参与社会工作,而对思想政治需要与利益关系问题的理解存在着偏颇,这就需要对他们加以正确的引导。要不断地教育大学生,如何把思想政治上要求进步的自我发展需要转化为自身思想和政治上的真正进步,将个人的思想政治需要与党的事业发展紧密结合,把自己培养成德智体美全面发展的社会主义合格建设者和可靠接班人。

其次是大学生学业进步需求中产生的矛盾。高校就业分配体制改革,已经彻底打破了过去统包统分的做法,大学生在享受自主择业自由的同时,也面临着激烈的竞争。要使自己在社会上立足,除了具备良好的思想政治素质外,还要掌握过硬的本领。因此,大学生对学习感到前所未有的压力,对学习成绩比以往任何时候更加看重,这成为激励大学生刻苦学习、力求发展的主要动机。但是,也导致了少数大学生在追求学业进步的目的、手段和方式上出现偏颇,存在着舞弊、弄虚作假的现象。因此,在教育教学过程中,必须引导学生始终坚持把获取知识、培养能力、完善人格、树立社会责任感和使命感结合起来,教育大学生真正做一个有独立人格、独立思想,有真知识,有真本领,能承担社会责任,真才实学的人。

再次是大学生人际交往需求中产生的矛盾。大学生的自我发展是离不开社会交往的,如何正确对待人际交往需要与自身利益关系问题,

结束语　为增强大学生思想政治教育的实效性而努力探索

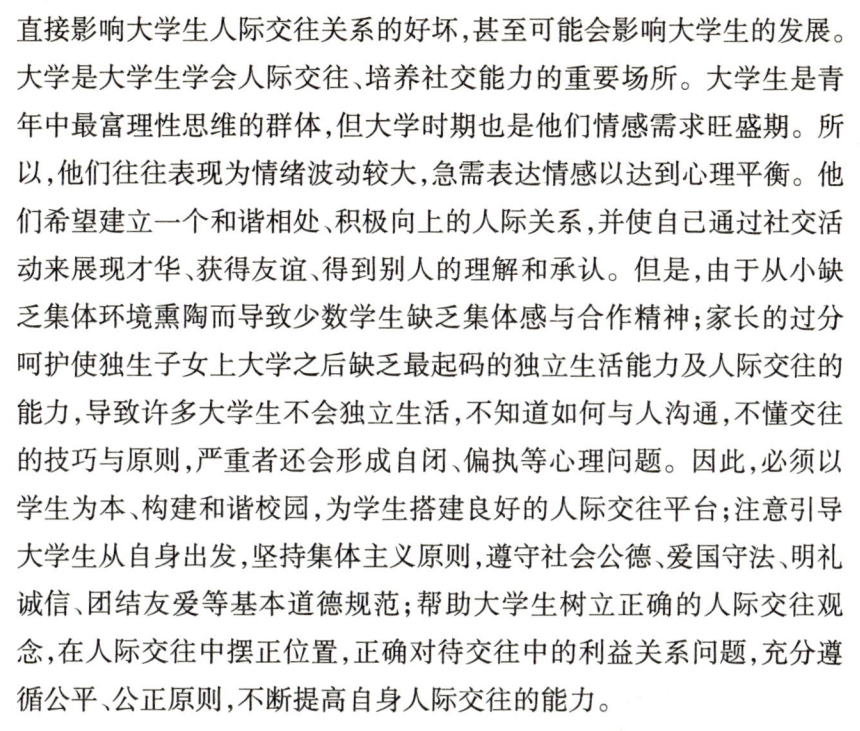

直接影响大学生人际交往关系的好坏,甚至可能会影响大学生的发展。大学是大学生学会人际交往、培养社交能力的重要场所。大学生是青年中最富理性思维的群体,但大学时期也是他们情感需求旺盛期。所以,他们往往表现为情绪波动较大,急需表达情感以达到心理平衡。他们希望建立一个和谐相处、积极向上的人际关系,并使自己通过社交活动来展现才华、获得友谊、得到别人的理解和承认。但是,由于从小缺乏集体环境熏陶而导致少数学生缺乏集体感与合作精神;家长的过分呵护使独生子女上大学之后缺乏最起码的独立生活能力及人际交往的能力,导致许多大学生不会独立生活,不知道如何与人沟通,不懂交往的技巧与原则,严重者还会形成自闭、偏执等心理问题。因此,必须以学生为本、构建和谐校园,为学生搭建良好的人际交往平台;注意引导大学生从自身出发,坚持集体主义原则,遵守社会公德、爱国守法、明礼诚信、团结友爱等基本道德规范;帮助大学生树立正确的人际交往观念,在人际交往中摆正位置,正确对待交往中的利益关系问题,充分遵循公平、公正原则,不断提高自身人际交往的能力。

最后是大学生心理健康需求的矛盾。目前,大学生面对就业、学业、复杂的人际关系等诸多压力,心理健康状况不容乐观。大学生中有抑郁、焦虑、社会恐惧、自卑、过分依赖、神经衰弱等心理疾病的人数要高于一般的社会青年,大学生成为心理障碍高发群体。因此,我们需要不断加强和改进高等学校的教育工作,针对大学生心理上健康的需求建立健全教育、管理制度,加强心理健康教育与思想政治教育工作的有机结合,积极开展健康有益的集体活动,营造一种健康、活泼、有序的文化氛围,引导大学生积极参加各种各样的文体活动,培养和发展他们的兴趣和业余爱好,增强体质,感悟生活,调节精神,磨炼意志,以促进和维护大学生心理健康。

无论是政治需求的矛盾,还是学业发展、人际交往、心理需求等方面的矛盾,都是大学生在成长过程中经常会碰到的问题。这些问题的发生,往往是因时、因地、因人而异的。解决这些问题,需要大学生思想政治教育采取有针对性的措施,有效地帮助大学生树立信心、学会自律、激发自强。自信是成功的基础,自信能激发人的斗志,使人充满激情,敢于拼搏。自律是成功的保障,自律能帮助规划人生,使人变得理智,更加完美。自强是成功的动力,自强能激励新的追求,使人不断超越自我,勇攀高峰。学会自信、自律、自强,是大学生成长成才的保障和基本要求,教育学生学会自信、自律、自强,也是大学生思想政治教育的不懈追求。

四、进一步增强大学生思想政治教育实效性需要不断努力探索

胡锦涛总书记在党的十七大报告中指出:"解放思想是发展中国特色社会主义的一大法宝。"①把解放思想提高到了"法宝"的高度,这是对党的思想路线的新认识、新发展。解放思想作为马克思主义的一个基本原则,作为推动社会进步和事业发展的动力源泉,同时也是推进大学生思想政治教育发展的一大法宝,是大学生思想政治教育实现自身跨越式发展的思想基础和必然选择。只有不断地解放思想,与时俱进,正确分析大学生思想政治教育的形势,准确把握大学生思想政治状况的新情况、新特点,积极拓展大学生思想政治教育的有效途径和方法,大力推进内容创新、载体创新、体制创新,抓好主课堂、用好新阵地、探索新方法、发挥新优势、扩大覆盖面、研究新课题,才能不断推进大学生思想政治教育的发展,才能为大学生思想政治教育工作的持续、健康发展注入强大的动力与活力,不断增强大学生思想政治教育的实效性。

(一)加强领导,提高认识,不断完善增强大学生思想政治教育实效性的体制机制

加强和改进大学生思想政治教育,是一项系统工程,不仅需要认识上的高度统一,而且需要健全的体制机制。目前,通过全社会的共同努

---

① 胡锦涛:《高举中国特色社会主义伟大旗帜 为夺取全面建设小康社会新胜利而奋斗》,《人民日报》2007-10-25。

力,大学生思想政治教育的体制和机制有了长足的进步。从体制上来看,基本形成了党委领导下的三级管理模式,即在学校层面由党委领导、党委学生工作部统管;在院(系)层面,由分党委(总支)负责;最基层有班级和学生党支部的配合。从机制上来看,也积极探索了科学决策机制、目标管理机制、项目管理机制、有效动员机制、信息反馈机制、稳定预警机制等多种有效机制,有力地促进了大学生思想政治教育实效性的提高。但随着新时期高校思想政治教育工作的发展和学生群体特征的变化,大学生思想政治教育体制机制还存在着一些不适应的地方。比如:在体制上存在着高校德育与智育分块管理、垂直操作、人为分割等现象。虽然所有高校都反复强调要加强沟通与通力合作,但是,体制上先天的分割往往会造成"两张皮"的现象。在机制上也存在着大学生思想政治教育目标机制和管理机制不完善、大学生思想政治教育过程控制机制和质量评估机制不同步等现象,这在不同程度上限制了大学生思想政治教育工作的实际效果。

因此,加强和改进大学生思想政治教育,不断增强大学生思想政治教育工作的实效性,就需要进一步加强领导,提高认识,认真分析加强和改进大学生思想政治教育工作的新形势、新情况和新要求,高度重视加强和改进大学生思想政治教育工作,努力形成全社会关心、支持大学生思想政治教育的合力,大力优化社会环境,营造有利于大学生健康成长的良好社会氛围。尤其要进一步完善大学生思想政治教育工作中的体制机制建设,大力加强大学生思想政治教育领导决策体制创新、管理体制创新、执行体制创新;加强包括教育机制、人员机制、保障机制、评价机制、激励机制、督导机制等在内的大学生思想政治教育工作机制创新;探索更优化的机构设置、更合理的运作模式、更完善的体制机制,不断增强大学生思想政治教育的实效性。

(二)解放思想,更新观念,不断强化增强大学生思想政治教育实效性的工作理念

理念是人们经过长期的理性思考及实践所形成的思想观念、精神向往、理想追求和哲学信仰的抽象概括。教育理念则是教育主体在教育实践及教育思维活动中形成的对"教育应然"的理性认识和主观要求;它是关于"教育的应然状态"的判断,是渗透了人们对教育的价值取向或价值倾向的教育观念。大学生思想政治教育的工作理念是帮助我们提高大学生思想政治教育针对性、实效性和感染力、吸引力的基本观念。增强大学生思想政治教育工作的实效性,就需要不断地解放思想、树立科学的工作理念。

首先,要进一步强化"以学生为本"的工作理念。教育以育人为本、以学生为主体;办学以人才为本、以教师为主体。"一切为了学生,为了一切学生,为了学生的一切",是大学生思想政治教育工作的宗旨;以学生为本就是要把学生作为学校教育的主体,提高学生自我教育的积极性,坚持塑造人与激励人的统一。大学生思想政治教育树立"以学生为本"的理念,至少需要做到以下两点:一是尊重每一位学生,不断满足学生的合理需要,切实保护学生的合法权益。心理学家马斯洛认为,人的需要是有层次的,尊重和自我实现的需要是高层次的需要。尊重学生,就是把学生当成有生命尊严、有思想感情的人,尊重学生的人格,尊重学生的思想,尊重学生的主体地位。思想政治教育工作者要认真倾听学生的呼声,将思想政治教育工作与切实帮助他们解决学习、生活中的实际困难有机结合起来,使他们真正感受到党和国家对他们的关心和温暖,才能使他们自觉地接受教育,才能真正收到实效。二是唤醒学生的主体意识,增强学生自我教育、自我管理和自我服务的能力。大学生思想政治教育通过支持和引导大学生自主开展活动,引导学生认清自己的责任,树立起既享有权利又承担义务的观念,唤醒他们的主体意识。通过自主管理和教育,培养大学生的自尊自爱、自强不息、奋发努力、积极向上的进取精神及自觉履行社会责任和义务的主人翁精神;培养大学生学会学习、学会思考和学会生活的能力;引导大学生树立崇高的理想、优良的道德品质和正确的价值取向,促使其全面发展。

其次,要进一步强化"与时俱进"的工作理念。大学生思想政治教育要根据新时期大学生思想活动的新特点,根据不同层次的大学生所

面临的不同问题,来确定教育的工作内容,体现时代性和针对性。要不断探索大学生思想政治教育的新理念、新内容、新方法、新途径、新举措,努力做到思想政治教育贴近实际、贴近生活、贴近学生,为大学生释疑解惑、导航引路。

再次,要进一步强化"树魂立根"的工作理念。理想信念教育主要是解决青年学生对马克思列宁主义、共产主义和社会主义信仰、对中国共产党的信任、对建设有中国特色社会主义的信念问题,其根本是一个解决"魂"的问题。高校思想政治教育必须始终坚持用马克思主义中国化的一系列创新成果武装学生头脑,坚持邓小平理论、"三个代表"重要思想和科学发展观"进课堂、进教材、进大学生头脑",使学生在认识和改造客观世界的同时,更加自觉地改造主观世界,牢固树立正确的世界观、人生观和价值观,从思想上真正解决大学生的理想信念问题。

弘扬和培育民族精神,是高校思想政治教育的重要内容,也是大学生立志成才、实现自身价值的需要,其根本是一个解决"根"的问题。民族精神是一个国家稳定和发展的精神基础,是一个民族赖以生存和发展的精神支撑。大学生是全面建设小康社会的主力军,是实现中华民族伟大复兴的重要力量。他们的思想道德素质如何,直接关系到党和国家的命运和前途,关系到社会主义事业的成败。所以,要在大学生中开展以爱国主义为核心的团结统一、爱好和平、勤劳勇敢、自强不息的民族精神教育,增强学生的民族自尊心、自信心、自豪感和文化认同感。要把民族精神教育与以改革创新为核心的时代精神教育结合起来,引导大学生在中国特色社会主义事业的伟大实践中,不断培养爱国情怀,提高创新能力,始终保持积极进取、昂扬向上的精神风貌。

第四,要进一步强化"全员育人"的工作理念。大学生思想政治教育是学校教育的重要组成部分,渗透于学校教育的各个环节和全过程,是一项系统工程。高校思想政治教育工作要真正贯彻以学生为本,以培养高素质的社会主义事业合格建设者和可靠接班人为中心,充分整合资源、广开渠道、齐抓共管,把思想政治教育贯穿于学校教育工作的全过程,落实在教学、管理、服务等各项工作环节中。学校的各个部门

和全体教职员工,都有责任和义务承担思想政治工作,都应结合自己的工作做好"教书育人"、"管理育人"、"服务育人"工作,从而建立起全方位育人、全过程育人和全员育人的思想政治教育工作格局,真正做到校园无闲人,人人都育人;校园无闲事,事事都育人;校园无闲处,处处都育人;校园无闲时,时时都育人。

(三)深入实际,加强研究,不断丰富增强大学生思想政治教育实效性的理论方法

所谓理论,是指:"人们由实践概括出来的关于自然界和社会的知识的有系统的结论。"①人的认识过程,只能是对自然界和社会知识的"实践——认识——再实践——再认识",循环往复,不断发展。没有实践的前提,或是脱离实践的前提,理论只能是原地踏步,不可能出现"飞跃"。因此,增强大学生思想政治教育工作的实效性,就需要理论联系实际,加强研究,不断探索;既要加强理论指导,灵活运用科学理论指导大学生思想政治教育实际工作,又要在加强和改进大学生思想政治教育实践中不断发展已有的指导性理论,探索新的理论方法。

思想政治教育学是以人的思想政治素质形成、变化过程和发展规律为研究对象的科学。在思想政治教育学创立、形成、发展的过程中,始终坚持以马克思主义为理论基础,吸收了心理学、教育学、伦理学、社会学、管理学、政治学、行为科学等相邻学科的研究成果,博采众长,融会贯通,形成了具有独特个性的理论体系。因此,思想政治教育学是一门与其他多门学科互为交叉,综合性很强的学科。同时,从思想政治教育内容、任务的复杂性来看,思想政治教育要解决的思想问题,其触发、产生的原因是多方面的,有社会的因素、文化的因素、经济的因素、政治的因素、管理的因素、伦理的因素、心理的因素、法律的因素,等等。解决这些问题,也就必须不断地吸收其他多种学科的最新研究成果,尤其是与人的思想关系比较密切的教育学、心理学、伦理学、社会学、管理学、政治学、文学、法学、美学等学科知识,才能从思想"源头"上来认识

---

① 《现代汉语词典》,商务印书馆1995年版,第694页。

这些思想问题,对症下药,才能不断创新和发展思想政治教育的理论方法。

大学生思想政治教育是做大学生思想工作的工作。青年大学生接受能力强、思想活跃,他们的思想是随着社会以及个体的发展变化而不断发展变化的。在新形势下,大学生的思想观念、价值取向、行为方式发生了很大的变化,呈现出许多新特点、新规律,这就要求大学生思想政治教育必须始终坚持把教育人、培养人、发展人、塑造人作为出发点和落脚点,不断丰富和发展大学生思想政治教育的理论方法。一方面,大学生思想政治教育理论创新需要正确处理好创新与继承、创新与借鉴、政治性与学术性的关系。大学生思想政治教育要正确处理创新与继承的关系,就必须在珍惜传统、研究传统、发扬传统的基础上,针对时代发展变化要求,对传统进行发展和超越,创造出新理论、新思路、新方法。大学生思想政治教育正确处理创新与借鉴的关系,就是要根据思想政治教育学科的特殊规律,结合大学生思想政治教育工作的实际需要,对相关学科的研究成果,细加辨析,择善而用,吸取其中有用的成分;要立足马克思主义的分析批判高度,对相关学科的成果进行充分消化的基础上加以创新和创造,使之与大学生思想政治教育的内容相协调,融入大学生思想政治教育的完整体系之中。大学生思想政治教育正确处理政治性与学术性的关系,就是要把握思想政治教育归根到底是为一定政治目的服务的,属于意识形态范畴,具有很强政治性的特性。既要坚持正确的政治方向,确保学术研究健康发展,又要在深入而具体的学术研究中按照学科的规律性展开学术研究。另一方面,大学生思想政治教育理论创新需要在推进科学化、社会化和现代化上下工夫。大学生思想政治教育必须在深入研究和科学把握大学生思想、行为规律的基础上,进一步探索思想政治教育科学化的新途径、新方法;要在深入研究和科学把握社会大发展的特点、规律基础上,进一步探索全员、全程、全方位育人的理论方法;要在深入研究和科学把握大学生思想现代化进程中特点、规律基础上,进一步探索思想政治教育现代化的理论方法,努力推进人的思想观念的现代化。

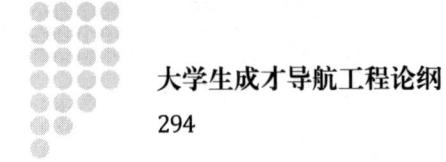

（四）与时俱进，勇于探索，不断创新增强大学生思想政治教育实效性的教育途径

德育途径是指："为了达成一定的德育目标，采用一定的德育方法，进行一定的德育内容的教育所必须使用的渠道。"①德育途径是德育内容、德育方法、德育过程的承载体，大致可以分为课程类、实践类、组织类、环境类、管理类、辅导咨询类和传媒类等几种。因此，增强大学生思想政治教育工作实效性，至少需要在课程设置、个性化教育等方面不断加以探索和创新。

其一，需要进一步系统设置教育内容。大学生进行思想政治教育，必须着眼于复杂的社会环境，把以先进理论武装青年大学生作为首要任务，系统地设置教育内容，筑牢大学生的思想基础。因此，首先必须坚持马克思主义、毛泽东思想，把中国特色社会主义理论体系作为大学生思想政治教育课程设置的主体内容。其次，必须把党的政策方针和时事政治作为重要内容，加强大学生的时事与政策教育，引导他们正确认识社会变革中出现的种种新观念、新现象，澄清模糊认识。再次，必须把解决和回答大学生关注的问题作为必要内容，紧密结合青年大学生的思想实际，运用中国特色社会主义理论体系加以回答，用中国特色社会主义建设实践加以解决。只有系统、科学地规划、设置好教育内容，才能确保教育的持续和深入，达到教育的预期效果。

其二，需要进一步科学区分教育层次。改革开放以来，我国在经济体制上发生了前所未有的变化，这种新变化与大学生个体所具有个人经历复杂性、个体生活的多样性、家庭生活的差异性，以及不同地区、行业经济发展与收入的不平衡性等交织在一起，导致大学生个体差异加大，思想活动的独立性、选择性、多变性和复杂性日渐增长。因此，我们可以根据不同的年级阶段，进一步探索有效的分层教育方法；可以根据不同的学科专业，进一步构建区分化的教育模式；可以针对不同生源地域、不同的经济状况、不同的学习基础、不同的现实表现等情况，进一步

---

① 詹万生：《整体构建德育体系总论》，教育科学出版社2001年版，第380页。

探索个性化的教育途径。只有不断分析、把握不同群体大学生的思想特征,从他们的思想实际入手,增强教育的针对性,才能不断引起他们思想的共鸣,不断产生吸引力和感染力,催化他们正确思想观念的形成。

其三,需要进一步探索灵活有效的教育形式。俗话说,一把钥匙开一把锁。对大学生开展思想政治教育也一样,必须具有很强的针对性,才能切实取得教育的效果。比如:我们可以针对大学生文化层次高、逻辑思维能力强的特点,在理论教育中,注重运用理论研讨的方法,激活他们的思维,启发他们进行思考,让他们在理性思考中不断提高思想理论水平,促使他们把理论上的坚定性转化为政治上的坚定性和行动上的自觉性。我们可以针对大学生民主意识强、主体意识较突出的特点,积极探索自我教育与管理的方法,充分发挥自我的能动性、创造性和自主性,积极采用自我教育和自我承诺管理的方式,让他们在事实和实践中明辨是非、掌握真理。我们可以针对大学生情感丰富、富于激情的特点,有效运用交流沟通的教育方法,通过搭建交流平台、表扬激励等办法,培养大学生的情感体验。我们可以针对大学生崇拜英雄、善于模仿的特点,运用示范教育等方法,通过树典型、立标兵、学英雄、见行动等教育,使大学生的心灵得以震撼,思想得以升华,情感得以熏陶,灵魂得以净化,认识得以提高,行为得以校正,从而把先进典型和英雄模范的思想和行动变成他们自觉的思想和行动。我们可以针对大学生兴趣爱好广泛、精神生活要求较高的特点,积极探索自我体验式教育方法,让他们学会在自我体验式教育活动中不断培养自我的审美意识,正确认识自己的历史使命和人生价值,使他们在潜移默化中接受理想信念、爱国主义、集体主义和革命英雄主义教育,提高他们的思想觉悟。

其四,需要进一步利用现代手段拓宽教育渠道。一方面,需要广泛利用信息技术,对思想政治教育信息资源及信息设施进行数字化更新和改造,建立涵盖各领域的思想政治教育数据库和数字化信息管理系统,实现思想政治教育资源的共享,增强思想政治教育的吸引力和感染力。另一方面,要充分利用信息资源和先进的信息技术,利用数学、统计学和概率论等原理,对所拥有的大量思想信息进行系统的定量研究,探索思想信息所涉及的深度和广度,量变的速度和质变的程度,提高思想政治教育的精确性。

(五)统筹协调,加大投入,不断增强大学生思想政治教育实效性的工作队伍

大学生思想政治教育工作是一个全员性的教育工程,每一个教育工作者都是大学生思想政治教育工作队伍的一员。但是,在实际的教育工作中,往往存在一种错误的观点,认为大学生思想政治教育工作就是政工干部的事,与其他人无关,结果导致德育、智育各自为战,存在"两张皮"、"两条线"的现象。一些思想政治理论课教师和哲学社会科学课教师往往只注重马列主义理论和哲学社会科学知识的传授,忽视大学生的实际需要,不能很好地指导大学生解决现实问题;一些专业课教师更是只顾传授知识,忽视了教书育人的基本职能;同时,还有部分政工干部整天忙于学生事务性工作,专业素养偏低、职能未细化。因此,统筹协调教学、管理、服务三支队伍建设,构建全员育人、全程育人、全方位育人的环境,是增强大学生思想政治教育实效性的一项长期的任务。

首先,要进一步发挥教学、管理、服务三支队伍的育人功能,创建全员育人的良好氛围。高等学校各门课程、各个部门都具有育人功能,所有教职员工都负有育人职责。学校要加强研究、制定政策、完善措施,明确全体教师的职责任务和考核办法,促使广大教师像重视学术成果一样重视育人工作。要加强引导、建立机制,要求专业教师都要担任班主任工作,鼓励广大教职员工直接参与学生思想教育工作,形成全员育人的浓厚氛围。要加强配合、强化合作,聘请有经验的专业教师担任大学生指导老师,鼓励他们对大学生进行思想引导、专业辅导、生活指导、心理疏导,把思想教育和专业教育、课堂教育和课外教育、共性教育和个性教育、严格管理和人格感化结合起来,构建全程、全方位育人的教育模式,促进学生综合素质的全面提高和健康成长。

其次,要进一步加强思想政治理论课教师队伍建设,强化主渠道主

阵地的教育作用。要通过多种途径加强教师的培养和培训,让他们通过参加各种类型的培训、进修和社会实践活动,不断提高思想道德素质和业务水平;要通过制定激励机制,通过大胆选拔"名师"等活动,提升思想政治理论课教师队伍的整体素质;要通过充实思想政治理论课教师编制,切实解决好思想政治理论课教师的职称和待遇等实际问题,稳定队伍,增强责任。

再次,要进一步强化大学生思想政治教育工作队伍的专业化、职业化建设,造就一支高素质、专家化的思想政治教育工作队伍。大学生思想政治教育工作队伍应坚持专兼职结合的原则,由精干的专职人员与众多的兼职人员组成,以专职人员为主,兼职人员为辅。特别是对专职人员要强化专业化建设,对他们提出明确的专业要求。通过对从业人员的资格认定,实行职业化管理;通过提升职业形象,使之具备坚定的政治立场、饱满的精神状态、严谨的思想作风、诲人不倦的工作态度;通过树立职业理想,使之明确大学生思想政治教育不仅是一项职业,更重要的是一项崇高的事业;通过专业化培训,使之不仅能掌握人文社会科学、自然科学的基本常识,具备思想预测决策能力、独立从事科学研究的能力、运用现代化手段的能力以外,必须在思想政治教育工作的基本理论和工作业务方面下工夫,掌握马克思主义的基本理论、中国共产党思想政治教育工作的基本经验和优良传统、思想政治教育学原理和方法论,熟悉党的教育方针和国家发展高等教育的政策法规,真正成为大学生思想政治教育工作的行家里手。

参考文献:

[1]《马克思恩格斯选集》,人民出版社1995年版。

[2]《邓小平文选》,人民出版社1993年版。

[3]《江泽民论有中国特色社会主义》,中央文献出版社2002年版。

[4]《科学发展观重要论述摘编》,中央文献出版社、党建读物出版社2009年版。

[5] 教育部思想政治教育司:《加强和改进大学生思想政治教育重要文献选编(1978—2008)》,中国人民大学出版社2008年版。

[6] 鲁洁著:《道德教育的当代论域》,人民出版社2005年版。

[7] 詹万生主编:《整体构建德育体系总论》,教育科学出版社2001年版。

[8] 张耀灿等著:《现代思想政治教育学》,人民出版社2001年版。

[9] 靳诺等著:《新时期高校思想政治工作理论与实践》,高等教育出版社2003年版。

[10] 沈壮海著:《思想政治教育有效性研究》,武汉大学出版社2001年版。

后　记

　　大学生思想政治教育是一项政治性、理论性、科学性、实践性、目的性都很强的工作，它是服务于大学生成长成才的内在需要和培养社会主义事业合格建设者和可靠接班人的。"培养什么人、如何培养人"始终是高校要认真思考和努力解决好的根本问题，它是社会主义高等学校办学方向的根本体现。自己作为一名高校的思想政治工作者，在长期的工作实践中也一直在思考和探索这个问题。大学生的思想政治教育工作究竟应该怎么做，特别是在社会价值多元化、文化多样化、信息网络化、经济一体化的时代，人们思想观念的独立性、选择性、多变性和差异性进一步凸显，思想政治教育工作的难度越来越大，正如中共中央、国务院在《关于进一步加强和改进大学生思想政治教育的意见》中指出的："加强和改进大学生思想政治教育是一项极为紧迫的重要任务。"如何在马列主义、毛泽东思想、中国特色社会主义理论体系的指导下，用社会主义核心价值体系来统领大学生的思想政治教育，进一步加强针对性、体现时代性、把握规律性、富于创造性、提高实效性，这不仅是一个理论要研究的问题，更是一个实践要探索的问题。基于以上认识，长期以来，自己一直在思考这样一个问题，大学生的思想政治教育，除了经常性、倾向性、突发性的思想政治教育外，要不要对大学四年的学生思想政治教育有一个总体设计、通盘考虑，按照党的教育方针特别是科学发展观"以人为本"思想的要求，依据人才成长规律和大学四年不同阶段的不同特点，对大学生成长成才分阶段、有重点地进行教育和引导，以帮助他们更好地成长，这样的一些思考，使自己形成了"大

学生成才导航工程"的思想。

"大学生成才导航工程"贯穿了"以理想信念教育为核心、以爱国主义教育为重点、以思想道德建设为基础、以大学生全面发展为目标"①的思想,同时也考虑到大学生四年大学生活不同阶段的不同特点和要求,紧紧围绕"培养什么人,如何培养人"这个根本要求,对如何开展大学生四年的思想政治教育进行了一个总体构思。这种考虑,它是把大学生思想政治教育当做一项系统工程来设计的,避免"头痛医头、脚痛医脚"的短期行为,使学生思想政治教育工作者始终做到头脑清醒、目标明确;同时,也有利于启发和帮助学生思想政治教育工作者在工作实践中如何有效地有针对性地开展大学生的思想政治教育。当然,这种设计和构思,只是自己的一种探索和尝试,是否科学合理,符合实际,逻辑严密,结构完整,这些都有待于实践的检验,欢迎专家和同行们不吝赐教。

这本书不是一本理论专著,只是自己在工作实践中的习得之作。由于自己的理论功底不深、理论水平有限,缺点和错误在所难免,欢迎大家批评指正。本书能够得以形成和出版,要感谢我的同事和朋友们,是他们给了我鼓励、支持和帮助。特别是要感谢我的同事和研究生孙明福、李从浩、桂孙来、戴迎峰、魏大江、张俊、狄奥和杨征,是他们帮助我做了大量的资料收集和文字整理工作。同时还要感谢武汉大学党委副书记、博士生导师骆郁廷教授,是他在百忙当中为本书作序,使本书增光添彩。最后还要感谢中南民族大学和湖北省民宗委的领导,是他们为本书的出版提供了"学术出版基金"和科研项目的资金资助,没有这些领导、朋友和同事的鼓励、支持和资助,本书难以出版,本人发自内心地对他们表示衷心的感谢。

徐 柏 才
2010 年 5 月于南湖畔

---

① 教育部思想政治教育司:《加强和改进大学生思想政治教育重要文献选编(1978—2008)》,中国人民大学出版社 2008 年版,第 377—378 页。